W I Z A R D

株式トレード
基本と原則

Think & Trade Like a Champion
The Secrets, Rules & Blunt Truths of a Stock Market Wizard

by Mark Minervini

マーク・ミネルヴィニ[著]

長尾慎太郎[監修]

山口雅裕[訳]

Pan Rolling

THINK AND TRADE LIKE A CHAMPION :
The Secrets, Rules and Blunt Truths of a Stock Market Wizard
by Mark Minervini

Copyright © 2017 by Mark Minervini

Japanese translation rights arranged with Access Publishing Group, LLC
through Japan UNI Agency, Inc.

著作権　2017年　マーク・ミネルヴィニ　不許複製
出版社の許可なく、本書のすべてまたは一部を転載することを禁止する。ただし、適切な著作権
者の表示がある場合にかぎり、印刷物やその他のメディアによる抜粋は例外とする。
出版社および著者は本書の内容の正確さまたは完全性の表明もしくは保証をしない。特に、特定
の目的に役立つという保証のあらゆる否認を含むが、これに限定されない。販売または販売促進
用の書面によって、保証や保証の延長をすることを許可しない。本書に含まれるアドバイスおよ
び戦略は読者の状況にふさわしいとは限らない。読者は必要に応じて専門家と相談をしなければ
ならない。出版社も著者も、逸失利益またはその他の商業的な損害賠償に対していかなる責任も
負わない。これには特別損害、付随的損害、結果損害、その他の損害に対する賠償を含むが、こ
れらに限定されるものではない。

監修者まえがき

　本書は、マーク・ミネルヴィニによる2冊目の著作である"Think & Trade Like a Champion : The Secrets, Rules & Blunt Truths of a Stock Market Wizard"の邦訳である。日本でもよく知られているように、ミネルヴィニは「マーケットの魔術師」のひとりであり、前著も**『ミネルヴィニの成長株投資法 —— 高い先導株を買い、より高値で売り抜けろ』**（パンローリング）として5年前に翻訳されている。だが、成長株投資の解説書であった前著に対し、本書は具体的な戦略・戦術を詳細に説くものではない。これはメタな観点、つまり俯瞰的な立場から株式投資に必要な世界観を示したものであり、初心者向けの相場書として好評を博している**『システムトレード　基本と原則 —— トレーディングで勝者と敗者を分けるもの』**（パンローリング）の中級者向けバージョンと言ってよい。

　一般的な理解とは異なり、良い投資戦略を開発することは簡単ではないが、実はそれほど難しくはない。投資家にとって良好なパフォーマンスの獲得が難しい原因は、素晴らしい投資戦略が作れないことではなく、それを継続して実行できる適切なメンタルモデルを意思決定者が持ち合わせていないことにある。実際、優れた投資戦略が組織由来の理不尽な干渉によって葬り去られるのを私はこれまで数多く見てきた。投資家個々人においても、人の性格はそれを変えるのは容易ではないが、メンタルモデルはその重要性を理解しさえすれば、考え方次第で一夜にして切り替えることができる。この本は、投資の世界のモノの見方を、昨日までとはまったく異なったものに変えてしまうきっかけとなり得る。

　さて、著者の得意とする成長株投資を行うには、ほかの投資手法とは少し異なったアプローチが必要である。まず、クロスセクションの

1

情報ではなく、時系列データの解析が重視される。なぜなら成長株は ピアグループ内の相対比較の力学によってではなく、スタンドアロー ンで動くからである。だから、成長株投資は「銘柄を選ぶ」ゲームと いうよりは、「タイミングを計る」要素が強い。

　また、成長株投資の銘柄選択やモデル構築においては、プレシジョ ン（適合率）ではなくリコール（再現率）が大切で、勝率は低くても 構わない。なぜならここでは右に長いテールを持つポジティブスキュ ーのリターン分布を人工的に作ることがカギだからだ。したがって、成 長株投資はロスカットやピラミッディングといったマネーマネジメン トと常にセットで語られる。これらの特徴ゆえに、成長株投資はほか の投資手法と比べ明確なアルゴリズムとして提示することが難しく、こ のため多くの解説はテキストの記述によって行われてきた。これをも って成長株投資を単なる主観に基づいた再現性に欠けるものとして顧 みない向きも多いが、まさにそのことが成長株投資が機能し続ける大 きな理由なのである。

　翻訳にあたっては以下の方々に心から感謝の意を表したい。翻訳者 の山口雅裕氏はたいへん読みやすい翻訳を、そして阿部達郎氏は丁寧 な編集・校正を行っていただいた。また本書が発行される機会を得た のはパンローリング社社長の後藤康徳氏のおかげである。

2018年6月

長尾慎太郎

CONTENTS

監修者まえがき　　　　　　　　　　　　　　　　　　　　1

序　章
トップトレーダーのように考えて
トレードをするための第一歩　　　　　　　　　　　　　7

第1章
常にトレードプランに従う　　　　　　　　　　　　　31

第2章
すべてのトレードで、まずリスクを考える　　　　　61

第3章
期待リターンよりも大きなリスクを絶対にとらない　　75

第4章
自分のトレードの真実を知る　　　　　　　　　　　95

第5章
間違いではなく、資金を複利で増やす　　　　　　119

第6章
株式をいつ、どうやって買うか──その1　　　　149

第7章
株式をいつ、どうやって買うか──その2　　　　175

第8章

最適な結果を得るためのポジションサイズ　　211

第9章

いつ売って利益を確定するか　　221

第10章

並外れた成果を上げるための８つのカギ　　251

第11章

トップトレーダーの思考法　　269

謝辞　　291
著者について　　293

序章 トップトレーダーのように考えてトレードをするための第一歩

FIRST STEPS TO THINKING AND TRADING LIKE A CHAMPION

「人は1日中考えているとおりの存在になる」
　　　　　　——ラルフ・ウォルドー・エマーソン

　この本を読めば、不変のルールと確実なテクニックに従ってトレードを管理できるようになるだろう。極めて難しくて分かりにくい疑問に対する答えもいくらか見つかるだろう。例えば、短期間でかなり含み益が得られた銘柄をどういうときに保有し続けて、より長期的な利益を狙うべきかや、損切りの逆指値に引っかかる前でさえいつ損切りすべきか、どうやって最適なポジションサイズを決めるか、いつ、どういう方法で売買すべきか、弱点を改善して成功に必要な基礎固めをしっかり行うためにトレード後の分析で何を検討すべきか、などだ。

　私の最初の著書『ミネルヴィニの成長株投資法——高い先導株を買い、より高値で売り抜けろ』（パンローリング）では、私のSEPAトレード戦略を学ぶことに関心がある読者に基本を教えた。私がこの本を書くことにしたのは、最初の本の下巻を書きたかったからではけっしてない。だが、最初の著書で紙面の都合上、割愛せざるを得なかったことも多く含んでいる。

　以降のページでは、33年の経験と実践に基づいて、トレードで成功する秘訣を明かすことにする。私はこの貴重な戦略を用いて、アメリカの投資大会で優勝し、数千ドルを元手に数百万ドルの大金を得ることができた。

私と異なり、あなたには30年の経験はないかもしれない。しかし代わりに、習得時間を劇的に短縮するのに大いに役立つものを持っている。それは私の知識から始められるということだ。これは、私よりも大きな成功を収める可能性があるということだ。

　おそらく、あなたは今考えているだろう。**ミネルヴィニはトレードが今よりも簡単だった時代に投資家として大成功したのだ**、と。そうでなければ、生まれつき才能があったか、有利になる育てられ方をしたのだ、と。だが、それほど真実からかけ離れていることはない。私は貧しい家庭で育ち、ほとんど教育らしい教育を受けていないし、資金もわずかしかないなかでトレードを始めた。今日の手数料は１トレードにつき５ドルか10ドルにすぎないが、当時は数百ドルもした。売買スプレッドは今日ではわずか数セントだが、当時はしばしば２ドルか３ドルもの開きがあった。そして、何よりも、優れた知識を得る方法はほとんどなかった。今日では、かつてはウォール街の選ばれたプロだけが利用できたツールや知識も含めて、必要なことは何でも直接、手に入れることができる。株式投資をするには願ってもない時代だ。

　しかし、知っておくべきことがある。適切な知識を持ち、努力と訓練を積み重ねても、必ずしもトレードでの成功に近づくわけではない。必死に努力をしても、間違ったことをやり続けていれば、悪習とまったく誤った手順が身につくだけだ。本書では正しいやり方──いったい何をして何を避けるべきか──を学ぶ。

　あなたの能力は自分が想像しているよりもはるかに優れている。保証する。あなたは自分の可能性の一部しか使っていない。それは人生についても、トレードについても当てはまる。本気でやれば、だれでも株式投資で素晴らしい成績を収められる。それには正しい知識、学ぶ過程を大事にすること、そしてやり抜く意志が必要だ。これは一夜にしてできることではないが、適切なツールと正しい心構えがあれば達成できる。

どちらかを選ぶ

　株式市場においても人生においても、私たちは勝つか負けるかを自分で選んでいる。ウソではない。私たちは負けたいから負けるのであり、勝つと決めたときに勝つのだ。この発言は不正確か、まったく不適切だと思う人もいるだろうが、私はこれが真実だと知っている。30年以上もフルタイムで株式のトレードをしてきて、私は意識的であれ無意識にであれ、負けたくて負ける人々を見てきた。そして、一念発起して自分は成功すると決めて、平凡なトレーダーから並外れたトレーダーに変身した人々も見てきた。間違いなく、勝つのは自分で選んだ結果だ！

　これが受け入れられないのであれば、運命には逆らえないと考えていることになる。そして、それが本当なら、何かで成功しようと頑張ることでさえ無意味だ。自分が運に恵まれているかどうかを確かめるだけですむはずだ。

　だれもが並外れたトレーダーになる可能性を秘めている。なれるかどうかは、知識と成功したいという意欲と本気で取り組む意志があるかどうかだ。何よりも、自分の能力を信じる必要がある。あなたは間違いなく、トレードで自分が考えているよりもはるかに大きな成果を収めることができる。しかも、いわゆる専門家の主張よりもはるかに小さなリスクで、だ。しかし、勝つのはそれを自分が選んだからだということを信じるまでは、自分の能力を百パーセント発揮することはできない。結果に対して全責任を引き受けていないので、自分の運命をコントロールすることはできない。したがって、完全には自立できていない。**勝つことを選ぶ人々は模範となる成功者を探して、成功に至る道筋を考え、つまずいたときにはそれを貴重な経験として受け入れる。彼らは計画を行動に移して、結果から学び、勝てるまで微調整を続ける。**

勝者とは勝てないことが我慢ならない人々だ。初めからそういう人もいれば、平凡な成績にうんざりして、自分の夢には手が届かないという考えはもう捨てようと決意する人もいる。この態度は子供のころに言われる、潔く負けを認めよ、という言葉にはおそらく反するだろう。だが、私の経験では、「潔く」負ける人は、間違いなく負けやすい人だ。勝者のようなトレードをしたければ、勝者のように考える必要がある。成功は自分で選んだ結果だと確信しないかぎり、一時的に勝っても最後には負ける。それはあなたが人として負け犬だという意味ではない。それは単に、勝つことの真実をまだ学んでいないか、受け入れていないという意味にすぎない。**勝者は重大なことを運に任せたりしない。彼らは勝つと決めたら、毎日、その目標を見据えながら生きるのだ。**

　1990年に、私は株式投資家として勝者になると決めた。それは私がトレードを始めて7年近くたってからのことだ。そのとおり、7年もたってだ！　私は7年も遊び半分だったのだ。そして、あなたの推測どおり、そのときまでの私の成績は遊び半分の人間に対して、だれもが予想するようなものだった。1990年3月に、私は世界一の株式トレーダーになると固く誓った。私はそのとき以来ずっと、そのことを一時も忘れたことはない。

2匹のオオカミの話

　あなたにも私にも、だれの心にも2人のトレーダーがいる。1人は創造者で、規律に従って手順を大切にする。創造者は手順に焦点を合わせて、手法の完成度を高めようとする。彼らは正しい手順を踏めば、結果はついてくると信じている。判断を誤っても、それは貴重な教訓を絶えず提供してくれる師匠とみなす。誤った判断は励ましととらえる。**こんな失敗はもう二度としないぞ**、と思うのだ。手順は絶えず改

善され続けているので、創造者は常に楽観的で、良くも悪くも結果が出る日を待ち望んでいる。

もう1人は破壊者だ。彼らは自己中心的で、結果にこだわる。そして、結果がすぐに出ないと落ち込む。判断を誤れば自分を責めるか、ほかの人か何かのせいにしようとする。ある戦略で勝てなかったり、勝てても苦しい期間が長く続いたりしたら、その戦略はすぐに捨てて新しい戦略を探す。本気で手順を改善しようとはけっして思わないのだ。あなたの想像どおり、彼は言い訳ばかりで、めったに結果を自分で引き受けない。そのため、長く使える優れた手法はまったく作り上げることができない。

しかし、私が最初に言ったことを思い出してほしい。あなたはこれら2人のどちらか一方ではない。だれもが人に対して愛して同情することもできるだけでなく、憎むことと危害を加えることもできるのと同じように、あなたの心には創造者も破壊者も同時に存在している。そこで、どちらがあなたの結果を決めることになるだろうか。

これに答えるために、ピーマ・ショードロンが書いた私のお気に入りの1冊『テイキング・ザ・リープ（Taking the Leap)』から引用しよう。

「アメリカ先住民の祖父は孫に、世の中の暴力と虐待についてや、どうしてそういうことが起きるのかを話していた。祖父によれば、それは2匹のオオカミが心のなかで争っているからだ。1匹は復讐心や怒りに満ちていて、もう1匹は理解があって親切だ。どちらのオオカミが争いに勝つの、と孫は尋ねた。すると、『それは自分がエサを与えることに決めたほうだ』と祖父は答えた」

というわけで、これはあなたの心のなかでも起きている。私は自分を判断力のあるトレーダーだと考えている。まず、私は自分の心に創造者と破壊者がいることを自覚している。しかし、私は創造者を養って、破壊者を飢えさせることに決めている。毎日、これを意識してお

くことは、戦略やトレードの仕組みよりもはるかに重要だ。たとえ、優れた戦略を持っていても、破壊者を養っていたら意味がないからだ。

　映画で私のお気に入りのひとつは、『トゥー・フォー・ザ・マネー』の一場面だ。アル・パチーノ演じるウォルター・エイブラムズはギャンブルで堕落して、ニューヨークでスポーツ賭博の情報会社を経営している。彼は才能がある新入りと連れだってギャンブル依存症の会に出かける。このマシュー・マコノヒー演じる新入りのブランドン・ラングは障害を抱えていたが、エイブラムズに見いだされて、のちにジョン・アンソニーという名で売り出すことになる。会の出席者で、ギャンブル依存症のレオンという人物の話を聞いたあと、エイブラムズは次のようなスピーチをする。これは本当に笑えるうえに、面白い。また、よく当たってもいる。

　　レオン、あんたの言いたいことは分かる。本当だ。あんたの話は聞いた。俺が説明してやろう。俺の経験では、あんたの問題はギャンブルなんかじゃない。まったくの思い違いだ。ちょっと失礼な言い方になるが、レオン、あんたはポンコツなんだよ！　欠陥車と同じで、初めからダメなところがあるんだ。俺もあんたも、この部屋にいるみんなもだ。俺たちはみんな、ポンコツなんだ。俺たちはほかのみんなと同じに見えるが、違うところがある。それは俺たちには共通する欠陥があるということだ。
　　ギャンブル好きはほとんどが勝つためにギャンブルをしに行く。ところが、俺たちは負けるために行くんだ。潜在意識では、俺は……。チップをごっそり持っていかれるときほどスカッとして、生きてるって感じることはない！　がっぽり入ってくるときじゃない。ここにいる連中はみんな、俺の言いたいことが分かるはずだ。たとえ勝っても、そのうちに全部吐き出すことになる。
　　だけど、負けたときとなると、それはまた別の話だ。負けたとき、

と言っても、ケツの穴がちぢみ上がるような負けのことだ。分かるだろう？

ガンと知ったときくらい、ひどく悪い夢を見続けて、これで20回目だ！　そして、突然、気づく……。自分はまだここにいる。まだ、息をしている。まだ、生きてるとね。俺たち、ポンコツはいつも、わざとヘマをやるんだ……。だって、生きてるって、いつも実感しなきゃいけないからさ。レオン、あんたの問題はギャンブルなんかじゃない。問題は、自分が生きてるって実感したいという感情のほうなんだ！　そこが問題なんだよ。

　この本では、トレードで成功するために大切なツールを学ぶ。しかし、実際にうまくやれるようになる前に、まず頭でそれができるようになる必要がある。私は経験で知っている。貧しい家庭で育ち、教育もほとんど受けられなかったので、私には頼れるものが事実上何もなかった。その結果、私は貧困なる精神——私の行く手をはばむ思考法——から抜け出す方法を学ばなければならなかった。だが、貧しくない人でもこの心理に陥ることがある。多くの人は失うのが怖いか、自分の過去のせいか、自分を偽っているせいで、自分にそれほどの値打ちはないと感じている。たとえ裕福でも、人生を楽しんでいなくて情熱もなければ、つまらない人生だ。そうした不幸は貧困なる精神の産物なのだ。

　あなたが何かに打ち込めるのならば、大成功をするためにできることは何でもすべきではないだろうか。頑張って賢明なトレードをすれば、成功できる。しかし、それには忍耐と正しい心構えが必要だ。自分の力で経済的な成功をものにする気がないのなら、この本でさえ読まないほうがよいだろう。どうしてか。この本は自分のトレードと人生を自ら引き受けて、結果に対して全責任を負うことについて書いたものだからだ。全責任を負えない人が、どうして百パーセント効果的

に反応できるようになれるだろうか。

　ここに書かれている成功のためのプランは私や私のやり方をまねたほかの多くの人の役に立った。それはあなたの役にも立つだろう。ただし、新しい考えを受け入れることができて、株式のトレードで大成功を収めるのは才能があるからでも、名門大学で金融論を学んだからでもないという現実を認める場合に限って、だ。成功のためのプランは、成功は疑いなく選択の結果だという強い信念から始まる。このことを信じられたら、あなたは最初の教訓——レオンのような人間になるな——を学んだことになる。

内なるコンパスを合わせる

　株式のトレードで大成功するために、か弱い老婦人を襲うつもりはあるだろうか？　きっと、この質問には不意をつかれたに違いない！この質問の本当の意図は、あなたがそれをしないのはなぜか、だ。答えは、それがあなたの信念体系——あなたの価値や基準——に反するからだ。

　何かで成功するためのカギは、自分には能力があると信じていて、その信念体系に沿った行動ができるようになることだ。保証しよう。自分の信じていることと一致した行動を取るようにならないかぎり、自分の能力を完全に発揮することはできない。あなたは大きなリターンを得るためには、大きなリスクをとる必要があると信じているだろうか。もしそうであれば、低リスクで高リターンという戦略は興味を引かないかもしれない。トレードでは、自分の信じていることと戦略が合っていなければ、葛藤が生じる。それでは成功はおぼつかない。

　例えば、私が使うシステムは大きな含み損を抱えるが、たまに大きな利益が出て、含み損を解消するものだとしよう。その場合、たとえそのシステムで利益を出せて、ほかのだれかには有用であっても、私

は間違いなく負ける。私はそんなシステムにそれほど長く従うことができないからだ。それはリスクに関する私の信念に反するので、私には含み損をずっと抱え続ける自信などないのだ。

私の戦略があなたにとって、理にかなっているのなら、それは大変喜ばしいことだ！　私の戦略を使ってほしい。それはきっと、あなたに正しい方向を示すだろうし、有益なルールでトレードを始められるだろう。あとは、適切な判断を下して行動を起こせるかどうかは、あなた次第だ。どんな戦略を選ぶにしても、それに完全に従うことができて自滅しないですむように、必ず自分のしていることを信じよう。

あなたは何かをしたあと、「一体、私はどうしたんだろう？　してはいけないと分かってるのに、どうしてやってしまったんだろう？」と思ったことはないだろうか。それは自分の信念体系に合わせなさい、という警告だ。長い目で見れば、勝つのは常に信念体系のほうだからだ。大成功を収めるためには、行動は自分の信念に合っていなければならない。目標は一貫性だ。

成功を見習う

私の最初の著書『ミネルヴィニの成長株投資法』ですでに知っている人もいると思うが、私のSEPA（スペシフィック・エントリー・ポイント・アナリシス＝明確な買い場分析）戦略はリーダーシップ・プロフィールに基づいて、有望銘柄を特定するためのものだ。SEPAでは、1800年代後半以降のヒストリカルデータを使って、急成長株に共通する特徴をまとめている。それは過去に非常に大きく上昇した銘柄の特徴を洗い出して、将来にほかの銘柄よりも大幅に上昇しそうな銘柄の条件を特定しようとする試みに基づいていて、現在も継続中だ。私がSEPAで行ったことは、簡単に言えば、成功を見習うことだ。

まだ20代だったころ、私はアンソニー・ロビンズ（有名な自己啓発

のコーチであり、人間行動に関する専門家）のセミナーに行き、とても貴重な教訓を学んだ。**レオナルド・ダ・ヴィンチのような絵を描きたければ、まずは彼のように考えられるようになる必要がある。どんなことでも、結局は自分の考えに引きずられるからだ**。過去の偉大なトレーダーを見習いたいと思ったとき、私は彼らのように考えられるまで、彼らについて学べることはすべて学ぶ必要があった。そこで、私は本を読んで、伝説的なトレーダーたちの研究を始めた。私は彼らの成功を見習えるように、彼らの考えが頭に浮かんで、彼らのように考えられるようになりたかった。私は繰り返し何度も彼らの本を読んで、それらの情報を完全に自分のものにしようとした。

　私は、トレードで成功するためには、だれかをそっくりまねすべきだ、と言いたいのではない。しかし、まず知識を本当に自分のものにしてからしか、その考え方を身につけることはできない。基礎となる貴重な知識があるのに、どうして一から自分で積み上げ直す必要があるだろう。アイザック・ニュートンは1677年に、「私が人よりも遠くを見たとすれば、それは巨人たちの肩の上に立っているからだ」と言ったことで有名だ。キュービズムの創始者のひとりであるピカソを思い出そう。彼は父親の個人指導を含めて、伝統的な美術学校で学んだ。しかし、いったん描画法を自分のものにすると、彼はそれらを超えることができた。

　随分昔のことだが、初めて採用した見習いの１人に、カナダ出身のダレンという青年がいた（読者のなかには私たちのマスター・トレーダー・ワークショップのひとつで彼に会ったことがあるかもしれない）。彼は弟子以上の存在だった。私には息子はいないが、彼は息子のようだった。もっとも、私とは少ししか年が離れていなかったが。彼は私のトレード手法を学びたいと考えていた。そこで、私と同じような成果を出すために私の信念体系を手本にすることに専念していた。

　彼はしばらく、私の家に居候していた。滞在中、彼は私の習慣を調

べて、最初は気づかれない程度に、しばらくするともっと大胆に私の
まねをし始めた。当時、私はボディービルをしていたので、非常に特
殊な食事をしていた。彼はかなりやせ型で、筋力トレーニングはして
いなかったが、私とまったく同じ食事をして、私のビタミンとプロテ
インを取り始めた。初めのうちは大して気に留めなかったが、そのう
ちに私のかなり個人的な習慣までまねをし始めていることに気がつい
た。

　ボディービルダーとして、私は定期的に体毛をそっていた。ある日、
リビングルームにいると、ブーンという音が聞こえてきた。音の方向
に行くと、バスルームからだった。私はドアをノックして、何をして
いるのか尋ねた。彼がドアを開けると、白くてガリガリの足の毛をす
っかりそって、立っていた。

　「何をやってるんだ？　君はボディービルダーじゃないだろう！」

　「関係ない」と、彼は言った。「あなたがそったら、僕もそる。あな
たのやることは、僕もすべてする。あなたが緑色の椅子に座っていた
ら、僕も緑色の椅子に座る。あなたのようなトレードをしたければ、あ
なたと同じように考えなきゃいけない。そのために、あなたのやるこ
とすべてを、僕もやるんだ！」

　最初、私は、「この子はおかしいんじゃないか」と思った。だが、彼
は天才だと気づいた！　私は他人の信念体系を手本にすることが大切
だと悟ったところだったが、彼はその考え方を直感で理解したのだ。彼
は本当にだれかを理解したければ、「他人の靴をはいて歩く」というこ
とわざにもあるように、その人の立場に身を置く必要があると分かっ
ていた。私から学べることはすべて学ぼうという姿勢があったから、彼
は私の戦略を研究するだけでなく、私の規律も採り入れることにした
のだ。まもなく、彼は定期的にジムに通い、筋力トレーニングまでや
り始めた。

　やがて、その規律は実を結んだ。彼は私とトレードをした一番初め

の年に、160％のリターンを上げた。それから、彼は1人で3桁のリターンを数年続けて、その後、株式トレーダーとして大成功した。彼の成功はひたすらトレードに専念したおかげだ。彼はだれにも負けないひたむきさで打ち込んだ。彼にとっては、何よりも考え方が重要だった。

手順を大切にする

この序文を書いていると、『ミネルヴィニの成長株投資法』を読んだトレーダーから電子メールが届いた。彼は本の内容を褒めていたが、トレードでは苦労しているという。彼は、「うまく説明できない」と書いていた。

そして、自分を責め始めて、自分にはトレーダーとしての才能がないと思うと続けていた。行間を読むと、ほかの人は大勝できても自分には無理だと確信しているのが分かった。

私は、このメールはできるだけ穏やかに私を責めているのだと受け止めた。

私は彼や彼のような人たちに、自分にはトレードの才能がないという考え方を捨ててほしいと思っている。自分の能力を疑うようになったときは、自分には知性か適性か特別な才能が欠けているから「ものにできない」のだという信念を捨てなければならない。メールをしてきたトレーダーは私やあなたと同じように、成功に必要なものを1つを除いてすべて持っている。その1つとは、あることを受け入れる気持ちだ。あなたの推測どおり、自分で勝つことを選んだから勝つのだという、すべての基礎となる強力な信念だ。それを受け入れることができるまでは、うまくいったり、いかなかったりの繰り返しで、トレードでの大成功とは無縁だと断言できる。

最初からトップの地位にいる者はだれもいない。ヒトゲノムにトレ

ーダー向きのDNAはないし、トレードに特に向いた天賦の才能というものもない。「天性の」株式投資家はいないのだ。実は、トレードは極めて**天性に反する**行為だ。そう考えるのは私だけではない。「どういうわけか、生まれついての投資家がいる」と思っている人々に対して、著名な投資家のピーター・リンチは自身の著書『ピーター・リンチの株で勝つ』（ダイヤモンド社）のなかで、「私の揺りかごの上に相場情報は流れていなかったし、株式欄から私の歯が生えてきたわけでもない」と言っている。

ドイツのベルリンの心理学者チームが1990年代初期にバイオリンを習っている生徒たちを調査した、という話を聞いた人もいるかもしれない。具体的には、彼らは幼児期、青春期、成人期における練習の習慣を調査した。どのバイオリン奏者たちも５歳ぐらいから習い始めて、当初の練習時間はほぼ同じだった。しかし、８歳の時点で練習時間に差が出始めた。20歳になるまでに、一流奏者は平均で１万時間以上の練習をしていたが、そこそこの奏者は4000時間しか練習をしていなかった。

興味深いことに、「生まれつき才能がある」奏者は現れなかった。生まれつきの才能が役に立っているのならば、ほかの奏者たちよりも少ない練習時間で一流奏者のトップに浮上してくる「天才」がいると思われる。しかし、データはその逆を示していた。心理学者たちは練習時間と達成度の間に、統計的に有意な関係を見つけた。近道はない。天才はいない。一流奏者たちは、それほど優れていない奏者たちの２倍以上の練習をしていたのだ。

要するに、トレードで大成功するためには訓練を積まなければならないし、それには時間がかかるということだ。しかし、そうするだけの価値は十分にある。生まれつきの才能や能力がどんなものであれ、マーケットで成功するためには、どれだけ時間がかかろうと学習曲線を伸ばそうという、ひたむきな努力と意欲が必要だ。

成功するためには時間を費やすだけでは足りない。結果を検討し、手法を調整し、一歩ずつ進むことで向上しようとする粘り強さが必要だ。『才能を伸ばすシンプルな本』（サンマーク出版）で、著者のダニエル・コイルはこの手順を「深い訓練」と名づけている。つまり、同じことを何度も繰り返すだけでなく、結果を見て調整をし、より意味のある訓練をするのだ。

　株式トレードで大成功すると決心したからといって、それだけですぐに優れた成果を生み出すことはできない。あなたは法科大学院に2〜3カ月通ったあと、ほとんど実地の経験もないままに、法廷で裁判を担当するだろうか。実際にそうして裁判で負けたら、驚くだろうか。あるいは、医学部で2つの講座を取っただけで手術をしようとするだろうか。実際にそうして患者が治らなければ、驚くだろうか。もちろん、こうした筋書きはバカげている。しかし、たとえ私がマクドナルドのキッチンに入って、フライ用の器具を使おうとしても、火のつけ方すら分からないだろう。どうしてか。それは、私が知性や特別な才能を欠いているからではなく、必要な知識と経験を身につけていないからにすぎない。

　しかし、証券口座を開けば、すぐに途方もない利益が得られると思っている人たちもいる。彼らは思ったような結果が得られないと、言い訳をするか、あきらめるか、過大なリスクをとり始める。彼らは、トレードで成功するには専門知識が必要で、それを身につけるには忍耐が必要だとはめったに思わない。

　私がトレードを始めたときは、ひどいトレーダーだった。最終的に成功したが、それは生まれつきの才能によるものではなかった。ひたむきな努力と身につけた規律によって、今日の私があるのだ。そして、今日でさえ、私が自分の規律を破れば、成功は容易に失敗と化すだろう。

　どの世界でも大成功をする人はみんな同じ姿勢で取り組む。つまり、

目標を実現するか死ぬまでやり続けるという姿勢だ。彼らにやめるという選択肢はない。そういう姿勢で取り組まないと、厳しい状況になったら、おそらく投げ出してしまうだろう。

自分のトレード手法を定める

　戦略とは、毎回ではないが全体として見れば、自分の役に立つ。夫婦関係と同じように、戦略には忠実でなければならない。浮気をしていて、結婚生活がうまくいくだろうか。トレードの戦略でも同じだ。忠実でなければ報われない。

　バリュー投資、成長株投資、スイングトレード、デイトレードのすべてが得意になることはまずないだろう。すべてを得意になろうとすれば、結局は平凡な何でも屋で終わる可能性が高い。1つの戦略で利益を得るためには、ほかの戦略を捨てなければならない。自分のトレード手法がほかの手法よりも良い成果を出せるときには、相場サイクルに乗ることができる。しかし、困難に遭うたびに別の手法に変えて、不利な局面に対処することはできない。何かに秀でるためには、1つのことに焦点を合わせて、それを専門にしなければならない。いわゆる「運用スタイルの逸脱」は避ける必要がある。

　決めていたスタイルから逸脱して、ほかの手法に頼るのは、自分の戦略と目標を明確に定めていないからだ。そのため、どんなときでも自分の手法を貫くことができないのだ。短期トレーダーであれば、短期間で利食いをしたあと、その銘柄がさらに2倍になっても、大して気にしないようになる必要がある。あなたは株価チャート上のある範囲でトレードをし、ほかのトレーダーはまったく別の範囲でトレードをするかもしれない。それでも、両者とも成功することは可能なのだ！だが、あなたがより長期的な投資家ならば、含み益が短期的にかなり大きくなっても、より大きな値動きを追い求めるうちに、その含み益

のすべてが消えることが何度もあるだろう。成功のカギは、特定のスタイルに焦点を合わせることだ。いったん自分の手法や目標を定めたら、トレードプランどおりに動いて成功することがはるかに簡単になるだろう。やがて、ほかの手法を捨てて、自分の得意な手法に集中したことが報われるだろう。

何を優先させるかを決める

人生におけるどんなことについても言えることだが、トレードで大切なのは単に自分が何を望むのかを知ることではなく、最初に何を望むかを知ることだ。成功の秘訣は自分の欲求に優先順位を付けることだ。人はたいてい同じことを欲している。愛、幸せ、自由、友情、尊敬、金銭的な報酬などだ。だれでも人生で良いことを手に入れたがっていると言ってよいだろう。私がここで言っているのは、トレードでの成功者になるとか、一流の料理人なるとか、一流のテニス選手になるとかといった具体的な目標のことだ。これら3つのすべてを達成することは可能だ。

しかし、人生ですべてを手にする秘訣は、目標を1つずつ追求することだ。自分がまず達成したいことを考えて、最初の目標を達成するまで、次の目標に移らないことだ。どうしてか。あまりにもたくさんのことを追求しようとすると、すべてが中途半端に終わり、どれも十分な経験を積めないからだ。専門家には高い報酬が与えられるが、幅広い分野について少しずつかじっても、せいぜいパーティーでの会話がうまくなる程度だ。

何かをものにするには、ほかのことを捨てる必要がある。だから、何を最初にするかを決めなければならない。リストを作って、優先順位を決め、それに従って追求しよう。焦点を絞り、それを成し遂げたら次の大きな目標に移ろう。

私がここでしているアドバイスは、アンバランスであれということだ。そのとおり、あなたの読み間違いではない。何かで大成功を収めるためにはアンバランスである必要があるのだ。これは最近の考え方とは逆だ。最近は仕事と家庭生活で特に言われることだが、バランスの取れた生活をすべきだと言われる。もちろん、それが目標だ。今日では私の生活で、妻と娘よりも優先させることは何もないし、優先させる人もだれもいない。しかし、あなたが株式トレードで大成功を収めようと考えているのであれば、そこに集中して努力しなければ、大きな成果は上げられない。

トレードを始めたころの私は意図的にバランスを欠いた生活をしていた。私は1日に12時間のトレーニングをするオリンピック選手に似ていた。トレードを続けながら、その合間に食事をし飲み物を飲み、一息ついていたのだ。それしか考えていなかった。1つのことだけを追求するという、かたよった生活だった。これが恐ろしい話に思えるのなら、おそらく最高の一流トレーダーになることはあなたの本当の願望ではないだろう。これは、仕事と並行して空き時間や暇なときに投資をして、利益を出したりトレードの成績を向上させたりするのが不可能だという意味ではない。

厳しい訓練をしている時期に、同じようにバランスを欠いた生活を送っている専門家の例はいくらでも見つかる。緊急治療室の簡易ベッドでほんの数時間しか眠らずに、1日に16時間働く臨床訓練中の医師のことを考えてみるとよい。

平凡な努力で腕を上げることはできない。全精力を注ぐ必要があるのだ。それがいつまでも続くわけではない。しかし、最初のうちは、トレードのような困難なことに打ち込むときには、そのことだけに集中して努力しなければならない。株式市場で大きなリターンを得たければ、トレードを優先させなければならない。

行動を起こす

　何かの目標を達成しようとするときに、最もやってはならないことは先延ばしにすることだ。すべてが「完璧」になったら始めよう、と自分に言い聞かせる人は多い。もちろん、私は学べることはすべて学ぶようにと励ましはするが、それを先延ばしとは言わない。歩き回りながら、「いつか始めよう、おそらく近いうちに。でも、今すぐではない」と考えているのなら、それが先延ばしだ。

　私の『ミネルヴィニの成長株投資法』の本を読んだ人から電子メールを受け取った。彼は私のルールに従う「用意ができた」と書いていた。ただし、まずはデイトレードを試しているという。彼は本当に規律を身につけるまで、もっと失敗を重ねておく必要があると感じていた。私の手法に取り組む用意ができるのはそれからだ、というのだ。私はそれがどういう意味かまったく理解できない。理解できたのは、彼がまだ正しい訓練をしようと決めていないということだけだった。

　何かに打ち込むのを先延ばしにすればするほど、もっとあと回しにしがちになる。困難にぶつかりそうになることが分かれば分かるほど、ぐずぐず踏ん切りがつかなくなるからだ。先延ばしを打破するには行動しかない。行動を起こさなければ、何も実現しない。完璧な用意ができたと思うとき、つまり、すべてに対して答えが見つかったと思うときまで待つつもりなら、いつまでたっても始めることはできない。何もしないで失敗をしないでいるよりは、不完全であっても何かをするほうがよい。人は夢を見ることも、プラス思考をすることも、計画や目標を立てることもできる。しかし、行動をしないかぎり、何も実現できない。知識や夢や情熱を持っているだけでは不十分だ。自分の知識で何をするかが重要なのだ。始めるのに最もふさわしいときは今だ！

居心地の良いところから一歩踏み出そう

　人生では、少ないほうが居心地が良く、多いほうが居心地が悪い、という普遍的な原則があるように見える。可能性は未知の豊かな場所に広がっている。自分にとって居心地の良いところから踏み出すといっても、それは大きなリスクをとるということではない。最初は不自然と感じるか、直感に反すると思うようなことをして、自分の可能性を広げる必要があるという意味だ。だが、まだ泳ぎ方を学んでいるときにアカプルコの絶壁から海に飛び込むかのように、安全でなじみのあるところから直接、まったく不可能と思えるようなところに飛び出す必要はない。これは実力を付けて快適さを獲得していく過程であり、その過程で居心地の良い領域を拡大させていくということだ。

　同心円を描けば、中心の円が現在で、居心地の良いところだ。あなたは中心の「1番目の円」という、すでに知っていることから始める。その最初の段階から、いくらか経験を積んで、自分自身について学び、自分の規律を高め始める。しかし、1番目の円は出発点にすぎない。トレードか価値がある何かで大成功を収めたければ、いつまでもそこに立ち止まっているわけにはいかない。

　楽器の演奏かスポーツができるようになるまでの大変な努力を考えてみよう。それには1日に何時間もの練習と、技術を身につけるのを助ける良い教師やコーチからのフィードバックが必要だ。時間をかけてそれらに専念すれば、ベートーベンの曲を華麗に演奏したり、野球の強打者になれるほどにまで腕が上がるだろう。**株式トレーダーとして、自然に感じることから踏み出して、不自然だと感じていたことができるようになれば、それも極めて自然なことになる。**とはいえ、1番目の円から4番目まで一気に飛ぶことはできない。必要な時間と労力を費やして、能力と自信を付ける必要がある。スキルと経験という基礎を築かずに先を急げば、災難を招くことになる。

25

どんな試みでも、初心者から次の段階に進むとき、まずは1番目の円から2番目の円まで能力を引き上げるものだ。すると、2番目の拡大した円が新たに居心地の良い領域になる。そのときには、おそらく銘柄選別の基準をさらに洗練させて、今では過大なリスクにさらされずに、より大きなポジションを取ることができる。さらに多くの経験と情報を得ると、3番目の円に移り、今度は4番目の円が次の目標になる。これが続いていくのだ。

ラルフ・ウォルドー・エマーソンが言ったように、「新しい考えによって視野が広がると、精神は元の水準にはけっして戻らない」。同様に、前の限界を超えて自分の能力を伸ばせたら、元の考えという狭いところに戻りたいとは思わないだろう。振り返ると、自分がトレードでいかに成長して成熟したかに驚くだろう。とても難しく不可能にさえ思えたことが、今や自分の手の届くところにあり、新たに拡張した居心地の良い領域になっている。訓練を重ねて規律を身につけると、この新たに獲得した能力は第二の天性と呼べるほど普通になる。このように、何かをものにするには一度に一歩ずつ進むしかない。

3番目の水準の知識を追求する

知識には基本的な水準が3つある。1番目の水準は、あるアイデアが他人から提示されたときの知識だ。だれかから何かを聞くと、それを自分の考えと比べて評価する。この情報には複雑な感情を抱くかもしれない。おそらく、同意するところも同意できないところもあれば、どう理解すればよいのかよく分からないところもあるだろう。2番目の水準は、聞いたことが真実だと確信したときの知識だ。今や、それはひとつの信念になっている。信念はアイデアよりも強力だが、まだ最も強い水準の知識ではない。3番目の水準は知恵という認識の最も強力な形だ。これは内面化した知識だ。自分で直接、経験したので、そ

れが真実だと分かっているものだ。

　この本で、あなたは多くのアイデアに接する。私が話していること が真実だと確信すれば、あなたはおそらくそれらを2番目の水準に移 すだろう。私は長年にわたって試行錯誤を繰り返し、汗と涙を流して きた。あなたがこれらのアイデアを受け入れて、自分のトレードに取 り入れたとき、それらはあなたの知識の一部になり、直感的で無意識 のうちに使われて、疑いのないものになる。目標は、訓練と自分の経 験を通してのみ得られる3番目の水準の知識、すなわち知恵を獲得す ることだ。

　近道はない。どんなに多くの本を読み、いかに多くのワークショッ プに参加しても、経験は増やせない。すぐに大きな成果が得られない からといって、がっかりしないでほしい。いかに多くの知識を吸収し ても、いかに賢くても、ウォール街という大学で時間を費やす必要が あるのだ。

　私がトレードを始めてから利益を出せるようになるまで、6年もの 長い年月がかかった。もっとも、これらの困難な時期を通じて、私は 自分の戦略にこだわり続けた。私はまるで魔法の手法があって、それ が秘密の場所に隠されているかのように、手法を次々に変えることは なかった。前に述べたように、私は自分で納得できる戦略を決めると、 それを実行する能力を高めることに集中した。私はぶれることなく、規 律を固く守り、ルールに忠実に従った。粘り強さは知識よりも大切だ。 そして、経験から学び続けるかぎり、勝利は粘り強い人々にもたらさ れる。

　実際にトレードを行うなかで正しい知識を身につけるのは、必ずし も難しいことでも、ストレスを感じることでもない。有益なルールと 戦略があれば、まず成功に至るまでの過程を受け入れて、そこから学 ぶという展開に身を任せることができる。物事は順調に進んでいて、す べては展開すべきとおりに展開していると信頼できる。

これからが始まり

　慎重に進めて、ようやく序章の終わりまでたどり着いた。あなたは思い切ってやるつもりがあるだろうか。

　この問いで、私たちはこの議論を始めたところに戻る。あなたは選ばなくてはならない。「勝つか・負けるか」を選ぶという決心をするのだ。まず、あなたは自分が成功に値すると、自分に言い聞かせる必要がある。前にも指摘したが、自分の成功を信じていないために、自分の力を十分に発揮できない人々がいる。それは若いときにしたことで、今は後悔していることに関係しているのかもしれない。あるいは、育ち方に関係があるのかもしれない。いずれにしろ、彼らは自分が成功に値しないという誤った信念体系を持ち続けている。このことに心当たりがある人は、自分を許して過去のことは忘れ、今こそ、前に進むときだ。

　あなたは情熱を傾けることを見つけて成功することができる。それはあなたが打ち込む価値のある大きな目標だ。あなたは、自分が興味を持ち、あなたの知性を試されるようなことを成し遂げ、またそれを行ったりするのに値する人物なのだ。トレードはもちろんそうした難題のひとつだ。それはどんな金銭的な報酬よりも大きな価値がある。それは自尊心や恐れを乗り越えながら、生涯にわたって自分をコントロールすることを意味する。一方、家名か経歴か教育か、あるいは秘密の「血統」のためかで、自分は成功に値すると思っている人々もいる。マーケットは、それは間違っていると、彼らに教えるだろう。そして、それはおそらく厳しい教訓になるだろう。成功法はただひとつ、必死にがんばることと謙虚であることだ。株式市場では、謙虚でない人々は打ち負かされる運命にある。

　しかし、すぐに変わることはできる。ちょうど喫煙者が最後のタバコを消せば、元喫煙者になれるのと同じだ。あるいは、アルコール依

存症の人でも、飲んでいるものを置いて、二度と一滴も飲まないでいることができるのと同じだ。だから、妨げとなる信念や行動を変えれば、変わることができるのだ。責任を引き受けて、今日から始めれば、自分の夢と運命を変えることができるのだ。

しかし、あなたは最初にどちらかを選ばなければならない。

並外れたトレーダーになるにしろ、並みのトレーダーになるにしろ、それはあなたが決めることだ。ここで、今すぐに決めよう。今よりも最適なときはない。おそらく、この本を手に取ったのは、そう決めたいからだろう。だから、これまでの人生で経験したことのすべてと、将来達成したいことのすべてが、この瞬間に出合ったのだろう。自分の人生があまり気に入っていないのならば、それは自分以上に他人に影響されてきたからだ。今、決めよう！　決めたら、さあ、第1章のページをめくろう。

第1章 常にトレードプランに従う
ALWAYS GO IN WITH A PLAN

　スポーツから家の建築、削岩機で道に穴を開けること、議員への立候補や外科手術に至るまで、ほぼすべての活動は始める前にプランを立てる必要がある。建築業者は設計図がなければ、ビルの基礎工事すら始められない。あなたが応援するスポーツチームのコーチは試合前にゲームプランを立てて、それをプレーヤーに説明している。外科医は患者にメスを入れる前に、検査結果とMRI（磁気共鳴画像装置）の画像と手術計画を用意している。

　株式市場で成功したければ、真っ先にプランを立てなければならない。プランをどのように組み立てるかは、一連の具体的な行動指針による。だが、ほとんどの投資家は本当のトレードプランを持っていない。あるいは、もっと悪いことに、持っているのは投資についての誤った考えと非現実的なアイデアに基づいたお粗末なプランでしかない。彼らはブローカーから耳寄り情報を受け取るか、テレビで何かを聞くか、情報通の知人がいるという人から上がる銘柄を聞く。そして、それだけで、具体的なプランもないままに何千ドルもリスクにさらす。

　これが賢い行動と言えるだろうか。

　トレードは本物のお金を失う可能性がある真剣な行為だ。練り上げた行動計画もなく、どうしてトレードを始めることができるだろうか。それでも、ほとんどの人は計画なく始める。株式市場に参加するのは

簡単だ。許可証も訓練もいらない。証券口座を開くだけでよい。その
ためにトレードが簡単だという誤った印象を人々に与えるのかもしれ
ない。あるいは、大した考えも持たず、成功する確率が実際よりもは
るかに高いと思っているのかもしれない。どういう理由であれ、800ド
ルの液晶テレビを買うときほどの調査もしないで、株に10万ドルを投
資する人々を私は何度も見てきた。彼らは友人の友人から耳寄り情報
を聞いたというだけで、調査やプラン作りをたとえしたとしても、少
ししか時間もかけずに何千ドルも払って株を買う。彼らは欲に目がく
らんで、予想外のことが起きる可能性や不利な面についてはまったく
考えもせずに、自分にとって都合の良いシナリオしか見ないのだ！

作業手順を決める

　トレードを始めたころ、私は本当のプランをまったく持っていなか
った。かつての私の唯一の「戦略」は、それを戦略と呼べるとすれば
だが、「安値で買って、高値で売れ」という昔から言われている格言だ
った。私はそれを、株価が下げたときに買え、という意味だと思って
いた。下げたものは上げるはずだと考えていたのだ。私は有名企業の
株が下げたときに買っていた。「AT&TかGE（ゼネラル・エレクトリ
ック）を買っておけば、間違いない」と言われていたからだ。当時の
私は、それらの株が下げたときに買うのは素晴らしいアイデアに思え
た。それらはリスクが少なく、やがて上がるはずだと信じていた。だ
が、それは間違いだった！

　私はやがて、安全な株というものはない、ということを学んだ。そ
れは安全なレーシングカーと言っているようなものだ。レーシングカ
ーと同じで、すべての株にはリスクがある。その会社が有名だからと
か、経験豊かな経営陣が経営する一流企業だからというだけで、買え
ば大きく上げるというわけではない。相場が急落している時期には「優

良」企業の株でさえ暴落することがあるし、破産する企業もある。GE
は2000年に60ドルで天井を付けたあと、6ドルまで下げた。それは価
値が90％以上も失われたということだ！　2016年までに、この株は下
げ幅の半分まで戻しただけだった。この一流コングロマリットの株を
買った投資家は、16年後でも50％の含み損を抱えていたことになる。し
かも、これは全世界でも屈指の企業に投資した結果なのだ。

　「安全」という格付けの大手企業の株に投資して大損をした人は数え
切れない。私が投資を始めたころに買って値動きがさえなかった銘柄
の多くは、損切りをするまでに大幅に下げた。そのせいで、私は多く
のトレード資金と自信を失った。これは聞き覚えのある話だろうか。

　やがて、私は株を買うためのプランを考え出さなければならないこ
とを悟った。しかし、もっと重要なことは、どんな株にも存在するリ
スクに対応するプランが必要だった。プランでは自分のトレードの基
本原則を決める。それはどういう銘柄を、どういう理由で、いつ、ど
ういう方法でトレードするかということだ。プランを立てたからとい
って、すべてのトレードで成功が保証されるわけではない。しかし、プ
ランがあれば、リスクを管理し、損失を最小限に抑え、含み益になっ
たときに利食いをして、予想外のイベントが起きたときには素早く対
処する役に立つ。やがて、それによって成功の可能性が劇的に高まる。
**私は事前に限度を設定して、プランがうまくいっているかどうかを知
るための基礎を作っておくことにした。**

　どんな手順でもよいから、とにかく手順を決めよう。そうすれば、そ
れを元に調整をしながら、その手順を磨き上げていくことができる。

トレードプランのカギとなる要素
- 買いシグナルを点灯させる厳密な条件を定める仕掛けの「仕組み」
- リスクにどう対応するか。相場が自分のポジションに逆行したとき
  や、自分がその銘柄を買った理由が突然変わったときにどうするか。

●どのようにして利食いをするか。
●ポジションサイズをどうやって決めるか。また、いつ資金を再配分
　しようと決めるか。

希望はプランではない

　トレードプランを作れば、それが予想の基準となる。それによって、
トレードがうまくいっているかどうかや、何かがおかしいかどうかが
分かる。自分の願望や希望はプランではない。『マーケットの魔術師』
（パンローリング）に登場するエド・スィコータが言うように、「『洞察
と、そうなってほしいという願い』の微妙な違いに敏感になろう」。希
望は戦略ではない。**プランがなければ、自分の行為を正当化すること
しかできない。しばしば、売るべきときに我慢するようにと自分に言
い聞かせたり、上昇途上の通常の押しにうろたえて売ってしまい、そ
の後の大幅上昇をとらえ損なうかもしれない。**

　事前に何が起こるか思い描いておけば、トレードが順調に進んでい
て、「時間どおりに」利益をもたらしてくれそうかどうかを判断するこ
とができる。私のお気に入りの比喩のひとつで例えると、これは時刻
表を持っていることと、次の電車はいつ来るのだろうかと思うことと
の違いだ。毎朝、6時5分の電車に乗っているが、ある日は6時15分
になっても電車が来なければ、少し遅れているなと思うくらいだろう。
ところが、7時半になっても来なければ、まずいことが起きていると
分かり、代わりの交通手段を考える必要に迫られる。

　同様に、株式トレードで期待していることが「時刻表」なのだ。期
待していた利益が得られないのであれば、買った銘柄で成果が出ない
のに何カ月も何カ月も待ち続けて、もっと良いトレード機会が現れる
まで資金を無駄に寝かせておくべきではない。トレードプランを立て
ておけば、何をすべきかが分かる。練り上げたプランがあれば、見慣

れた電車が予定どおりに来ているのか、それとも心配の種となるほど
にダイヤに乱れが生じているのかが判断できる。

緊急時の対応策

　株式市場で確実に成功する最善の方法は、起こり得る事態を想定し
て、緊急時の対応策を作っておくことだ。そして、新しい状況に出合
ったら、それを改訂していき、自分の緊急時対応マニュアルを作るの
だ。2001年9月11日にアメリカで同時多発テロ事件が起きたあと、多
くの金融機関は中核の基幹ITシステムを分散させた。メリルリンチは
主要データセンターをスタッテン島に移転させた。つまり、マンハッ
タンで停電が起きた場合の影響を抑えるために、別の電力グリッドの
場所に移動したのだ。今では、マンハッタンにあるシステムはバック
アップ用として機能している。

　**株式トレーダーであるあなたの目標は、まずは準備をしておき、想
定外のことがほとんどないトレードをすることだ。そのためには、起
きる可能性があるほぼすべての状況に対応できるように、信頼できる
方法を考えておく必要がある。**事前にさまざまな状況を想定しておく
ことが、効果的にリスクを管理して、トレード口座の資金を増やして
いくカギとなる。

　プロの特徴は適切な準備にある。**私はトレードをする前に、起きる
と考えられるあらゆる展開にどう反応するかをすでに考えている。**そ
して、もしも新たな状況に直面したら、それを自分の緊急時対応策に
加える。予想外の問題が新しく生じるごとに、対応マニュアルは分厚
くなっていく。前もって緊急時対応策を立てておけば、ポジションの
1つが動きを変えるか、予想外のイベントに遭遇した瞬間に、素早く
断固とした行動を取ることができるのだ。

　期待外れのことが起きたときにも、緊急時対応策が使える。特に、ど

こで損切りをして、いつ含み益を守るかについての策だ。そして、それに取り組みつつ、防災計画も用意しよう。私の防災計画には、停電やインターネットの接続ができなくなるなど、トレードの最中にけっして起きてほしくないことすべてが含まれている。私はかつて、自分が使っている証券会社の全システムが停止するという災難に出合ったことがある。そのため、私は同じことが起きた場合に、保有銘柄の空売りができるように予備の証券口座を持っている。防災計画があれば落ち着いていられる。予想外のことが起きても、すぐにどう反応すべきかが正確に分かっているからだ。

あなたは次の点について、緊急時の対応策を用意しておくべきだ。

1．相場が自分のポジションに逆行したら、どこで手仕舞うか。
2．逆指値に引っかかって振るい落とされた場合、再び買おうと考えるためには、その銘柄にどういう動きが必要か。
3．上げているうちに売って、かなりの利益を確保するための基準。
4．含み益を守るために、下げているときのいつ売るか。
5．一刻も早く動く必要がある破滅的な状況や急変に対して、プレッシャーの下でどう対応するか。

緊急時の対応策には次の点を含めておく必要がある。

●**最初の損切りの逆指値を置く位置**　株を買う前に、私は損切りの逆指値の最大幅──相場がポジションに逆行したら手仕舞う価格──を前もって決める。株価が損切りの逆指値に引っかかったら、私はためらうことなく売る。いったん手仕舞ったら、冷静な頭で状況を評価できる。最初の損切りの逆指値は、ポジションを取ったあと、速やかに置くこと。いったん株価が上昇したら、利益を守るために、トレイリングストップかバックストップを使って、手仕舞う価格水準

第1章　常にトレードプランに従う

を引き上げていくべきだ。

●**仕掛け直しの基準**　銘柄によっては、順調にセットアップを形成して買い手を引きつけたあと、すぐに調整するか大きく押して、振るい落としに遭うことがある。市場が全般的に弱いかボラティリティが高くなっているときに、こうしたことが起きやすい。しかし、ファンダメンタルズがしっかりしている銘柄はそうした調整や押しのあとに、新しいベースか適切なセットアップを再び形成する。2番目のセットアップのほうが最初のものよりも強固なことが多い。株価が何とか元の水準に回復する過程で、弱い買い手が再び振るい落とされるからだ。だが、持ち株が下げたときに、またセットアップが整うだろうと考えてはならない。身を守るために、必ず損切りをすべきだ。ただし、振るい落とされたからというだけで、自動的に将来の買い候補から外すべきでもない。その銘柄にまだ成長株になり得る特徴がすべて備わっていれば、買い直すポイントを探そう。最初に買ったときのタイミングがちょっとずれていただけかもしれないからだ。大きく成長する銘柄をとらえるためには、2回か3回は仕掛けないとならないときもある。これがプロトレーダーのひとつの特徴だ。アマチュアは1〜2回振るい落とされると、買い直すのを恐れる。だが、プロは客観的で冷静だ。彼らはトレードごとに、リスクをとる値打ちがあるほどのリターンが得られそうかどうかを判断する。彼らはすべてのセットアップをトレードの新たな機会とみなす。

●**利食いポイント**　買ってかなりの含み益──たいていは買値から損切りの逆指値までの値幅の何倍か──が生じたら、そのポジションが含み損になるまで放っておくべきではない。例えば、損切りの逆指値を買値の7％下に置いているとする。株価が20％上昇すれば、そのポジションの含み益をすべて手放したうえに、損まで出すべきではない。それを避けるために、損切りの逆指値を損益分岐点まで引

37

き上げるか、トレイリングストップを使って、大半の利益を確保するべきだ。いったんは大きな含み益が生じていたポジションで、損益ゼロか小さな利益で手仕舞うのはバカげていると思うかもしれない。しかし、かなりの含み益を損失で終わらせたら、もっと気分が悪いだろう。利食いには２つの方法がある。買ったあとに売って利益を確定する基本的な方法は２つだ。理想は、利益目標に達したあと、上げているうちに売ることだ。もうひとつは、価格が含み益を守りたい水準まで反落したので、下げているときに売ることだ（どこで、いつ、どのようにして売るかは第９章で詳しく論じる）。上げているうちに売るのはプロトレーダーが経験から学んだ行動だ。価格の上昇が速すぎて買い疲れが起きそうなときに、それに気づくことが大切だ。買い手が多いときに手仕舞えば、楽だ。あるいは、そうした急上昇後に下げて、初めて相場に弱さが見えた直後に売ることもできる。手仕舞いの計画は、これら２つのいずれの方法でも立てておく必要がある。

●**防災計画**　防災計画は緊急時対応策で最も重要なものになる可能性がある。ここでは、インターネットの接続が切れたり、停電したりしたときにどうすべきか、といった問題を扱う。あなたはバックアップシステムを用意しているだろうか。あるいは、朝になって目覚めると、昨日買っていた銘柄が大きくギャップを空けて急落しそうだ。その会社がSEC（証券取引委員会）の取り調べを受けていて、CEO（最高経営責任者）が資金を横領したまま海外に逃亡したからだ。そんなとき、あなたはどう対応するだろうか。あなたは何をすべきだろうか。

優先順位は次のとおりだ。

　ａ．損失を限定する──どれだけのリスクをとるつもりかを定めて、損切りの逆指値の位置を決める。

図1.1 トレードの優先順位や、どうやって損失を限定し、含み益が増えていくときにそれを守るかを知る

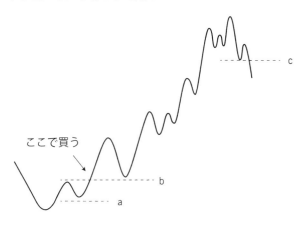

b．損が出ないようにする──株価が上げて、かなりの含み益が生じたら（通常は、最初の押しのあとに新高値を付けたとき）、損益ゼロ近くまで損切りの逆指値を引き上げなければならない。

c．利益を守る──かなりの含み益が生じたあと、それが消えていくのを放っておいてはならない。トレイリングストップかバックストップを使うか、最低限の利益を守る逆指値を置いておこう。

　新しくポジションを取る前に私が最初にすることは（図1.1）、相場が逆行したときに損切りをするポイント（a）を決めることだ。そして株価が上がると、私は損益ゼロの水準（b）を守ることを優先するようになる。幸いにもかなりの含み益が得られたら、私が優先するものは再び変わり、今度は含み益（c）を守ることに移る。

　緊急時の対応策を立てておくことが重要なのは、災難に遭って、それが最も必要なときに良い判断を下せるからだ。備えがないと、先入

観を持たずに即座に動くべきまさにその瞬間に、矛盾する考えが浮かびかねない。しかし、緊急時対応策があれば、そうした状況でも、あらかじめ対応策を組み込んだトレード戦略やそれと同じくらい堅牢な心理戦略を用意しておける。

緊急時対応策は終わりのない作業でもある。新たな問題に遭遇したときは、それに対処するための手続きを作る必要がある。その後、それは緊急時対応策に組み込まれる。すべての答えを用意しておくことはけっしてできない。しかし、リターンがリスクを上回る程度まで、ほとんどの領域で準備しておくことはできる。そして、それがカギとなるのだ。

実際のトレードでプランはどう見えるか

トレードプランは特定の戦略だけに対して立てるわけではない。バリュー株トレーダーであれ、モメンタムトレーダーであれ、あるいは長期投資家やデイトレーダーであれ、攻めと守りの両方のプランを持っておく必要がある。トレードプランも持たずに、マーケットに参加してはならない！

私のプランには次のような仮定と期待が含まれている。私が株を買うときには、買ったあとにかなり素早く上げると期待している。理由は私のセットアップのためだ。これはあとで説明するように、私はVCPと呼ぶボラティリティの収縮パターンを利用する。ボラティリティと出来高が低下することで、最も抵抗が弱くなるのである。この戦略に従って株価がVCPを上にブレイクすれば、それは良い兆候だと見る。私はこのブレイク後に、トレードがプランどおりに進んでいるかどうかが分かる2〜3の特徴を探す。

第1章　常にトレードプランに従う

図1.2　2013年のイェルプ（YELP）。5週間にわたったベースから上放れると、出来高の増加を伴って数日間、上昇が続く。これは機関投資家の買い集めの兆候

上にブレイク後、買いが続くかを確かめる

　上へのブレイクで買うかどうかのカギは、上昇が続くのと、2～3日で上昇が息切れするのと、どちらの確率が高いかどうかだ。ベース（保ち合い）から上にブレイクしたあと、その動きが数日続くことを私は確かめたい。この上昇は長く続くほど良い。**最も良いトレードとは、ベースを上にブレイクしたあと、出来高の増加を伴いながら数日間、上昇し続けることだ**。これによって、個人投資家の買いと機関投資家の買いを区別できる。大手の機関投資家による買い集めが行われているのならば、数日間にわたって買いが続く可能性が高い。一方、個人投資家による買いでブレイクしても、上昇が長く続くほどの買いは入ら

41

ない。トレードでこれから大儲けできそうなときの最も良い兆候は、買ってすぐに含み益が生じて、出来高を伴ってその後も上昇が続くことだ（**図1.2**）。

テニスボールは持ち続け、卵は売る

大切なのは、通常の値動きと異常な値動きの違いを見分ける方法を身につけることだ。そうすれば、どういうときに持ち続けて、どういうときに手仕舞うべきかを判断する役に立つ。1980年代に、私はバーガー・ファンドの創設者であるウィリアム・M・B・バーガーが株式投資について話すのを聞く機会があった。彼はとても大切なことを言った。「私は卵ではなく、テニスボールを保有したい」という言葉だ。私にとってこれは極めて貴重な言葉だと分かった。

株価が適切なピボットポイント（横ばいで値幅が最も狭い領域）を上に抜いて、買いたい株価でシグナルが点灯したら、私はそれがどういう値動きをするかを非常に注意深く見守る。**その銘柄がテニスボールのように跳ね上がるのか、卵のように落ちて割れるのかを判断できれば、その銘柄を持ち続けるべきか、手仕舞うべきかが分かる。**株価は上げたあと、どこかで短期的に押すだろう。その銘柄が堅調な値動きをするのであれば、押しの期間は短くて、すぐに支持線で下げ止まるだろう。そこから、その銘柄はテニスボールのように跳ね上がって、数日以内に新高値を付けるはずだ。

テニスボールの値動きはたいてい、2〜5日か、長ければ1〜2週間の押しのあとに起きる。その後は再び跳ね上がって、直近の高値を抜く。これが適切なベースから上放れたあとに起きれば、貴重な情報となる。

出来高は押しているときに減って、再び新高値を付けるときには増えるべきである。この値動きによって、その銘柄が通常の押しなのか、

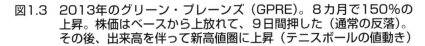

図1.3　2013年のグリーン・プレーンズ（GPRE）。8カ月で150％の上昇。株価はベースから上放れて、9日間押した（通常の反落）。その後、出来高を伴って新高値圏に上昇（テニスボールの値動き）

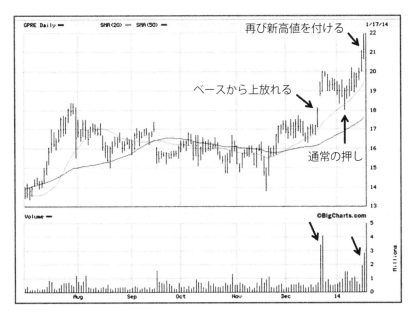

懸念すべきおかしな値動きをしているのかが判断できる。**強力な機関投資家によって買い集めが行われていれば、ほとんどの場合、好ましいチャートパターンから上放れたあと、数日から数週間に起こる最初の数回の押しは必ず支持線にぶつかる。**

　株価が買い場を上に抜けたあと、最初のブレイク水準か、そのすぐ下まで押すことがよくある。だいたい、40～50％の確率でそうなる。これはかなり素早く回復するか、数日か1～2週間のうちに回復するかぎり、自然なことだ。株価の小さな反落や押しは自然で、通常の上昇過程で起きることだ。ときどき買った銘柄がベースからちょうど上放れているときに、市場全般が急落したせいで連れ安することがある。

　まさにこうした下落のときに、その銘柄をどういう人々が保有して

図1.4　2009年のネットフリックス(NFLX)。21カ月で525%の上昇。6カ月にわたったベースから上放れたあと、それぞれ5日と7日という短期の押しがあり、再び新高値圏に上昇

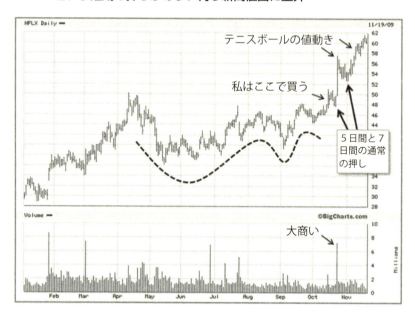

いるのかが本当に分かる。株価はテニスボール（**図1.3～図1.5**）のように跳ね上がるだろうか、それとも卵のようにグチャッと落ちるだろうか。最も良い銘柄ならば、たいていは最も素早く上昇するというものだ。私がある銘柄を買ったあと、上昇時に期待する値動きを素早く示して、テニスボールのように跳ね上がれば、私はおそらく通常よりも長く保有するだろう。私はその場の思いつきでこれを決めているのではない。これもすべて、私のプランの一部なのだ。

ブレイク後の上昇日数を数える

　トレードがプランどおりに進んでいることを示すもうひとつの特徴

図1.5　2010年のルルレモン・アスレティカ（LULU）。18カ月で245％の上昇。明確なダブルボトムを上にブレイクしたあとの最初の2回の押しは短期で終わった。そして、株価は一気に新高値圏に上昇

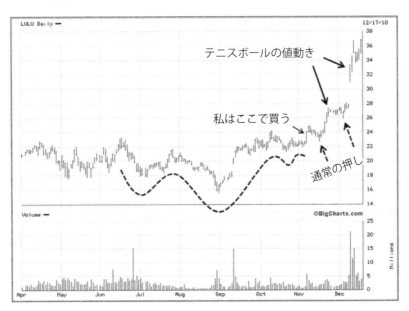

は、最初の１～２週間の上昇期間に、下げる日数よりも上げる日数のほうが多いということだ。私は単純に上げた日数と下げた日数を数えている。上げた日数が多いほど、良い。私は４日のうち３日か、８日のうち６日で上昇していることを望む。理想的には、７日か８日続けて上げてほしい。機関投資家による買い集めが行われているときには、必ずと言ってよいほど、このような値動きが現れる。それは機関投資家がわずか１日では足りないほど大きなポジションを取ろうとしている証拠だ。

　結果として、その銘柄は「買いづらく」なるはずだ。つまり、最初に上にブレイクしたときの株価よりも安く買う機会があまりないからだ。最初の上昇段階で探すもうひとつの微妙な違いは、高く引ける日

図1.6　2013年のジロー（Z）。12カ月で182％の上昇。ベースを上にブレイクして、8日のうち7日で上昇。押しても、すぐに支持線にぶつかる。この銘柄はブレイク後の上昇とテニスボールの値動きをきれいに示している

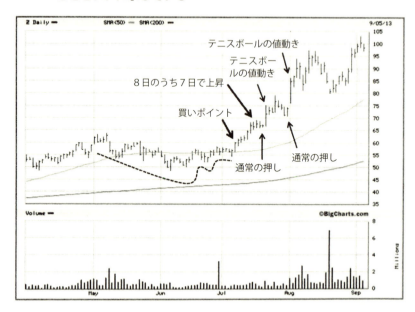

のほうが多いかどうかだ（**図1.6**と**図1.7**）。終値が、その日の値幅の下半分よりも上半分で引けることが望ましい。唯一の例外は、出来高が大きく減って値動きが極めて小さく、高値から安値までの値幅が極端に小さくなったときだ。これも堅調さの証しだ。

大きく上昇する銘柄には次の特徴がある。

●ブレイク後に上昇が続く。
●陰線（下げる日や下げる週）よりも、陽線（上げる日や上げる週）のほうが多い。
●テニスボールの値動き。押しのあとに大きく上昇する。
●陰線（下げる日や下げる週）のときよりも、陽線（上げる日や上げ

図1.7　2013年のビットオート・ホールディングス（BITA）。11カ月で478％の上昇。ベースから上にブレイクして、5日のうちの4日で上昇。その後、2日押したあと新高値圏に上昇した。その後、10日のうち8日で上昇

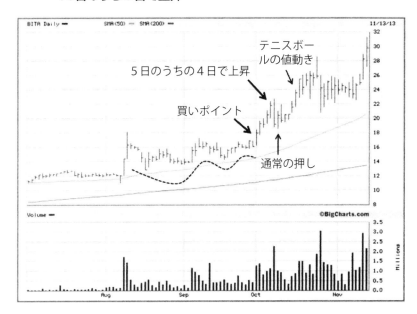

る週）のときのほうが出来高が多い。
●安く引ける日よりも、高く引ける日のほうが多い。

どういうときに「値を伸ばした」銘柄を売るべきではないか

　私の友人のデビッド・ライアンは1990年代半ばにウィリアム・オニールとニュー・USA・グロース・ファンドを運用していたとき、多くの銘柄がベースを上にブレイクしたあと、素早く「値を伸ばしている」ことに気づいた。「値を伸ばしている」の彼の定義は、直近の横ばいから10％以上、上げた銘柄を指す。彼は値を伸ばした銘柄をそれまでけ

っして買おうとはしなかった。だが、それらの銘柄のなかには上げ続けて、ますます値を伸ばす銘柄があることに気づいた。多くの場合、それらは驚異的な上昇を示した。

一体、だれがそれらの銘柄を買い続けているのだろうか。

これは1日や2日ではポジションを十分に取れない大手の投資信託やヘッジファンドに違いない、と彼は考えた。場合によっては、彼らが望む株数を買うのに何週間もかかることがある。彼らが進んで上値で買うことに好奇心がわいて、彼は「巨額資金」が数日以上かけてポジションを取るときの兆候を調べた。彼はこれらの銘柄と、値動きがもっと小さくてすぐに下落する銘柄を比べた。そして、非常に多くの時間をかけて研究と観察をしながら、ラジニーシュ・グプタという名前の素晴らしいプログラマーの助けも借りて、明らかな特徴を見つけた。

彼は当初、このセットアップを「アンツ」と呼んでいた。これは、ある銘柄が適切な基準を満たしたときにチャート上に示すアノテーション（注釈）を指す彼の造語で、価格バー（価格足）の上の小さな印を指す。最近、彼と会話をしているときに、このセットアップの簡単な覚え方は「MVP指標」だと教えてくれた。これは、Momentum（モメンタム）、Volume（出来高）、Price（株価）の頭文字だ。

非常に大きく上げ続ける銘柄には、ほかとは異なる次のような特徴がある（**図1.8**）。

●M　**モメンタム**　15日のうち12日で上げる。
●V　**出来高**　その15日間に出来高が25％以上増える。
●P　**株価**　その15日間に20％以上の上昇（この15日に大きく上昇するほど、また、出来高が増えるほど、良い）。

ライアンは、値を伸ばしているときにこれらの特徴があるというだ

48

図1.8　2004年のグーグル（GOOGL）。40カ月で625％の上昇。この銘柄は買いポイントから７日続けて上昇した。押したあとすぐに支持線にぶつかり、52ドルから100ドルまで上昇

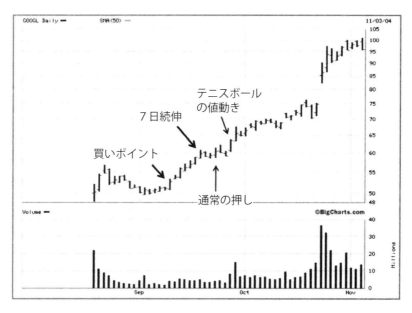

けで買わないように、と警告している。彼は、押し（通常の反落）が生じるか、新しいベースが形成されるまで待つべきだと言う。しかし、MVP指標の特徴があるのに、値が伸びないこともある。これは値を伸ばす15日間がベースの底近くで始まるときに起きることがある。その場合には、その銘柄はすぐに買うことができる。指摘しておくべき重要なことがある。それはこの指標が上昇の後期のステージのベースから値を伸ばすときには、逆に売りシグナルとして使われるということだ。この点については、第９章の「いつ売って利益を確定するか」で説明する。

　だれでも、自分のチームにバスケットボール選手のマイケル・ジョーダンとか、アメリカンフットボール選手のペイトン・マニングのよ

49

うなMVP（最優秀選手）がいてほしいと思うだろう。ライアンのMVP指標は、有望銘柄を見つけるときや、「アンツ」に支配されていて機関投資家の強い関心がうかがわれる銘柄を保有し続けるときに役立つことがある。

プランどおりの展開をしないとき

すべてのトレードプランには、悪い展開になったときの対処法も入れておく必要がある。現実には、期待どおりの展開をしないトレードも多い。そうした状況に対応して、損失を最小限に抑えるためのプランを用意しておく必要がある。**トレードに問題があるときの兆候を知っておくべきだ。そうすれば、場合によっては損切りの逆指値に引っかかる前ですら、手仕舞うか、ポジションを減らすときだと分かる。**その銘柄のファンダメンタルズが悪化しているのかもしれない。あるいは、それは良い企業だが、買うタイミングがずれていて、もっと良いセットアップがその後に整うのかもしれない。それでも、現在のトレードが期待どおりの展開とは異なり、適切な値動きをしていなければ、それに気づく必要がある。以降は、トレードが私のプランどおりの展開をしていないことを示すいくつかの「不適切な動き」だ。

ベースを上にブレイクしたら、すぐに20日移動平均線に気を付ける

いったん適切なベースを上にブレイクして上げ始めたら、株価は20日移動平均線を上回り続ける必要がある。私はブレイク後すぐに、20日移動平均線を下回って引けるのを見たくない。それが起きたら、悪い兆候だ。それだけで、必ずしも売るわけではない。しかし、私の調査によると、適切なVCPパターンを上にブレイクしたあとすぐに、終

図1.9 2014年のウェイジワークス（WAGE）。比較的少ない出来高で上にブレイクしたあと、上げ続ける動きがなく、逆に売られる。そのため、出来高を伴って3日続けて安値を切り下げて、20日移動平均線を下回って引ける

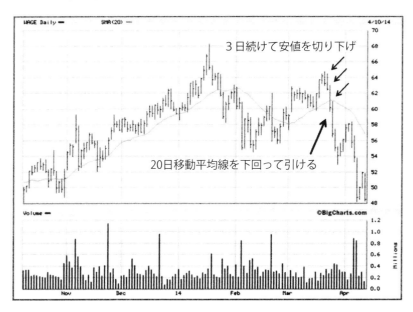

値が20日移動平均線を下回れば、損切りの逆指値に引っかからずに上げる確率はほぼ半々だ。出来高が急増して、終値が50日移動平均線を下回れば、もっと悪い兆候だ。覚えておいてほしい。20日移動平均線を終値が下回ること自体は重要ではない。20日移動平均線が重要なのは、株価が適切なベースを上にブレイクした直後にこれが起きたときで、ほかにも不適切な動きがあるときは特に注意する必要がある。

出来高を伴って、3日続けて安値を切り下げているときは要注意

もうひとつの懸念は、3日続けて安値を切り下げて、ブレイク後に

図1.10　2014年のアウターウォール（OUTR）。上へのブレイクを試したが、すぐに出来高を増やしながら反落した。薄商いで上げたあと、出来高を増やしながら下げるのは危険信号

下落する場合だ。特に、３日目と４日目に何が起きるかが問題になる。出来高を伴って、３日続けて安値を切り下げたら危険信号だ（**図1.9**）。しかし、下げた３日目に買いが入って出来高が増えたおかげで、上げて引けるか、当日の値幅の上半分で引けたら、私はトレードを続けるかもしれない。しかし、３日目に買い支える動きもなく安値を切り下げて引けたら、そのトレードにはさらに打撃となる。特に、安値を切り下げているときに出来高が急増しているときはなおさらだ。

　時には４日続けて安値を切り下げることが必要な場合もある。しかし、経験則では、３日目以降に安値を切り下げ続けるほど、ますます不吉になり、それに出来高が伴えばいっそう不吉だ。そうなったときには、その銘柄を注意深く見守らなければならない。３日続けて安値

図1.11 2013年のランバー・リクイデーターズ（LL）。薄商いで遅いステージのベースを上にブレイクしたが、その後に上げ続けることはできずに反落した。そして、20日と50日の移動平均線を大きく下回った。これは大きな売りシグナル

を切り下げたあとに、薄商いでさらに軽く押しても、懸念する必要はない。しかし、3日以上続けて安値を切り下げたうえに出来高が増えると、それは許せない動きだ。これが起きたら、非常に注意深く見守らなければならない。その銘柄に支持線が見つからなければ、要注意だ！

　上にブレイクしたすぐあとに、これらの2つ――20日移動平均線を終値で下回ったうえに、安値を切り下げ続けた3日目にも買い支える動きがないか、さらに悪いことに出来高を伴って下げて引ける動き――が見られたとき、そのトレードで成功する可能性は低い。

薄商いで上げて、出来高を増やして下げるのは大変危険

　出来高の動きはトレードが成功するか失敗するかをはっきり示す兆候になることがある。例えば、VCPパターンを上にブレイクしたときに出来高がかなり多いように見えたので、その銘柄を買ったとしよう。しかし、例えば寄り付いて1時間後ほどの早い時間に買ったのであれば、その日の出来高が多いのか少ないのかは確かめようがない。次に起きることが、成功の確率を示す兆候になる。

　2014年に私たちが主催したマスター・トレーダー・ワークショップにおいて、USインベスティング・チャンピオンシップで3年続けて優勝したデビッド・ライアンは言った。「私はすぐに含み益を得たい。買ってすぐに含み益が得られなければ、私はすぐに手仕舞いたいと思う」と。**ある銘柄が薄商いで上にブレイクしたあと、翌日以降に大商いで下げ続けたら、それは本当に危険な状況だ**（図1.10と図1.11）。かなりの含み益がすべて消えるか、うまく上にブレイクできずに大商いを伴って急落するのを見たくはない。私の友人で、2014年のマスター・トレーダー・プログラムに参加していたダン・ザンガーはこれを最もうまく言い表した。「勝つ馬はゲートに戻らない」

複数の不適切な動きに気を付ける

　薄商いで上にブレイクしたが、その後の上昇が続かない。3日続けて安値を切り下げる。大商いで急落して、20日移動平均線を下回って引ける。こうした、私が今まで述べてきた悪い展開がまとまって起きれば、このトレードは期待外れだったということを意味する。これらの不適切な動きは、困ったことが起きそうだと伝えている可能性がある。このような動きが多いほど、トレードが失敗する可能性は高くなる。それらのいくつかが起きたら、私は損切りの逆指値に引っかかる

前にでさえ、おそらく売ろうと考えるだろう。**不適切な動きがいくつ起きて、それらがどの程度ひどいかに応じて、私はポジションを減らすか、すべて手仕舞う。もちろん、損切りの逆指値に引っかかったら、何があっても手仕舞う！**

　自分の戦略と期待に応じて、トレードがいつプランどおりに進んでいないのか、あるいはいつ期待に応える動きをしているのかが判断できる。買ったあとで、混乱と期待外れの動きが多く現れるほど、トレードが思惑どおりの動きをしていないことを認めて、それに応じて調整をする必要がある。自分の失敗を認めることができるのは、株式トレーダーとして成功するために非常に重要な資質だ。しかし、プランがなければ、自分の失敗を確認する方法も分からない。

ブレイク直後の不適切な動き

●ベースから薄商いで上にブレイクして、大商いで反落する。
●買い支えの動きもなく、３日か４日続けて安値を切り下げる。
●陽線（上げる日）よりも陰線（下げる日）のほうが多い。
●終値で見て、上げて引ける日よりも下げて引ける日のほうが多い。
●20日移動平均線を終値で下回る。
●大商いを伴って50日移動平均線を終値で下回る。
●かなりの含み益がすべて消える。

スクワットと反落からの回復

　買ったあとは「行儀が良い」値動きをしてほしいが、必要以上に値動きを抑えたくもない。株価がすぐに上げて、素早く利益目標に達することがなくても、そのトレードが必ずしも失敗に終わるわけではない。先ほど述べた不吉な値動きのように、不適切な動きはいくつかあ

55

図1.12　2014年のバイオデリバリー・サイエンス・インターナショナル（BDSI）。3カ月で80%の上昇。株価は良い形のカップ・ウィズ・ハンドルのパターンを上にブレイクしようと試したが、その日に「スクワット」をした。その2日後にリバーサルリカバリーが現れた。不適切な動きがなく、損切りの逆指値にも引っかかっていなければ、上にブレイクをしたあとスクワットをした日に買っていた場合、そのトレードから振るい落とされずに済む

る。プランを立てていなければ、警告シグナルを見逃すか、通常の押しにびくついて、早々に振るい落とされる可能性もある。それはみんな、前もってプランを立てずにトレードを始めるせいだ。

　株価は時にピボットポイント（横ばいで値幅が最も狭い領域）を上にブレイクしたものの、その後に元のレンジに戻り、日中の高値から下げて引けたあと、スクワット（小幅な下げ）の動きをすることがある。これが起きても、私は必ずしもすぐにあわてて売ることはしない。少なくとも1日か2日、場合によっては2週間は待って、私がリバー

図1.13　2013年のマイクロン・テクノロジー（MU）。13カ月で87%の上昇。3C（カップ・コンプリーション・チート、第7章を参照）のパターンから上へのブレイクを試した。ブレイクは失速して、その日の値幅の中間よりも下で引けて、スクワットになった。2日後に、リバーサルリカバリーが現れた

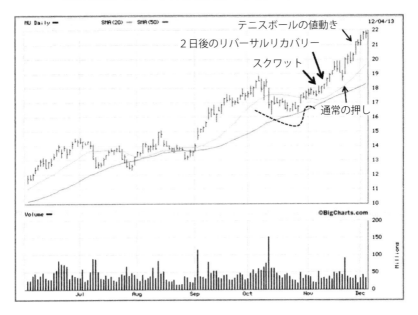

サルリカバリー（反落からの回復）と呼ぶ形が現れるかどうかを確かめようとする（**図1.12**と**図1.13**）。この調整は、強気相場では特に理にかなっている。ある場合には、回復するまで最長で10日かかることもある。これは明確なルールではない。少し長くかかって回復することもあれば、うまくいかずに損切りの逆指値に引っかかることもある。

　もちろん、反落が損切り水準に達するほど深ければ、私は即座に売る。反落のせいで、大商いを伴って20日移動平均線を下回って引けることになり、ほかにも不適切な動きが起き始めたら、トレードがうまくいく確率は低くなり、判断を下すときになる。私はこのような場合

に売ることもあれば、ポジションを減らすこともある。値動きが小さくなって出来高が減ってくれば、そのセットアップは良くなっている可能性があり、ちょっと早く仕掛けていただけかもしれないからだ。**リバーサルリカバリーが現れたということは、その銘柄が反落した日を克服できたことを意味する。それは良い兆候だ。**買ったあと１～２週間は通常の変動が許される余地を残しておくように努めよう。もちろん、損切り水準の範囲内での話だ。スクワットの値動きにうろたえてはならない。損切りの逆指値水準まで下げることも、大幅に不適切な動きが起きることもないかぎりは、リバーサルリカバリーが現れるかどうかを待って確かめよう。

気迷いと後悔の繰り返しを避けよう

投資家は株を買ったあと、次にどうすべきか、分からずに混乱することがあまりにも多い。彼らは買うと、必死になって持ち続けながら、「何か」が起きるまで待つ。つまり、彼らは株価が上げるようにと望み、祈るのだ。しかし、しっかりしたルールに基づいた基準がなければ、値動きを測って、トレードがプランどおりに進んでいるのか、あるいは懸念すべき理由が本当にあるのかを知りようがない。**すべてのトレーダーは気迷いと後悔という２つの感情の間で揺れ動いて苦しむ。このように心の中で葛藤が生じるのは、明確なスケジュールとしっかりしたトレードプランを前もって作っていないからだ。**後悔するようなことが起きるのではないかという恐れは強い感情だ。プランがなければ、意思決定の重大な瞬間に必ず迷いが生じて、あとになって自分の判断を後悔することになる。あなたが大部分のトレーダーに似ているのならば、あなたの感情は絶えず２つの感情の間を揺れ動いて、次のことでもがき苦しむ。

気迷い
●買うべきか
●売るべきか
●持ち続けるべきか

後悔
●買っておけばよかった
●売っておけばよかった
●持ち続けておけばよかった

　忘れないでほしいが、トレードとは将来の値動きを予想したあと、それが正しいか間違いかが分かるまで待つことだ。トレーダーはプランを立てて、それを実行する。そして、トレード後に結果を評価して、自分の手法を修正したうえで、新しい攻撃プランを立てて、再びトレードを行う。カギは、恐れのせいで物事を実際よりも悪く見ることも、強欲のせいで実際よりも良く見ることもなく、ありのままに——そのときに動いているとおりに——見ることだ。プランを立てても、それを守る気がなければ意味がない。それは矛盾している。つまり、トレードを始める前にしっかり考えておかなければ、失敗してもおそらく言い訳に終始するだけだし、素早く動くべきときでもためらう可能性がある。

　この本は、どういう戦略であろうと当てはまるルールについて書かれている。言い換えると、この本のルールは必ずしも戦略に特有なものではない。だからこそ、「常にトレードプランに従う」というこの章がとても重要なのだ！　私はこれから自分のトレードでそれらのルールをどのように使うかを示すつもりだ。しかし、あなたがどんな手法を用いていても、プランを立てていなければ、やがては自滅する。トレードが期待どおりに進んでいることを示す裏付けのシグナルや、警

告として注意すべき不適切な市場の動きを含む詳細なプランがないかぎり、自分の戦略の管理——どこで買って、どこで売り、どこでさらに利益を伸ばすために保有し続けるか——を行うことはできない。

　だから、トレードプランを立てよう。あなたの成功はそれにかかっている。

第2章 すべてのトレードで、まずリスクを考える

APPROACH EVERY TRADE RISK-FIRST

　毎朝、市場で取引が始まる前に、私は鏡を見ながら自分に向かって、「マーク、お前は今日、自分に深刻な損害を与える恐れがある」と言う。それから、仕事に出かけるのだ。私は自滅的な行為をしでかす可能性を認めて、それに向き合い、「リスクを軽視するな！」という、トレードで最も重要な言葉を覚えておく方法として、このちょっとした日課を行っているのだ。

　リスクを完全に避けることはできないが、それを最小限にして、かなりの程度まで管理することはできる。**効果的にリスクを減らしたければ、株には自律的にリスクをコントロールする機能などないと認めなければならない。コントロールするのは自分であり、苦労して手にした資金を守れるかどうかは自分次第だ。**また、トレードの成績が悪く、破産にすら至るのは、自分が怠慢で規律に欠け、準備を怠るからだと悟って、それらに向き合う必要がある。

　私はトレードでは毎回、常に「まずリスクから」考える。「まずリスクから」考えて動けば、判断を誤ったときに正確にどれだけ損するかが分かる。これはトレードで判断が正しかったときにどれだけの利益を得るかよりもはるかに重要だ。資金をすべて失えば、もう勝負はできないからだ。安心し切って、リスクを軽視すれば、大きな成功を収めることはできないし、苦労して手に入れたお金も失ってしまうだろ

う。これは断言できる。

どこで手仕舞うか

　気に入った銘柄を見つけたとき、ほとんどの投資家が考えるのは、買おうということと、いくら儲かるだろうかということだ。彼らは利益しか思い浮かべない！　その銘柄を気に入っているほど、昨日買っておけばよかったと思う。欲が深いと我慢できなくなって、大して考えもせずに買ってしまうことがあまりにも多い。しかし、「まず利益から」考えるやり方では、大成功はおぼつかない。優れた成果を上げて、下げ相場でも生き残るには、すべてのトレードで毎日、リスク管理をしなければならない。これは損切りの逆指値をどこに置くかを決めるところから始まる。

　私は買い注文を入れるときはいつでも、思惑どおりの値動きをしなければ正確にどこで損切りをするつもりかが分かっている。仕掛ける前にその損切り水準を決めているのだ。私は儲かるほうに集中するのではなく、不利な面に焦点を合わせる。「まずリスクから」考えるということは、どんなトレードにもリスクがあることを理解していて、考えられないことが起きた場合に備えているということだ。株で大きな利益を得たければ、どれだけのリスクをとるつもりかを考えておき、大きな損失を出さないように、事前に手仕舞いのプランを立てておく必要がある。さもないと、やがては得た利益のかなりかすべてを失うか、運が良くてもせいぜい平均的な成績で終わる。

　下げ相場になるか、特定の銘柄に突然、何か悪いことが起きても、どうすべきか考え込む必要がまったくないように、私は長年にわたってこの規律を磨いてきた。**私は仕掛ける前に損切りポイントを決めている。**そこが私の損切りの逆指値を置くところであり、問答無用で撤退しようと事前に決める価格だ。その警告が誤っていたと分かれば、い

つでも仕掛け直せばよい。保険を掛けるときと同じで、私は大きな損をしないために比較的安いお金を支払うのだ。

残念なことに、ほとんどの投資家は損切りの逆指値をけっして使わないか、試しに使っても、逆指値に引っかかって売ったあとで、その銘柄が再び上昇したら、「二度と逆指値を置くなんて愚かなことはしないぞ」と思う。これは彼らが「まずリスクから」考えるのではなく、「まず利益から」考えているからだ。**損切りの逆指値を置かないでトレードをするのは、ブレーキがない車を運転するようなものだ。おそらく、家の周辺をどうにか2〜3周、回ることはできるかもしれない。だが、ブレーキのない車で、衝突せずにどこまで運転できるだろうか**。同じことはトレードでも言える。損切りの逆指値を置かずにトレードをすれば、間違いなく大事故に遭うだろう。いつ遭うかは時間の問題にすぎない。強気相場のときには、向こうみずなトレードをしばらく続けられるかもしれない。だが、私の経験では、損切りの逆指値を置かずにトレードをする人は最終的にトレードができなくなる。

ルールを作っても、規律がなければ意味がない

株価が「X」まで下げたら撤退しよう、と「頭の中で損切りの逆指値」を置いていても、それに従わなければ意味がない。それは運転中に一度もブレーキを使わないか、ときどきしか使わないのと同じようなものだ。頭の中で損切りの逆指値を置くのがどうしてまずいのか。それはすぐに「忘れ」やすく、含み損を抱えても、損が解消されたら売ろうと自分に言い聞かせながら、持ち続けるはめに陥りやすいからだ。**損益ゼロまで戻してくれ、そうしたらすぐに売るから**、というわけだ。だが、株価は下げ続け、含み損は増え続けるかもしれない。大部分のトレーダーにとって、含み損が大きくなったときに売るのはもっと難しい。**どんなに巨額の損失でも、初めは小さい。トレードで大損をし

ない唯一の方法は、含み損がコントロール不能になるほど膨らむ前に小さな損を受け入れることだ。30年以上、トレードをしてきて、私はそれ以上に良い方法を見つけられなかった。

感情に基づく損切りの逆指値を避けよう

だれにでも、やむなく使う「感情に基づく損切りの逆指値」がある。もうこれ以上は耐えられないという水準がそれだ。ほとんどの投資家にとって、この逆指値は数学的に理にかなった水準をはるかに超えている。それはトレード資金にも自分の心理にもかなりの打撃となるほど大きな損失だ。トレードでこの逆指値に何度も引っかかれば、間違いなく資金も自信も大きく傷つく。そのため、その後はトレードでしっかりした判断を下せなくなりやすい。**私は一部の専門家が、トレードで損切りの逆指値を置くのは愚かだと言うのを聞いたことがある。だが、そんな発言をするのは愚か者だけだ!** 私は着実に大きな利益を生み出している株式トレーダーで、何らかの損切りの逆指値で自分を守っていない人に一度も出会ったことがない。逆に、損切りの逆指値を使わずにパフォーマンスが平凡な人は数え切れないほど見てきた。そして、彼らの多くは資金のすべてを失って、トレードをやめている。

「不本意な投資家」にならないこと

投資家は間違いを認めるのが嫌で、あれこれ言い訳をする。アマチュアは自分の判断が正しいときは「トレーダー」と名乗り、判断を誤ると「投資家」と名乗る。「トレード」として始めても、相場が自分のポジションに逆行して含み損が増え始めると、突然、長期投資家になる。彼らはジェシー・リバモアの言う「不本意な投資家」――小さな利益と大きな損失という手痛い結果に終わる人――になる。これは成

し遂げたいこととは正反対のことだ。

　ある銘柄がほんの少し下げたあと、再び上げるとはっきり分かる人はだれもいない。10%か15%押したとき、それが50%か60%、あるいはもっとひどい下げの始まりではないと分かる人がこの世にいるだろうか。だれもいないのだ。自分の買った銘柄が下げると分かっていたら、そもそもそれを買っていただろうか。もちろん、そんなことはしないはずだ！

　平均すれば、長期的にはおそらく買った銘柄の50%しか適切でない可能性が高い。最も優秀なトレーダーならば、相場が堅調なときに選んだ銘柄の60%か70%ぐらいで成功するかもしれない。実際には、選んだ銘柄の50%しか適切でなくても、大成功することは可能だ。ただし、それは損失を抑え続けて不本意な投資家にならない場合に限る。2回か3回のトレードにつき1回しか勝ち銘柄を選び出せなくてさえ、利益を出すことは可能だ。ただし、取り返しがつかないほどの損失を被る前に損切りができる場合に限っての話だ。

　含み損になった銘柄にしがみ続ける言い訳や正当化を考えるようなことは避けなければならない。**損切りの逆指値を置く位置を常に前もって決めておくべきだ。そして、それをポストイットに書いておき、その株価に達したときにアラートを送るようにパソコンでプログラムを作っておこう。**自分の設定した株価に達したときに自動的にブローカーが逆指値注文を執行できるようにしておいてもよい。肝心なことは、ためらうことなく即座に損切りを行うことだ。

　そのあとでトレードの結果を検討して、次のトレードで何らかの調整をするのかどうかを決めたほうがよい。ひょっとしたら、損切りの逆指値をあまりにも近くに置いているせいで、頻繁に振るい落とされているのかもしれない。あるいは、離しすぎているせいで、損失が大きくなっているのかもしれない。自分の銘柄選びが間違っていたか、仕掛けのタイミングがずれていたと気づくのに、大きく下げるまで待つ

65

必要はないはずだ。非常に良い成績を上げることが目標ならば、大きな損失は受け入れられないし、逆効果になるだけだ！

どれくらいのリスクなら大きすぎるのか

損失は幾何級数的に増えて自分の不利に働くので、含み損は絶対に10%以下に抑えておかなければならない。10%よりも大きくなるほど、損失はますます不利に働く。5％の下げを取り返すには、5.26%上げればよい。10%下げたら、11％の上昇が必要になる。40%下げると、67％の上昇が必要だ。50%損をしたら、100%上昇しないと損を取り戻せない。そして、90%下げたら、900%の上昇をしないと損を取り戻せないのだ！　あなたが買った銘柄のうちで、900%、100%、あるいは67％も上げる銘柄がいくつあっただろうか。私が許容できる含み損は最大で10%だ。ただし、私の平均損失はそれよりもはるかに少ない。

暴れ馬を避けよう

ある銘柄のボラティリティ（価格変動率）が非常に高く、激しく上げ下げを繰り返すと、損切りの逆指値を比較的近くに置いてリスク管理をするのは難しくなる。株価が激しく動くと、たとえ通常の範囲で変動していても、振るい落とされる可能性は高い。損切りの逆指値を置く位置を大きな変動に合わせて離すと、落ち着けるか数学的に理にかなう範囲よりも大きなリスクにさらされる。まずリスクから考える手法ならば、別のトレード候補を探すことになる。トレードができる銘柄はたくさんある！

株を囲いの中の暴れ馬と考えてみよう。たびたび骨折をする命知らずのロデオ出場者でないかぎり、跳ね回る暴れ馬を選ぶ必要があるだろうか。たしかに、ボラティリティが高い銘柄が20ドルから40ドルま

で上げることがあるように、暴れ馬でもA地点からB地点まで行ける
かもしれない。だが、その最終目標に達するためには代償を支払う必
要がある。最終目標は振り落とされる（損切りの逆指値に引っかかる）
ことなく、その馬（トレード）に乗り続けることだ。**A地点からB地
点まで、株価は上げるかもしれないが、重要なことは、果たして最後
まで振るい落とされないでいられるかだ。**

　必要なのは、ゲートから飛び出した途端、地面にたたき落とされて
踏みつけにされるほど激しい動きをしないで、牧場の反対側にたどり
着くことができる馬（銘柄）だ。最も激しい動きをする馬や銘柄に乗
ろうとすれば、多くの苦痛と胃薬が必要になる。そして、どちらの場
合でも、かなり落ち込むだろう。

　まずリスクから考える手法では、跳ね回って、人を振り落とす暴れ
馬は最初から避けて、ずっと乗せてくれるおとなしい馬に焦点を合わ
せる。私は昔、おじの農場に行ったときにその教訓を学んだ。

どうどう、止まれ、ブラック・オーキッド……

　10歳のとき、私はコネチカット州に住むジョンおじさんのボニーズ・
エイカーズという牧場に行った。私のような子供に最もふさわしそう
な小さな黒い馬がいた。ただし、この「ブラック・オーキッド」は蹴
ったり跳ね回ったりするために評判が悪かった。私が乗った瞬間に、こ
の雌馬は木のほうに走り出した。私は低くたれ下がっていた枝にぶつ
かって、顔を切った。

　それで、私がどういう馬を選んで乗るべきか、教訓を得たと思うだ
ろう。残念ながら、そうではなかった。数カ月後に、再びこの牧場を
訪れたとき、私はまたブラック・オーキッドに乗った。今度は、この
馬は走り出すと、後ろ足を蹴り上げ始めた。私は繰り返し突き上げら
れて、ついに振り落とされた。そして、だれが偉いかを教えるかのよ

うに私を飛び越えて、背中にひづめのあとを残していった。幸いにも、私はそれほどひどいケガはしなかった。

ジョンおじさんといとこのディーンが駆け寄って来た。「大丈夫か、マーク？」と、おじは尋ねた。私はぼんやりと笑みを浮かべながら、見上げて言った。「おじさん、速かったでしょう。見た？」と。たしかに、私はちょっとだけ速く走った。だが、牧場の反対側にはたどり着けなかった。馬は私を置いて反対側まで走っていったのだ。

今ではどの銘柄を見るときでも、ブラック・オーキッドを思い出す。非常にボラティリティが高い相場に乗ろうと決めたら、結局は地面にたたきつけられて、背中にひづめのあとを残されるのだろう、と。

株のトレードで神経をすり減らす必要はない。しっかりしたトレードの原則に基づいて良いプランを立てさえすればよいのだ。そのプランには、あまりにも大きなリスクを伴うトレードを避けることも含まれる。株式市場という牧場では、ブラック・オーキッドは無視して、最後まであなたを乗せてくれるアルファという素晴らしい馬を探そう。

リスクを限定する

実は、損切りの逆指値は私の銘柄選別で重要な役割を果たしている。私が特定の銘柄に狙いを定めていても、低リスクの仕掛けポイントがないかぎり、買うつもりはない。リスクは、売るときにできるのは管理できない。それができるのは買うときだけだ。売るときには、損失を確定させることだけだ。ただし、損をどれだけ引き受けるかは事前に決めておくべきだし、それは数学的に理にかなっている必要がある。期待リターンがわずか10％か15％のときに、25％の損を引き受けられるだろうか。リスクよりもリターンのほうが大きい銘柄を着実に買っていれば、長期的にはうまくいく。そのときにはエッジ（優位性）があるからだ。しかし、不利な立場に身を置いて、期待リターンよりも

68

第2章 すべてのトレードで、まずリスクを考える

大きなリスクをとるくらいなら、カジノに行ったほうがましだ。

危険ポイント近くでトレードをする

リスクを管理するために、私はできるだけ損切りの逆指値の近くで買いたい。これは「危険ポイント」（**図2.1**）近くでのトレードとして知られている。通常の値動きと異常な値動きを見分けるのは、時間をかけて磨き上げるべき重要なスキルだ。上にブレイクしたときに買って、その何パーセント下に損切りの逆指値を置くかを決めるところから始めるとよい。それで、ほとんどのトレーダーよりも一歩先に行けるだろう。しかし、本当に優れたトレーダーは、適切な値動きと危険な値動きとを見分ける方法を知っている。そして、その銘柄が警告を発している、まさにトレードが悪化するポイントの近くでトレードを始めるのだ。

最適な損切りの逆指値を置くときの目安とは、通常の値動きから十分な余地がある水準であると同時に、数学的に大きすぎないリスクをとって危険ポイント近くに置くことだ。賢いトレーダーは、自分がよく使う計算に沿ったテクニカルの動きに基づいて、損切りの逆指値を置く。危険ポイント近くでのトレードとは、低リスクで仕掛けることのできるトレードということだ。

自分が何をコントロールできるかを知っておく

リスクがあるときには、すべてをコントロールしたいと思うのが人間だ。人生の多くのことと同様に、トレードでコントロールできることはほんの少ししかない。実際には、トレードで直接にコントロールできることは下の4つだけだ。

トレード前にコントロールできることは、

69

図2.1　2012年のメディベーション（MDVN）。7カ月で112％の上昇。株価は狭いレンジを上にブレイクしたあと、その危険ポイント近くまで押した

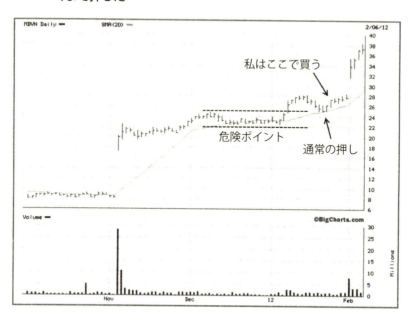

- 何を買うか
- どれだけ買うか
- いつ買うか

トレード中にコントロールできることは、
- いつ売るか

　そのとおり。トレード前には3つ、トレード中には1つしか決めることができない。いったん買ったら、上げ下げをコントロールすることはできない。それは天気に影響を及ぼせないのと同じだ。天気と同様に、株価は動きたいように動く。あなたは調査をして、ポジション

を取り、自分の基準に基づいて成功を期待する。

しかし、自分の期待していた展開にならなければ、どうするのか。自分でコントロールするものが何か分かっていれば、状況を正しくとらえて、自分にできることに注意とエネルギーを注いで、リスク管理をすることができる。いったんトレードを始めれば、自分にコントロールできることが１つしかないとき、つまり売るときに、その判断がいかに重要か想像してほしい。

だれが正しくて、だれが間違っている可能性があるか

損切りをすると決めるためには、間違えることがあるのは自分だけで、マーケットはけっして間違えない、という考え方を受け入れる必要がある。これは大部分のトレーダーにとって非常に受け入れがたい考え方だ。自尊心（エゴ）が傷つくからだ。私たちはだれでも自尊心を持っている。しかし、自尊心に頼って投資判断をしても、良い結果が得られることはめったにない。**意固地になって含み損を抱え続け、自分の間違いを認めることができないのは、すべて自尊心のせいだ。自尊心のせいで、人は正当化をする。**「私が持っているのは倒産の恐れがない優良企業の株だ。売らないぞ」といった具合だ。

個人的には、私は倒産しない会社を見つけたという勝利宣言をするために、株を買うことはない。私は素早く大きく上げる銘柄を探している。自尊心のせいで、投資家は繰り返し傷つく。自尊心が自分のトレードで積極的な役割を果たしていると信じられないのならば、次のことを考えてみよう。

●シナリオＡ──あなたがある銘柄を買ったら、すぐに下げ始めたので、損切りをして2500ドルの損を出した。翌日にその銘柄は急騰し

た。持ち続けていたら、そのトレードで2万5000ドル儲かっていた
だろう。**あなたはどう感じるだろうか。**

●シナリオB──あなたがある銘柄を買ったら、すぐに下げ始めたの
で、損切りをして2500ドルの損を出した。翌日の寄り付きで、その
銘柄はギャップを空けて急落した。トレードを続けて、損切りをし
ていなかったら、2万5000ドル損していただろう。**さて、今度はど
う感じるだろうか。**

どちらのシナリオでも、あなたの損失は同じ2500ドルだ。

損益ゼロまで戻したら売ろう。こんな風に思ったことがあるだろう
か。ある銘柄を35ドルで買ったら、32ドルに下がったが、そこで売る
のは嫌だった。ところが、そこからさらに26ドルまで下げた。今度は
32ドルで売る機会が再び訪れたら、大喜びしただろう。その後に16ド
ルまで下げたら、後悔する。どうして32ドルで売らなかったのだろう。
いや、26ドルでもよかった。そうすれば、比較的小さな損ですんだの
に、と。投資家がこういう状況に陥る理由は、リスクに対処するため
の有益なプランがないうえに、自尊心がじゃまをするからだ。

**戦略は、自分のルールに従う気持ち以上のものにはならない。有益
なプランであっても、実行に移さなければ無意味だが、それには規律
が必要だ。その点については、私はあなたにとって何の役にも立てな
い。**あなたの自尊心こそが間違いを認めたがらないのだ。そして、「間
違い」から苦痛を連想するから、問題が起きるのだ。これを解決する
には、小さな損で喜びを、大きな損で苦痛を連想する必要がある。そ
うできれば、損が大きくなる前に、小さな損を心理的にも受け入れら
れるようになるだろう。

トレードの教訓

　マーケットは鬼監督だ。判断を誤ると、あなたは経済的にも心理的にも罰せられる。マーケットはあなたのお金を奪って、精神的に打ちのめすこともできる。失ったお金と自信を取り戻すのは簡単ではない。しかし、身を守る方法はある。それはどんな戦略にも使える。これは、**常にプランに従うということと、どのトレードにおいてもまずリスクから考える**、という２つのルールから始めることだ。

　このあとに続くルールはもちろんだが、これらの根本的なルールを守れなければ、自分を厳しく見つめ直す必要がある。自分は一体、何を達成しようとしているのだろうか。お金を儲けたいのか、それとも自分はマーケットよりも賢明だと証明して、自尊心を満足させようとしているのか。あるいは、自殺行為をしているのか。悲しいことだが、私たちのほとんどが知っているように、自分は良いことを受け取るのに値しないと思い込んで、成功の可能性を自ら否定する人々がいる。だが、あなたは成功に値する！　ただし、あなたが正しいことをする場合に限って、だ。マーケットは愚か者には情け容赦がないのだ。

　トレードは、あなたの本性を明らかにする最も強烈なリトマス試験のひとつだ。あなたは心身両面で要求されることが自分にできるかどうかすぐに分かるだろう。正しい選択をする気がなければ、そのときに得る教訓はおそらく痛みを伴うものになる。

　私のルールはどんな戦略にも適した作戦本として、つまり、成功するトレードプランの基本的な材料として使われることを想定している。フットボールの優れたコーチのビンス・ロンバルディは基本に焦点を合わせて、自分のチームがブロックやタックル、ラン、パスでほかのチームに引けを取らないように練習をさせた。彼はゲームで勝つには、ほかのだれよりも基本がしっかりしていることが大切だということを知っていた。

株式市場は富を増やすのに格好の場であり、規律を守れる人ならば、成功する可能性が非常に高い。しかし、儲かったら車や船を買おうと考える前に、どうすれば自分のトレード資金を失わずにすむかを考えたほうがよい。大損しないことが、大儲けするための最も重要な要素だからだ。**トレーダーである以上、損失は避けられない。しかし、どれだけ損するかは選ぶことができる。**あなたはこれから多くの間違いを犯すし、私たちはだれでも間違える。間違えたことを認めて、それに対処して、そこから学ぶかぎり、間違えることは問題ではない。しかし、頑固に考えを変えないでいると、すべての努力が水の泡となり、ちょっとした問題が大問題になる。これはトレードでも人生でも同じことだ。

株式市場で長く成功し続けるのに、希望や運は関係ない。成功している株式トレーダーはルールと練り上げたプランを持っている。逆に、負けているトレーダーはルールを持っていないか、持っていてもあまり長くは守らない。彼らは必ずと言っていいほど、ルールから外れたことをするのだ。

忘れずに、常にまずリスクから考えるトレードをしよう。これがゲームに参加し続けるためのカギとなるルールだ。規律も知識も集中力もないままに長くプレーを続けていると、マーケットから追い出されるか、一文無しになってしまう。

第3章 期待リターンよりも大きなリスクを絶対にとらない

NEVER RISK MORE THAN YOU EXPECT TO GAIN

　コイン投げで表が出る確率と裏が出る確率はそれぞれ50％で同じだ。しかし、表が出たら２ドルがもらえて、裏が出たら１ドルの損をするとすれば、どうだろう。こういう確率ならば、コインをできるだけたくさん投げたくないだろうか。含み損が10％を超えると数学的に不利に働き始めて、含み損が増えるほど状況が悪化するため、あなたは含み損を最大で10％に限定すると決めたとしよう。さて、ここで質問だ。あなたはリスクを十分にコントロールしただろうか。含み損を最大10％までに限定したのはほぼ正しいと思われるので、コントロールした、と言うトレーダーもおそらくいるだろう。

　しかし、どうしてそれが分かるのだろうか。つまり、方程式の片側しか見ずに、含み損をここまでに抑えるべきだと、どうして分かるのだろうか。**損切りの逆指値を適切な位置に置くためには、自分の平均利益を知っておく必要がある。個々のトレードで出せそうな利益だけでなく、利益を出せると期待できる確率も知っておく必要がある。**

　期待リターンに対するリスクを正しく判断するためには、実際にトレードをしたときの数字が必要だ。理由は次のとおりだ。10％のリスクをとっているときに、勝ちトレードでの平均利益が約５％しかなかったとしよう。あなたは５％の利益を稼ぐために、本当に10％のリスクをとりたいと思うだろうか。この場合、損益ゼロにするためだけで

75

も、勝率が70％近くになる必要がある。しかし、利益を出せたときの平均利益が10％で、リスクが５％ならば、３回のトレードにつき１回しか利益を出せなくても、まだ本当に困った事態には陥らない。

自分の勝率

リスクは自由に決めてよい値ではない。どれだけのリスクをとるかは、どれだけの利益が得られそうかに基づいて調整しなければならない。したがって、損切りは期待できる利益に応じて変える必要があるのだ。私は自分の平均損失を大きく上回る大損を出すこともなくはないが、８〜10％を超える損はめったにしない。平均すれば、私の損失はこの半分ぐらいだ。さて、私の平均利益が約15％だとしよう。平均損失が４〜５％で、平均利益が15％という比率で、私はリスクをうまく抑えているように見える。しかし、それを確かめるためには、もうひとつの数字、すなわち勝率が必要だ。

どんな野球ファンでも分かることだが、毎回ヒットを打てる選手はだれもいない。５割でさえ不可能だ。テッド・ウィリアムズは最も優れた打者とみなされていたが、最高のシーズンでも４割をわずかに超えただけで、通算打率は３割４分４厘だった。もちろん、野球はトレードとは違う。だが、これはある分野で優れている人でさえ、完璧な成績は残せないということを教えてくれる。トレードも、もちろんこの真実に従う。

トレードでの打率とは、要するに勝率（利益を出したトレード数の割合）のことだ。買う銘柄をどれくらいうまく選ぶかや、それらをいつ売買するかを除けば、勝率はどこで損切りするかのように自分で直接コントロールできることではない。だが、これは重要な数字であり、どれだけのリスクをとるべきかを決める計算の一要素になる。**リスクを何パーセントとるのが適切なのかを決めるためには、損失を利益の**

一要素として考慮する必要がある。期待できる利益よりも大きなリスクは絶対にとりたくないからだ。

　50％の勝率ならば、判断が正しかった回数と間違った回数は同じだから、損益レシオ（ペイオフレシオ。勝ちトレードでの平均利益と負けトレードでの平均損失の比率）を２対１に維持するためには、損失を利益の半分に保つ必要がある。しかし、勝率が40％になると、同じ２対１の比率を維持するためには、損失を利益の３分の１の水準に抑えなければならない。例えば、次のとおりだ。

●勝率50％
●平均利益10％
●平均損失５％
　50×10対50×5＝２対１

●勝率40％
●平均利益15％
●平均損失５％
　40×15対60×5＝２対１

失敗を組み込む

　私が75％の勝率よりも、25％の勝率で利益を出し続けられるようにしたいと言うと、ほとんどの人は驚く。私がそうしたい理由は何なのか。それは、たくさん間違えても、まだお金を儲けることができるからだ。それによって、「失敗」をシステムに組み込めるのだ。私は直接にコントロールできない領域で、トレードにできるだけ多くの失敗を組み込もうとしている。ある銘柄を買ったあとで、それがどう動くかをコントロールすることはできない。そのため、勝率をコントロール

することはできない。自分で直接にコントロールできない領域を私が管理する方法は、それらにあまり頼らないようにすることだ。損失を利益の一部に抑えておくことで、私のエッジ（優位性）は維持される。**利益に対する損失の比率を小さくしておくほど、リスクをとる回数を増やせる。そうすれば、失敗する回数が増えても、まだお金を儲けることができる。**

ボラティリティと期待の科学

損切りの逆指値を置くとき、値動きが激しい場合には普段よりも余裕を持たせるべきだ、という話を聞いたことがあるかもしれない。買う銘柄のボラティリティ（価格変動率）に合わせて、逆指値をより離して置くべきだ、ということだ。私はこれに大反対だ。ボラティリティが大きくなるのは、市場環境が厳しいときがほとんどだ。そうした厳しい時期には、利益は通常よりも下がり、勝率（利益を出せるトレードの割合）も間違いなく下がるはずだ。だから、それを補うためには、いつもよりも小さな含み損で手仕舞わないとならないのだ。トレードが難しい時期（ボラティリティの高い時期）には、勝率は50％以下まで下がると考えておいたほうがよい。**勝率が50％以下に下がったときに、利益が増えると期待して、より大きなリスクをとれば、いずれ損失のほうが利益を上回る。勝率が下がるほど、そうなるのは早い。**

損切りの逆指値の水準を決めるのによく用いられる指標はATR（アベレージ・トゥルー・レンジ＝真の値幅）だ。これはウエルズ・ワイルダーが考案したボラティリティの尺度だ。彼はATRを最初、商品のために考案したが、今では株式や株価指数にも使われている。簡単に言うと、ボラティリティが高い銘柄はATRの値も高くなり、損切りの逆指値は離して置くことになる。ボラティリティが低い銘柄はATRの値も低くなり、損切りの逆指値は近くに置ける。私はボラティリティ

が高いときには、それに合わせて損切りの逆指値を離すという考え方には賛成しない。たとえ利益が損失の２倍あっても、損失よりも利益が大きいというだけでは必ずしも儲けられるわけではないからだ。

　説明しよう。勝率が40％で、損益レシオを同じ２対１で維持していれば、勝ちトレードでの平均利益が４％のときのほうがその10倍以上の42％のときよりも利益は増える。これは信じがたいかもしれないが、本当だ。どうしてか。損失は幾何級数的に不利に作用するからだ。この点を理解すれば、トレードで利益を出す秘訣のひとつが身につく。計算してみよう！

●勝率40％
●平均利益４％
●平均損失２％
●損益レシオ＝２対１
　この場合、10回のトレードで3.63％の純利益になる。

●勝率40％
●平均利益42％
●平均損失21％
●損益レシオ＝２対１
　この場合、10回のトレードで1.16％の純損失になる。

平均利益と平均損失の比率のすべてが同じ意味を持つわけではない

　勝率が40％のときの平均利益と平均損失の最適な比率は20％対10％だ。この水準のときに、10回のトレードのROI（投資利益率）は10.2％になる。これよりも大きくなると、利益に比例して損失も増えるた

め、リターンは実際には落ちる。この知識があれば、特定の勝率のときに、この比率がどの水準であれば期待リターンが最も良くなるかが分かる。これは最適な水準を見つけることが、いかに重要かをを示している。最適な水準よりも小さくても大きくても、リターンは落ちるのだ。

　利食いを20％から42％へと2倍以上に設定し、損切りを10％から21％にして、損益レシオを2対1のまま維持すれば、実際には損をする。同じ損益レシオを維持しているのに、どうして負けることがあり得るのだろうか。これは損失の危険な性質のせいだ。損失は幾何級数的に不利に働くようになるのだ。勝率が50％のときに、100％で利食いをし、50％で損切りをすれば、損益ゼロにしかならない。それよりも、2％で損切りをし、4％で利食いしたほうが、リターンはもっと良くなる。当然だが、勝率が下がればリターンははるかに悪くなる。勝率が30％に落ちたときに、100％で利食いをし、50％で損切りをすれば、わずか10回のトレードで93.75％という途方もない損失を被る。

実際のトレードに当てはめる

　トレードの成績が悪くて、勝率が50％を切れば、最も避けるべきことは損切りの幅を広げることだ。これは私の個人的な意見ではない。計算に基づく事実だ。多くの投資家は含み損になったポジションにもっと大きく動く余地を与えて、結局は損をいっそう拡大させる。彼らの成績は落ち始めて、いくつかのトレードで損切りに追い込まれる。その後、彼らは損切りをした銘柄が再び上げ始めるのを見る。彼らはどう思うだろうか。「あの銘柄にもう少し変動する余地を与えておくべきだった。そうすれば、まだトレードを続けていられたのに」。だが、これは行うべきこととは正反対のことだ。私が唯一、ポジションの変動余地を広げるときは、トレードがうまくいっているときだけだ。そう

第3章　期待リターンよりも大きなリスクを絶対にとらない

図3.1　10回の買いトレードでのROI——勝率が40％のときの最適な利益と損失の水準は20％対10％である。これよりも高くても低くても、リターンは落ちる。勝率が50％になると、この最適な水準は48％対24％に上がる

利益率	損失率	損益レシオ	勝率30％のとき	勝率40％のとき	勝率50％のとき
4.00%	2.00%	2:1	-2.35%	3.63%	10.00%
6.00%	3.00%	2:1	-3.77%	5.16%	14.92%
8.00%	4.00%	2:1	-5.34%	6.49%	19.80%
12.00%	6.00%	2:1	-8.89%	8.55%	29.34%
14.00%	7.00%	2:1	-10.86%	9.27%	33.95%
16.00%	8.00%	2:1	-12.93%	9.79%	38.43%
20.00%	10.00%	2:1	-17.35%	**10.20%**	46.93%
24.00%	12.00%	2:1	-22.08%	9.80%	54.71%
30.00%	15.00%	2:1	-29.57%	7.71%	64.75%
36.00%	18.00%	2:1	-37.23%	4.00%	72.49%
42.00%	21.00%	2:1	-45.01%	-1.16%	77.66%
48.00%	24.00%	2:1	-52.52%	-7.55%	**80.04%**
54.00%	27.00%	2:1	-59.65%	-14.88%	79.56%
60.00%	30.00%	2:1	-66.27%	-22.90%	76.23%
70.00%	35.00%	2:1	-75.92%	-37.01%	64.75%
80.00%	40.00%	2:1	-83.67%	-51.02%	46.93%
90.00%	45.00%	2:1	-89.56%	-63.93%	24.62%
100.00%	50.00%	2:1	-93.75%	-75.00%	0.00%

いうときには、許容度を少し広めることもある。市場環境が良いときに、私はときどき振るい落とされることがあるからだ。逆に、市場環境が厳しいときには、通常よりも利益が落ちて、損失が大きくなる。ギャップを空けて下げることが多くなり、スリッページが大きくなりやすい。これに対処する賢明な方法は次のとおりだ。

●損切りの逆指値を近くに置く。通常の損切り水準が７～８％ならば、５～６％にする。
●少ない利益で手仕舞う。通常は平均15～20％で利食いしているのならば、10～12％で利食いする。
●レバレッジを使ってトレードをしているのなら、すぐに信用取引をやめる。

81

●ポジションサイズと投資資金の総額を減らして、リスクを小さくする。
●勝率と損益レシオが改善してきたら、各要素を少しずつ元の水準に戻し始めればよい。

「聖杯」

　株式市場でリスクをとるときに確実なものは何もない。だから、投機と呼ばれるのだ。したがって、投機は一定の仮定に基づいている。あなたが株を買うときには、ほかの人たちもすぐにその株の価値に気づいて買い始めるため、需要が増えて株価が上がると期待している。

　自分の損益レシオを管理するためには、いくつかの仮定に頼る必要がある。自分がとろうとしているリスク水準に対して、どれだけのリターンを期待できるだろうかということだ。あなたが勝率50％のトレーダーだとしよう。そこで、勝ちトレードでの平均利益が20％と仮定して、含み損が例えば10％に達したときに損切りをすることにした。ところが利益は期待した20％ではなく、わずか８％だったとする。明らかに、あなたはやがて損をすることになる。期待値がマイナスだからだ。

　期待値とは、勝率と勝ちトレードの平均利益を掛けた値から、敗率と負けトレードの平均損失を掛けた値を引いたものだ。期待値をプラスに保てば、勝つことができる。私の成績が平凡なものから並外れたものに変わったのは、すべてのトレードで損益レシオについて知的な判断をしようと最終的に決めてからだった。次の式は私が知っている唯一の聖杯だ。

（勝率×平均利益）－（敗率×平均損失）＝期待値

第3章　期待リターンよりも大きなリスクを絶対にとらない

自分の期待値の設定法

　すでに説明したように、リスクは自分が期待できる利益に応じて決める必要がある。損切りは期待できる利益に応じて変える必要があるのだ。どれくらいの利益が期待できそうかを判断するには２つの方法がある。１つ目は理論に基づいて仮定をすることだ。ある銘柄が50％という大幅な値上がりをすると予想したとしよう。あるいは、あなたの期待はもっと控えめで20％の上昇をすると予想するかもしれない。これらの数字は素晴らしいものに思える。しかし、①この値動きが実際に起きる、②その値動きをあなたはとらえることができる——と仮定するのは現実的だろうか。理論に基づく仮定の問題は、これらの予想どおりに実現できるという現実に基づく証拠がないところだ。あなたはこの水準の利益を実際に達成してきたのだろうか。

　例えば、現在、30ドルを付けている銘柄が前の高値の34.50ドルまで上げると信じて買うとする。これは15％の上昇だ。あなたは得られるリターンをリスクの３倍にすると決めて、買値の５％下の28.50ドルに損切りの逆指値を置く。この手法は理論的な仮定にしか基づいていない。つまり、自分のテクニカル分析に基づくものか、惑星の並び方か、その銘柄が特定の水準に達すると信じるほかの理由によって起きるはずだと考えているにすぎない。目標株価には達することもあるだろうし、達しないこともあるだろう。あなたの仮定がどれほど優れていようと、理論から導き出された結果は現実に基づいていないし、人為的なミスを考慮していない。さらに、感情に突き動かされて自分のシステムに逆らってしまうこともある。

　理論に基づく仮定だけに頼れば、仮定と実際の結果との間に大きな差が出るのはほぼ間違いない。単なる予測よりも現実に基づくほうがよい。

83

結果に基づく仮定

　期待値を決める２つ目の方法は結果に基づく仮定をすることだ。これは実際のトレードで自分の平均利益を調べることを意味する。例えば、過去１年の勝ちトレードの平均利益が10％で、勝率50％だったとしよう。あなたは10％の損をする余裕があるだろうか。それはない。通常、出している利益に基づけば、あなたにはエッジがないからだ。あなたはリスクをもっと小さく、例えば５％に抑える必要がある。あるいは、平均利益がわずか４％ならば、おそらく損切りは２％にする必要があるだろう。それでも、デイトレーダーなら問題ないかもしれない。結果に基づく仮定では、とるべきリスク額は自分と自分の戦略によって得られた実際の結果と直接的に相関する。リスク額の２倍か３倍のリターンを得たければ、自分自身の行ったトレードに基づいてリスクを決めることになる。

　リスクを決めるために、結果に基づく仮定に従うには規律が必要だ。ほとんどのトレーダーは自分の予想や自分が望むリターンに基づいて損切りの逆指値を置く。例えば、その銘柄で40％のリターンが得られそうだと思っているとする。あなたは通常、リスクの２倍の利益を出すので、買値よりも20％下に損切りの逆指値を置くことができると自分に言い聞かせる。だが、それは間違っている！　あなたの実際の結果によれば、平均利益は10％だ。したがって、損切りの逆指値はこの結果を考慮しなければならない。特に、これがあなたの理論的な仮定と大きく異なる場合はなおさらだ。

　やがて、実際のパフォーマンスが向上するにつれて、損切りの逆指値を調整できる。しかし、結果が悪くなれば、リスクをとる額を引き下げなければならない。あなたは本当に良い仮定をすることができるかもしれない。そして、１回か数回のトレードで行った理論的な仮定は素晴らしく、予想どおりの値動きをしたことさえあるかもしれない。

しかし、トレードのパフォーマンスは長期で生み出した結果の平均に従って決めるべきだ。**実際の結果は自分の戦略だけで決まるわけではない。もっと重要なのは、自分の短所や個性や感情のせいで、自分が立てた最も良いプランの一部にさえ逆らってしまうことがある点だ。**

どんな戦略を用いていようと、ポジションを1時間維持するか数カ月維持するかにかかわらず、自分の結果を認識したうえで計算をする必要がある。その現実に基づいて、次のトレードの期待値を設定しよう。平均利益とは、一定距離を同じ速度で運転するペースカーのようなものとみなさなければならない。

損切りの逆指値をずらして使う

損切りの逆指値は必ずしもポジションの全数量に対して1カ所に置く必要はない。少しずつずらして置けば、相場が逆行しても自分の望む水準での損が減っていき、少なくともポジションの一部は保有される可能性が高くなる。あなたがリスクを5％に抑えたいとしよう。その場合、5％の水準に損切りの逆指値を置けば、株価がその水準に達したときに手仕舞い注文が執行される。あるいは、もっと保守的にしたければ、3分の1を3％の水準に、3分の1を5％の水準に、3分の1を8％の水準に置くという方法もある。このようにずらして損切りを置いても、すべての損切りに引っかかった場合の損失は合計で約5％になる。しかし、ずらして損切りを置いた場合、ポジションの3分の2が損切りに引っかかったときの損失は5％よりも少なく、残りの3分の1のポジションは8％のところに置いた逆指値まで下げずに維持される可能性もある。

強気相場の初期には、新たに現れる先導株が途方もない上昇をすることがある。ポジションの一部を大きく下げても損切りに引っかからないくらいの余地を残しておけば、小さなポジションでも、上昇率が

図3.2 損切りの逆指値をずらして置くには、まずリスク水準を決めて、次にその前後にずらして置く

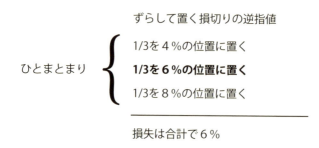

大きいために成績の大幅な向上に役立つかもしれない。損切りの逆指値をずらして置くカギは、全ポジションが一気に振るい落とされることのないようにすることだ。

　私がこのやり方を好んで使うのは、その銘柄が並外れた上昇をすると考えていて、ポジションを維持できるように最大限の努力をしたいと思ったときだ。ボラティリティが高くて、損切りの逆指値に引っかかるときには、最初の損切りの逆指値でポジションの3分の2が残る可能性があるように、逆指値をずらして置くことがある。

　図3.3では、私が許容できる損失は6％だ。しかし、もう少し安全に動くために、損切りの逆指値をその前後にずらして置くことにした。ポジションの半分は逆指値を4％の水準に、残りの半分を8％の水準に置くことで、ポジションの半分に2％多く下落してもよい余地を与えている。このトレードで私が被る損は合計で6％のままだ。また、損切りの逆指値は3つ、あるいは自分の望むどんな組み合わせに分けてもよい。

図3.3　2014年のアイシス・ファーマシューティカルズ（ISIS）。2カ月で54％の上昇。この銘柄は6.10％押したので、損切りの逆指値を6％下に置いていたら、完全に振るい落とされていた。半分を4％、残りを8％の位置に損切りの逆指値をずらして置いていたため、リスクを6％に保ちつつ、半分のポジションを残すことができた

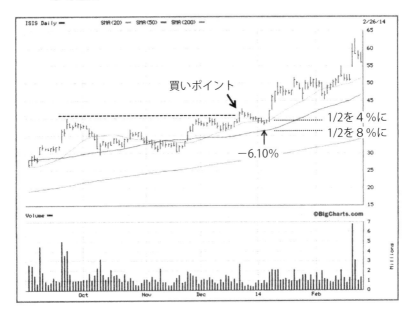

損切りの逆指値をいつ引き上げるべきか

　損切りの逆指値を最初の位置からいつ引き上げるかについて、私には一般的な指針がある。株価が買値から損切りの逆指値までの値幅の数倍まで上げて、私の平均利益を超えた銘柄は、断じて含み損にすべきではない。私の保有銘柄の含み益が、とっているリスクの3倍になるまで株価が上げて、含み益が私の平均利益よりも高くなったときには、ほぼ間違いなく損切りの逆指値を少なくとも損益ゼロの水準まで引き上げる。

図3.4　2014年のグリーン・プレーンズ（GPRE）。8カ月間で150%の上昇。この銘柄は上にブレイクしたあと、通常の押しを入れた。その後、株価は押す前の高値を抜いて新高値を付け、かなりの含み益になった。そこが損切りの逆指値を引き上げる絶好のときだ

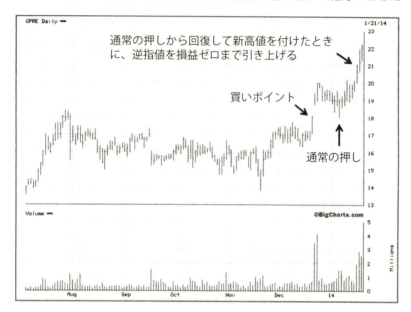

　例えば、ある銘柄を50ドルで買って、5％のリスクをとろうと決めたとする（2.50ドルのリスクをとり、47.50ドルに損切りの逆指値を置く）。株価が57.50ドル（2.50ドルの3倍）まで上げたら、私は逆指値を少なくとも50ドルまで引き上げる。株価がさらに上昇を続けたら、私は上げているうちに売って、全部か、少なくとも一部の利食いをする機会を探し始める。私が損益ゼロで損切りの逆指値に引っかかっても、私にはまだ当初の資金がそのまま残る。利益はゼロだが、損失もゼロだ。**一度は含み益になったトレードを損益ゼロにすると、自分は愚かだと感じるかもしれない。だが、かなりの含み益を損失で終わらせたら、もっと落ち込むだろう。**また、通常の押しのあとに上昇して新高

値を付けたら、私は損切りの逆指値を引き上げようという気になる。

　とっているリスクの２～３倍まで上げたら、特にそれが自分の過去の平均利益を上回っていたら、逆指値を引き上げるべきだ。そうすれば損をしないので、最初の資金と自信を失わないですむ。

リスクを増やさずに買い増しをする

　私は含み益になったポジションで、できるだけ利益を増やせるようにしたい。そのため、私は増し玉をして、ポジションを増やす方法に工夫をしている。私の目標は常に、リスクを最小にして、利益を最大にすることだ。私は「増やして減らす」と名づけた方法でトレードを次のように管理している。

　図3.5の例では、16.50ドルで1000株を買い、15.50ドル（１ドルの損失）に損切りの逆指値を置く。これは1000ドルのリスクで1000株を保有していることを意味する。その後、株価が上昇して、新しい買い場ができる。株価が17.50ドルまで上昇したので、私はさらに1000株を買い、2000株すべてに対して１ドル下の16.50ドルに損切りの逆指値を置く。これで、リスク額は同じ1000ドルを維持しつつ、ポジションは２倍になる。私は含み益を使って、さらにリスクをとっているのだ。２回目の買い増しを18.50ドルで行って、同じ１ドル下に損切りの逆指値を置けば、元本のリスクはゼロでポジションが３倍になる。私はこのようにして、ドローダウン（資産の最大下落）を小さく保ちながら、買い上がってリターンを大きくしている。

常に安全に動く

　「一般大衆は……確実性を求める。話は断定的でなければならない。……これは正しく、あれは間違いだ、と！　しかし、確実

図3.5 増し玉ではリスク額は変えずに、含み益を使ってポジションを増やす

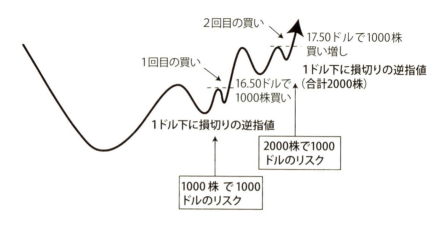

なものなど何もない」

――H・L・メンケン

　プロ野球の選手は「安全確実な」プレーについて話題にする。野球の試合でスコアは1対0、3回で1塁に走者がいる。安全を考えれば、次のバッターはバントをするだろう。彼はおそらく1塁でアウトになるが、走者を2塁に進めて、その後はヒットで同点を狙う。ここでプロがやるべきことは、「勝算を考えて、手堅く」同点だけを狙おうとすることだ。もっと追い込まれた状況で勝算を考えると、ヒットエンドランかホームラン、あるいは危険を承知でもっと違う策を取る必要があるかもしれない。

　リスクを的確に計算することが、着実に優れた成績を上げるコツだ。**プロは安全確実に動くからこそ、長い目で見れば一般のトレーダーよりも着実に結果を残すのだ。だから、一般トレーダーとプロの違いは着実さにあると言える。**勝つために、プラスの期待値に基づく確率（自

分の「エッジ」）に従えば成功できる。エッジを生かせる回数が多ければ多いほど、利益が増えて、長期的には確率が正しい分布——典型的な確率——を示す可能性が高くなる。

　プロは、株式トレードが絶対不変の性質や確実性で決まるわけではないことを理解している。彼らは確率に基づいて判断をする。彼らはそのときどきで成功する確率が最も高そうな行動方針を選ぶ。株式トレーダーはすべてに対して完璧な答えがあると期待すべきではない。多くのことで言えるが、完璧なものは何もない。あなたにできることは、安全策という知恵を受け入れるか、拒否するかだけだ。

最も良い手札が配られるまで待つ

　ポーカーの一種であるテキサス・ホールデムをしていて、エースが２枚来たと想像してほしい。ディーラーが場札の３枚を開く前にチップをすべて賭けた場合、あなたには勝つ可能性が80％ある。さて、その戦略に従ったら、最後の場札が開かれるまでにほかのプレーヤーがもっと良い手だったので、勝てなかったとしよう。あなたは次にもう一度、エースが２枚来たときに、「ああ、もう二度とこの手では賭けない」と思うだろうか。このゲームで２枚のエースは最も良い手札なので、もちろん、賭けるだろう。賭けても、この手札で毎回勝てるわけではない。しかし、確率を理解していれば、２枚のエースで10回のうち８回は勝てると分かる。

　ポーカーでも株式市場でも、まぐれや例外ではなく、長期で何が起きるかを理解することが重要なのだ。目標は、できるだけリスクを低くして、成功の可能性が最も高いトレードをすることだ。 しっかりしたルールに従えば、自分の準備と基準によって成功する確率が高まる。そして、それがうまくいかなかったときには覚えておこう。判断を誤ったのに勝つよりも、正しい判断で負けるほうが良いのだ。正しい判

断で負けるのは、富を手にする道だ。それは短期での負けにすぎない
からだ。そして、規律と数学的なエッジがあれば、長い目で見れば勝
つし、その勝ちを複利で増やしていけるからだ。一方、判断を誤った
のに勝っても、結局は負ける悪習が身につくだけで、破産する可能性
が高くなる。

　要するに、それがギャンブルと投資の違いだ。ギャンブルで勝つ確
率は低く、長期的には必ず負ける。投資では、適切なルールに従えば、
プラスの期待値というエッジがあるので、長期的には勝って成功を収
めることができる。しかし、得られると合理的に期待できる利益より
も大きなリスクをとってはならない。さもないと、自分に不利になる。
それはギャンブルだ。

ほとんどの投資家がリスクを抑えることができない理由

　投資家はたいてい、自分の保有銘柄に愛着を持つようになる。保有
株が急落すると、自尊心（エゴ）が傷つく。そのため、言い訳をして、
売らなかったことを正当化しがちになる。**ほとんどの投資家が売って
損切りをすることができない理由は、売ったあとに上昇して、二度間
違えることを恐れるからだ。これは後悔したくないという気持ちによ
るものだが、それはまったくの自尊心から生じるのだ！**　皮肉にも、投
資家は含み益が得られたときにも同じ恐れにとらわれて、すぐに売り
たくなる。どうしてか。売らなければ株価が下げて、含み益が消えて
しまうことを恐れるからだ。

　トレードで成功するためには、うぬぼれは捨てて感情にとらわれな
いようにすべきだ。トレードプランに望みや恐れや自尊心が介入する
余地はない。間違えたくないという気持ちを、良い判断よりも優先さ
せる余裕などない。それは見せかけの真実だ。毎回、正しい判断をす

ることはできない。損は必ずする。実際のところ、おそらく、トレードの半分くらいでしか正しい判断はできないだろう。それも、あなたが、トレードが上手だとしてだ。最終的に成功するかどうかは、間違えたときにどう対処するかで決まる。

トレードでも人生でも、損失にどう対応するかによって、平凡か偉大かの差が現れる。忘れないでおこう。損失は期待リターンに応じて変わる。カギは損失を利益よりも小さくしておくことだ。常にリターンに応じてリスクを考え、現実のトレード結果に基づいてリスクをとることだ。どれくらいの利益が得られそうで、それがどれくらいの頻度で期待できそうかを適切に考えることができれば、損切りの逆指値を置く位置はただの簡単な数学の方程式の問題になる。だが、大事なことは、期待リターンよりも大きなリスクを絶対にとらない、ということを忘れないことだ。

第4章 自分のトレードの真実を知る
KNOW THE TRUTH ABOUT YOUR TRADING

「ある医学研究員が新しい抗がん剤の効果をニワトリで試すと、多くの症例で病気が治っているように見えたので、大喜びした。彼が成功したという話はまたたく間に広まり、学会で講演を依頼された。彼は講演で、その抗がん剤と自分が使った技術について話したあと、最後に結果について説明した。彼の説明は次のとおりだった。『ニワトリは33％という高い確率で完治しました。また33％には効果がないようでした……。残りのニワトリは逃げ出しました』」
——バートン・P・ファブリカンド

勝つための科学

　ずっと以前に、私はスロットカーのレースに熱中していた。よく知らない人のために説明しておくと、スロットカーとは8レーンのコースで競う電動ミニチュアカーのことだ。これはおもちゃだが、愛好者たちはとても真剣だ。スロットカーの競技会さえあり、最も腕の良い「ドライバー」が最速の車を走らせて、互いに競い合う。週末にレースをしていたコースで、私はみんなからロッキーと呼ばれていた人と知り合いになった。彼はスロットカー愛好者のなかでは地元で伝説的な存在だった。彼は全米大会で優勝もしていた。やがて、私たちは親友になった。

　数年後、私が地元の大会で優勝したあとの夕食中に、ロッキーがスロットカーのコースで私に初めて会ったときの印象を話した。「ストッ

プウオッチとノートを持っているのを見たとき、本気だと分かった。それを見て、この男は勝ちに来たんだと分かったよ」

　私は小さな商店街を歩いていたときに、スロットカーのレースをしているところに偶然出くわしたのだった。私は窓越しにレースをのぞいて、わあーっ、これは面白そうだ、と思った。それで、私はそこに入っていき、スロットカーを借りると、すぐにはまってしまった。その日まで、私はスロットカーというものを一度も見たことがなかったので、試行錯誤をしながら学ぶしかなかった。私はすぐに必要なものを一式そろえて、スロットカーのレースに参加し始めた。そして、ラップタイムを測るコースの時計に挑んでいた。私はもっと速いタイムを出すにはどうすればよいか、知りたかった。それで、20周走らせるとタイヤを変えてさらに20周走らせて、タイヤを削ってみた。次に、モーターか車体のスタイルを変えて、また20周走らせた。1周ごとに、その結果をノートに注意深く書き留めていった。私はあらゆる調整をしたあと、タイムを測って、その調整の効果を記録した。

　スロットカーレースは私にとって単なる趣味だったが、私は何に対しても同じ方法で取り組んだ。結果を記録して、すべてが順調だったときも、うまくいかなかったときも同じように注意を払った。結果を測定しなければ、自分のどこが間違っているかを確かめて、どこをどうやって改善すべきか知りようがない。何がうまくいっていて、何が逆効果だったかを学ぶ方法がほかにあるだろうか。

　スロットカーレースであれ、株式トレードであれ、腕に磨きをかけるとなると、定期的に測定できるほどの規律がある人にとって測定の持つ力は何よりも貴重だ。**自分の結果を記録すれば、本やセミナーや指標やシステムからは絶対に得られない自分自身と自分のトレードに対する洞察が得られる**。トレード候補を見つける基準からトレードを執行する能力や一貫性に至るまで、自分で出した結果は自分がしたことすべての痕跡だ。自分で出した結果は、その人自身にとっての真実

だ。

　ビジネスでは、「測ることができるものは管理できる」と言われる。しかし、トレードでは何も測らないままでいることが多い。多くの人は、自分の結果の何をどうやって測るかを知らないか、そんなことは不必要だと考えている。ほとんどの人はその情報を使って、実際のトレードの改善に役立てる方法を知らない。これから、その方法を説明しよう。

まず、現実を直視しよう

　私のマスター・トレーダー・プログラム・ワークショップを開催するとき、自分の平均利益、平均損失、勝率を何人が知っているかを確かめるために、必ず挙手をしてもらう。私が長年にわたって行ったどのセミナーでも、数人以上の手が挙がったことは一度もなかった。圧倒的多数の人は残念な実態を明らかにした。自分のトレードについて事実を知っているトレーダーはほとんどいないのだ！

　しばらく、この点について考えてみよう。あなたが自分のトレード結果を知らなければ、どうやって自分の期待するさまざまな数字を論理的に設定できるだろうか。それは、計器パネルがない飛行機を飛ばすようなものだ。どうやって機体が水平かどうかを知るのだろう。自分の利益がどういったたぐいのものか知らずに、どれだけのリスクをとるべきかを知る方法があるだろうか。それでは、目隠しをしてダーツボードに矢を投げるようなものだ！

　個人トレーダーで、直感やうわさ、耳寄り情報、あるいはニュース記事に基づく以上のもので、株の売買をしている人はほんの少数だ。自分のトレード結果でカギとなる側面を評価するために、規律ある手法を用いる個人トレーダーはさらに少ない。しかし、適切な仮定をしてトレードで着実に成功するためには、これが極めて重要なのだ。実の

ところ、結果の測定はあまり人気がない。大部分の人は自分のひどいトレード結果は見たがらないからだ。彼らはそれらを忘れてしまうほうを選ぶ。それはまるで、努力や調査をほとんどしなくても、魔法のようにトレードがうまくなると思っているかのようだ。だが、これは怠惰であり、大きな間違いだ。株式市場で成功するための第一歩は、現実を直視することだ。そして、それは自分のトレード結果の事後分析から始まる。トレードについての最も貴重な情報は、自分自身が行っているトレードそのものなのだ！

自分に正直であり続けること

あなたが起きるはずだと思っていることが完全に実現することはめったにない。それが株式市場の現実だ。そうした楽観的な考え方をしていると、自分のトレード結果をゆがめて見る可能性がある。自分のトレード結果を正しく見るためには事実を正確に把握して、自分に正直でなければならない。

トレードを始めたばかりの人でも、ある程度の経験を持つ人でも、自分が覚えていたいトレードだけでなく、すべてのトレードについての結果を必ず計算しなければならない。どこで買い、どこで売ったかをすべてのトレードについて記録しよう。やがて、平均損失、平均利益、勝ちトレード数と負けトレード数の割合についての実績が明らかになる。私はさらに、月ごとの最大利益と最大損失や、すべての利益と損失の平均保有期間も記録している。

こうしたデータを集めて計算する場合、戦略ごとに集計しなければならない。2〜3カ月はデイトレードをして、次にスイングトレードか長期投資に変わったとすると、それらの結果全体で平均を計算すべきではない。戦略ごとに記録すべきだ。そうすれば、「Z」パーセントの勝率で「Y」パーセントの利益を得ているので、損失は「X」パー

セントを超えないようにしようという具合に、各トレードのリスク・
リワード・レシオを管理できる。

　これはまさに保険会社が行っていることだ。彼らは保険統計の手法
を使い、人口統計と、年齢や生活様式や健康状態などの要素で人々を
分類して平均余命を算出する。そして、あるグループのすべての特徴
を分析したら、平均余命が77歳だと分かったとする。すると、そのグ
ループに属する人の現在の年齢が分かれば、保険会社は死亡保険金を
支払う可能性が高い年齢まであと何年あるかを算出できる。そこで、支
払う死亡保険金をカバーしたうえに利益を出すには、保険料をいくら
に設定すればよいかを決めることができる。

　もちろん、保険会社はそのグループのすべての人が77歳で死ぬとは
断定できない。それは、どのトレードで正確にいくらの利益が得られ
るか分からないのと同じだ。だが、保険会社は大半のデータがどこに
当てはまるかに基づいて、保険の予測をする技術を蓄積している。

　あなたのトレードでも、本当のデータを使って同じように考えるこ
とだ。買収されるというニュースのおかげで株価が急騰して60％の利
益を得たときのように、ある種のイベントで突出したデータが得られ
ることがある。しかし、最も良かったトレードに基づいてリスクを決
めても、資金を守ることはできない。**リスクを決めるときに最も重要
な数字は平均利益だ。あなたはこの数字を知っておかなければならな
い。それが１トレードについてどれだけのリスクをとるべきかを決め
る最も良い方法だからだ。**保険会社が平均余命を考慮して保険料を調
整するように、損切りの逆指値も利益の平均余命——平均してどれく
らいで利益の伸びが止まるか——を考慮して調整できる。あなたの平
均利益が15％で、損益レシオ（ペイオフレシオ）を２対１に維持した
ければ、損切りの逆指値は7.5％を超えないように設定する必要がある。

日誌をつける

　私は部下全員に、会議にはメモ用紙とペンを必ず持参するように言っている。正確にメモを取り、日誌をつけることを全員に義務づけている。**ある日に見聞きしたことでも、その一部は覚えていると言う人はいる。しかし、それは思い上がりというもので、だいたいは勘違いをしている。必ず書くようにしなければならない！**　だれかの講演を聞きに行くときには、できるだけ多くのメモをとるか、許されるならば録音すべきだ。同じことはトレードでも当てはまる。あなたは毎日、日誌をつけて、必ず定期的にそれを更新すべきだ。私は常にペンとメモ用紙とボイスレコーダーを持ち歩くことを習慣にしている。本気で勝者になりたいかどうかは、これを実践しているかどうかでほぼ判断できる。

　数年前、私は株式市場に関係している青年と会った。二人で夕食に出かけたとき、彼は私に株式について質問をし始めた。私が質問に答え始めると、彼は話をさえぎった。「ちょっと待ってください」と言って、小さなメモ用紙とペンをさっと取り出して、言った。「続けてください」。私が話し始めると、私の話す言葉をすべて書き留めていた。私は、この子は成功するなと思った。彼はどんな情報も漏らすことはなかった。

　成功する人はどんなことも当たり前とは考えない。彼らは良いことも悪いことも、すべての経験が貴重な金塊のように、検討して積み上げていくべき教訓だと気づいている。彼らは記憶力の限界を認識している。彼らは常に準備を怠らず、振り返るための日誌をつけて、自分の期待していたことと現実を突き合わせる。

第4章　自分のトレードの真実を知る

スプレッドシートに従ってトレードをする

　自分のトレードのスプレッドシートは、過去のパフォーマンスを保存するか、ときどきちらりと見返すための単なる記録ではない。それはまさに、次のトレードの指針となるものだ。自分の数字を知っていると、すべてのトレードから受ける影響を自分の記録と比較検討するようになる。あなたの統計数字は文字どおり、トレードに入り込んで、あなたを導く。例えば、相場が逆行して含み損が5％から8％、10％と膨らんでいるとする。すると、頭に突然、浮かんでくる。その損失をスプレッドシートに記録して、自分の数字を調べるときはいつもその損失と、それが平均に及ぼす影響を見るはめになる、と。平均損失が大きくなると、パフォーマンスが悪化するだけでなく、それを取り返すために、将来にもっと大きな利益が必要になる。そうなる前に、自分のスプレッドシートの数字を頭に入れておいて、含み損が最大水準に達する前に損切りをすることだ。**私はトレードについての判断をする前に、自分のスプレッドシートではどうなっているかを必ず自問する。**

　逆に、トレードが含み益になっている場合を考えてみよう。株価は急騰して、15％、20％、25％と上げ続け、ついに利益が30％に達した。含み益は今や、あなたの過去の平均である10％の3倍になっているとしよう。欲に目がくらみ始めたあなたは、どこまで上がるだろうかと思う。まさにこんなときに、スプレッドシートを思い浮かべて、自分で計算した現実を意識する必要がある。30％で利益を確定して記録すれば、あなたの平均利益は驚くほど良くなる。それを見通せたら、利益を10％かもっと減らすまで放っておきたくはないだろう。

101

図4.1 トレードの三角形でバランスを取り、期待値をプラスにして、エッジを手にすれば、結果の向上と最適化ができる

トレードの三角形

　私の最近の趣味である写真撮影には3つの要素がある。それはISO（フィルム感度）、F値（カメラの絞り）、シャッタースピード（シャッターが閉じる速さ）だ。この「三角形」の要素で露出が決まる。これら3つの力（三角形の辺）によって、写真は露出過度にも露出不足にもなる。自分が狙う視覚効果を得るために最も適した露出にするためには、要素それぞれの関係を調整する必要がある。

　トレードでも、まったく同じように三角形を考えることができる。ISOとF値とシャッタースピードに代わる、トレードの三角形（**図4.1**）での3要素は次のとおりだ。

- **自分の平均利益**　勝ちトレードでの平均の利益（％）
- **自分の平均損失**　負けトレードでの平均の損失（％）
- **自分の勝率**　勝ちトレード数の割合（あるいは「打率」）

　どんなトレードでも、エッジ、すなわち数学的な優位性を維持する

ために、実際のトレード結果から出発する必要がある。トレードの三角形の各要素を見れば、エッジを維持するためにどこに焦点を合わせればよいかが分かる。例えば、勝率が5割（勝ったトレード数と負けたトレード数が半分ずつ）で、平均損失が6％ならば、悪くない数字だ。だが、平均利益がわずか5％ならば、トレード全体で利益を出すためには、勝ちトレードの利益率をもっと高くするか、勝ちトレード数を増やすか、損切りの逆指値をもっと近くに置いて負けトレードの損失を減らす必要がある。

月ごとの記録

　私には定期的に追跡している重要な統計数字がいくつかある。トレードの結果を入力すると、それらを計算するソフトウェアを私は作っている。ミネルヴィニ・プライベート・アクセスのメンバーもこれを利用できる。平均利益は非常に重要な数字で、私は定期的に監視している。私は主としてこの数字に基づいてリスクをとるからだ。また、勝率（利益を出したトレードの割合、**図4.2**）も追跡している。これらの数字が悪化し始めたら、私はそれに応じて損切りの逆指値を調整する。**トレードが難しい時期には、相場が堅調なときよりも利益が減り、勝率も下がる。そういうときには、ナイキの広告コピーにうなずきながら、"Adjust" Do It!（調整しなさい、とにかくやりなさい）という3つの単語を思い出している。**常に利益に応じてリスクを考えよう。得られると期待しているリターンに合わせて、リスクを調整しなければならない。

ほかに追跡すべき2、3の重要な数字

　次に重要な数字は1カ月間での最大利益と最大損失、それに含み益

図4.2　月ごとに記録すれば、自分のトレード結果を毎月、追跡できる。これによって事実を正しくとらえて、自分の手法の問題点を毎日、修正することができる

月ごとの記録

	平均利益	平均損失	勝率	総トレード数	最大利益	最大損失	含み益での平均保有日数	含み損での平均保有日数
1月	7.78%	3.65%	20.00%	5	7.78%	5.53%	7	10
2月	17.51%	5.35%	62.50%	8	21.34%	8.15%	24	9
3月	17.20%	4.91%	55.56%	9	29.87%	7.22%	31	11
4月	9.98%	5.48%	40.00%	10	10.02%	8.23%	13	17
5月	18.65%	5.50%	54.55%	11	24.79%	13.09%	40	19
6月	8.32%	4.06%	50.00%	6	12.14%	7.29%	29	11
7月	16.67%	6.33%	57.14%	14	30.04%	8.04%	44	13
8月	8.43%	4.26%	33.33%	6	8.77%	7.50%	12	7
9月	19.61%	6.09%	44.44%	9	26.01%	8.78%	36	12
10月	-	5.19%	0.00%	4	-	7.47%	-	9
11月	11.19%	8.00%	50.00%	6	13.43%	11.02%	31	8
12月	14.21%	6.33%	42.86%	7	18.53%	8.07%	19	8
平均				95	18.43%	8.37%	26	11

トレードのまとめ	
勝率	46.32%
平均利益	13.35%
平均損失	5.85%
損益レシオ	2.28
調整済み損益レシオ	2.08

と含み損のまま保有し続けた日数だ。私はこれらを「頑固なトレーダー指標」（Stubborn Trader indicators）と呼んでいる。特定の月にあまり注意を払うべきではない。しかし、6カ月か12カ月の平均で見たとき、結果は良好でなければならない。例えば、平均して、最大利益が最大損失よりも少なければ、含み損をかたくなに維持し続けたせいで、利益が少なくなっていることを意味している。これは、すべきこととは正反対のことをしているせいだ。含み益のまま保有し続けた平均日数が、含み損を抱え続けた平均日数よりも少なければ、含み損にしがみついている一方で、利食いは早すぎることを示唆している。こ

104

れは貴重な情報だが、ほとんどのトレーダーはこれらの数字を追跡さ
えしていない。

　このデータを追跡していれば、自分に正直になって、自分のトレー
ドで何が起きているかを正しく判断できる。これこそが大成功するト
レーダーの規律だ。大成功するトレーダーたちは真実から目をそらさ
ない。大成功するトレーダーたちは弱点を改善して、自分の試みを最
適化するために、真実を知ろうとする。**私は感情から距離を置いて、自
分自身と自分の結果を切り離すことで、正当化や言い訳をしないで、実
際のトレードから貴重な洞察を得ている**。結果を監視して計算するこ
とが大切だ。聖書にもあるように、真実を知れば自由になれるのだ。

　あなたが追跡すべき統計数字には次のものが含まれる。

●平均利益
●平均損失
●損益レシオ
●勝率（勝ちトレード数の割合）
●調整後の損益レシオ（勝率に合わせて調整）
●最大利益
●最大損失
●含み益での保有日数
●含み損での保有日数

自分のトレードの損益の分布

　長期的には「損益の確率密度分布」が大事だ。パフォーマンスは利
益と損失の分布で決まるのだ。トレードの結果は釣り鐘型の曲線に沿
って分布するだろうが、この分布が右側のほうに片寄っていることが
望ましい。この分布を利益が出る形に維持するためには、損切りの逆

105

図4.3　理想的な分布は外れ値が右側にできるだけ多く出現し、左側にはできるだけ少ないポジティブスキューの分布になることだ

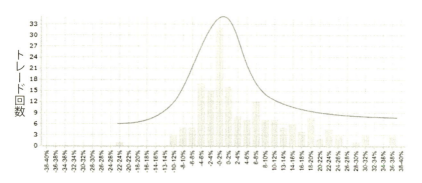

指値を勝ちトレードの平均利益と勝ちトレード数の割合に応じて調整しなければならない。すでに述べたように、これを決定するには勝率と平均利益と平均損失を定期的に追跡するしかない。そうすれば、最近のトレードが自分の過去の標準から外れているかどうかや、利益に合わせて損失を抑えられているかどうかがすぐに分かる。そうすれば、損失に応じて調整するために必要なフィードバックが得られるのだ。

　長期にわたって着実に利益を出し続けるためには、この情報がいかに貴重か、いくら強調してもしすぎることはない。トレード結果のデータが多ければ多いほど統計的有意になり、結果は次第に自分の仮定に近づくだろう。結果を細かく追跡すれば、自分のトレードを正確に把握できるのだ。

　私が損失を10％以下に抑えたいと思えば、私のトレードの損益分布のマイナス10％よりも左にはデータがほとんどか、まったく存在すべきではない。しかし右側には、できるだけ多くのデータがあってほしい。私が目指しているのは右側のほうに片寄ったポジティブスキューの分布だ（**図4.3**）。それは私が損失（分布の左側）を抑えながら、利

益（分布の右側）を伸ばしているという意味だ。私は定期的にトレードの損益分布を見て、エッジを維持しているかどうかを確かめる。

私は自分の分布のマイナス10％を「壁」と呼んでいる。これをアンクルポイントと呼ぶ人もいる。これは私が望み得る最大損失だ。けっして平均損失ではない。最大損失だ。私の目標は、損失が一度も「壁」を突破しないようにすることだ。あなたはやがて、自分自身の壁を何回か突破するだろう。時には、株価の急落とスリッページの発生のせいで、損失が手に負えないほど拡大することもある。それでも、自分の分布の左側よりも右側に多くのデータが集まるようにするべきだ。

格言にもあるように、「知識は力なり」だ。自分のトレードについて知識があれば、それは力となり、感情面の規律を高めて、もっと良いトレーダーになれる。知識があると、自分の利益と損失がどういう割合で分布しているか考えるようになる。結果として、トレードの判断がうまくなる。なぜなのだろうか。損失を出すと、自分の損益分布にどういう影響を及ぼし、利益にどれだけの痛手を被るかが頭の中に生々しく刻まれるからだ。自分の損益分布は綱引きとみなして、この闘いに勝つために「右側」に引っぱるべきなのだ。

トレードの頻度と機会費用

株式市場では、逃した機会と同じく、時は金なりだ。私は若いころ、「小さな」利益が複利で増える力を過小評価すべきでないと教わった。つまり、比較的小さな利益でもトレード回数を増やせば、利益が大きく、トレード回数が少ない場合よりもリターンをかなり高くすることもできるということだ。これはすべて一定期間に何を達成できるかによる。例えば、あなたが120日以内に40％上昇する銘柄を見つけられる、とかなりの自信を持っているとする。それでは、20％上昇するものを3銘柄か、10％上昇するものを6銘柄見つけることはできるだろうか。

もちろん、40％上昇する銘柄を見つけるよりも、10％上昇する銘柄を見つけるほうが簡単だ。本当に聞きたいことは、頻度を高めることが数学的に理にかなうのか、だ。10％の利益を複利で6回増やせると、40％の利益を1回出す場合よりも総リターンは2倍近くになる。だが、20％の利益がわずか3回でも、10％の利益が6回の場合の総リターンに近い。

　トレードの頻度は、平均利益と平均損失と勝率に直接、関係している。ポートフォリオの回転率が非常に高ければ、それが低い場合よりも利益と損失の額は小さくなり、低い勝率でも十分になる。「エッジ」の恩恵をより多く受けるからだ。これは、値段の安い商品とか利益率の低い商品を売る小売業者か、在庫回転率が低い高額商品を売る小売業者か、と同じ考え方だ。安い商品でも、小売業者が利益の少なさを販売数で補うことができれば、高価な商品よりも多くの利益を生み出せるかもしれない。デイトレーダーは平均して1トレード当たり1ドルにも満たないほどの非常に小さな利益を狙って、1年に何千回ものトレードを行っている。そういう小さなエッジを頻繁に繰り返すことで、かなりの利益を生み出しているのだ。

　投資家であるあなたの商品は株だ。あなたの目標は需要が多い株を買って、買値よりも高く売ることだ。どれだけの利ザヤを稼げるかは、どういうポートフォリオを運用しているかによる。ウォルマートに似たようなものなら、利ザヤは非常に小さいが、トレード回数は途方もなく多いだろう。一方、特色があって流行の商品を扱うブティックのようなものなら、利ザヤは大きいが、トレード回数は非常に少ない。小さな利益のために非常に多くのトレードをしているのなら、圧倒的な売買高で、年末までには素晴らしい利益を出しているかもしれない。あるいは、選りすぐりの商品に長期投資をしても、着実に利益を出しているかもしれない。**要するに、平均で利益を損失よりも大きくして、純利益を出すというプロセスを繰り返すことだ。どんなビジネスでもこ**

れが基本目標だ。

　あなたはより小さな利益を数回取れば、同じかもっと多く稼げると
しても、大きな利益を１回で手に入れようとするだろうか。どの戦略
にも違いがある。だから、機会費用を計算して、最適な時間枠と回転
率がどうあるべきかを決めることが大切だ。ここでも、自分の正しい
数字を理解しておくことがカギとなる。だから、計算を始めよう。自
分のトレード結果を分析して、トレードを最適化しよう。

上げても下げても満足できる解決法

　すでに指摘したように、トレーダーの考えは主として、ためらいと
後悔という２つの感情の間を揺れ動く。そして、トレーダーの精神状
態は、強欲と恐れの間を揺れ動く。前に触れたように、トレーダーは
機会を逃すのではないかと恐れるため、すでに大きく上げた銘柄を追
いかける。また、彼らは売るのがあまりにも早すぎるのではないかと
恐れる。例えば、20ドルで売った株が次のグーグルになるのではない
かと恐れて、取れる利益をすべて取ろうとする。あるいは、45ドルで
買った銘柄が40ドル、そして35ドルへと下がると、40ドルで売らなか
ったことを後悔する。そこで、彼らはいくらか上げて損を取り戻せる
ことを期待して持ち続ける。そして、ほとんどのトレーダーはこの問
題をさらに悪化させる。含み益が消えるのを恐れて、あまりにも早く
売って小さな利益を取る。ところが、含み損になると、売ったあとに
下げ止まって再び上げるかもしれないことを恐れて、持ち続ける。

　不安と闘って恐れを静める唯一の手段は、ルールと現実的な目標を
設定することだ。しっかりしたルールがあれば、感情ではなく現実に
基づいて判断できるようになる。忘れないでもらいたいが、トレード
は大底で買って天井で売るということができない。安く買って高く売
り、損失よりも利益を多くするということを繰り返すものだ。トレー

ドのこの基礎を完全に把握すれば、投資で成功するための心理的に大きな壁を取り除ける。

私が最もよく尋ねられる質問は、いつ利食いすべきかということだ。特に大幅に上げたあとについてよく聞かれる。売るべき株価目標は、自分の戦略の一部であるテクニカル面のルールに基づくべきだ。しかし、すべての戦略に当てはまるルールがある。それは、「平静を保つ」ということだ。後悔で打ちひしがれたり、ためらい続けたりすべきではない。

「ポジションの半分を売る」というルールを使おう。

あなたの保有株が20%上げたとしよう。それは10%というあなたの平均利益の2倍、7%の平均リスクのほぼ3倍だとする。あなたの含み益はかなり大きいが、売るべきかどうか分からない。あなたはその会社が気に入っていて、株価はもっと上がると思っている。しかし、25%まで上げたあとで、少し下げ始めた。どうすべきか自問しているうちに、決められなくなる。解決法は簡単だ。ポジションの半分を売ることだ。

この例では、ポジションの半分を20%上げたところで売れば、10%の平均利益と比べて、トレードで負ける可能性は非常に低くなる。トレードの半分は20%の利益で確定される。たとえ、残りの半分が損益ゼロでも、まだ10%の純利益になる（これはあなたの平均利益に等しい）。しかも、あなたはまだ有利だ。実際、残りのポジションで10%の損をしても、このトレードでの損失はまだゼロだ。

半分を売ったあとは、残りのポジションで株価がどこまで上げるかを見ていることができる。結果がどうであれ、あなたは何も後悔することがなく、心理的には勝者だ。**半分を売ったあとに株価が上がれば、「半分持っていて良かった」と思うだろう。下がれば、「半分を売っていて良かった」と思うだろう。心理的にはどちらに動いても満足できるものだ。**

110

第4章　自分のトレードの真実を知る

　よって、悔いを残さない唯一の方法は、ポジションの半分を売ることだ。ポジションの75％を売って25％を持ち続けていて上げれば、「もっと、残しておけばよかった」と後悔するだろう。逆に、半分以下しか売っていなかったときに下げたら、「ああ、もっと売っておけばよかった」と、自分を責めるだろう。半分売っていれば、上げても下げても売った根拠に差がなくなり、どちらに動いても心は傷つかない。

　しかし、ひとつ注意しておきたい。含み損があるときに半分を売っても、下げには役に立たない。損切りの逆指値に引っかかったら、必ず全ポジションを手仕舞うべきだ！　下げているときに半分を売り、再び上げることを期待して残りのポジションでギャンブルをすべきではない。相場が自分のポジションに逆行して、損切りの売り水準に達したら、逃れる余地はない。規律を守って断固とした行動を取るしかない。

トレード結果に基づく仮定に従って予測

　トレードの結果は多くのことを教えてくれる。①どこで損切りすべきか、ポジションサイズが大きすぎないか、あるいは小さすぎないか、②自分のトレードは過去に比べて向上しているか、それとも悪化しているか、③目標からどれだけ外れているか——などだ。しかし、これらの洞察を得るためには、統計を取らなければならない。

　私は定期的に結果を追跡して計算している。私の平均利益が「Ｘ」で、平均損失が「Ｙ」だったと知っているだけでなく、長期での実際のリターンも見ている。そして、監視している数字に基づけば、今後のトレードで何を期待できるかが予想できる。これらの結果が私の目標と合っていれば、私の手法は良いと分かるし、目標に達していないところがあれば、どういう調整をすべきかが分かる。実際の結果に基づいて、それらの数字を基に試行錯誤をすれば、何が現実的で、何が

111

図4.4　結果に基づく仮定に従って予測すれば、目標を達成するために一体何が必要かが分かり、さまざまな調整が結果にどういう影響を及ぼすかが判断できる

入力

ポートフォリオのサイズ（金額）	$200,000
ポジションサイズ（％）	25%
期待リターン（％）	40%
平均利益率	14%
平均損失率	7%
勝率	46%

結果

勝ちトレードでの平均利益	$7,000
勝ちトレード数	28
負けトレードでの平均損失	$3,500
負けトレード数	33
損益レシオ	2:1
ポジションサイズ（金額）	$50,000
1トレード当たり期待利益率	2.66
1トレード当たり期待利益額	$1,300
目標額	$80,000
目標額に必要なトレード数	60
調整済み損益レシオ	1.7:1
オプティマルf	19.00%

非現実的かが判断できる。

例えば、20万ドルのポートフォリオで、ポジションサイズはその25％だとしよう（**図4.4**）。期待リターンは40％で、平均利益は14％、平均損失は7％、勝率は46％とする。これらの結果に基づいて、40％の利益目標を達成するためには、約60回のトレードを行う必要がある。

ここで、あなたは自問する必要がある。自分のトレード手法で60回トレードをする機会を見つけるのに、どれくらいの期間がかかるだろうか、と。過去のデータによると、1年に80〜90回以上のトレード機会を見つけられるかもしれない。そうであれば、40％のリターンを達成するだけでなく、その2倍か3倍をも達成できる機会がある。

あるいは、ポジションサイズを変えるべきだと思うかもしれない。ポジションサイズを50％まで引き上げれば、トレードを30回すればすむ。逆に、12.5％まで引き下げれば、同じリターンを達成するためにトレードを120回行う必要がある。あなたは自分の結果に基づいて、望むパフォーマンスを達成するためにどれくらいのポジションサイズとトレード回数が必要かを決めることができる。

第4章　自分のトレードの真実を知る

　あなたが短期トレーダーならば、トレードの機会はもっとある。しかし、利益と損失はスイングトレーダーやもっと長期の投資家よりもはるかに小さくなる。1ドルか2ドルの利益を狙って売買し、50セントの損で損切りをするかもしれない。だが、それを頻繁に繰り返すことになる。長期トレーダーならば、トレードの機会ははるかに少なくなるが、平均利益は大きくなる。カギは、結果を最大にするための最適な方法を見つけだすことだ。

　当然ながら、結果に基づく仮定に従って予測するためには、データが必要だ。それは多ければ多いほどよい。トレードを始めたころは、分析に必要な結果はあまり多く持っていない。だから、早く始めるほど、貴重なデータを集めることができる。

　結果を検討する最も重要な理由は、自分自身について洞察を得るためだ。どれくらいの痛みまで我慢できるかが人によって異なるように、含み損に耐えたり強欲を抑えたりするときにも、感情をどれだけコントロールできるかは人によって異なる。何よりもトレードの戦略を支配するのは、感情の引き金だ。自分のシステムでフラグが立ったトレードをすべて実行する人が1人でもいたら、教えてほしい。トレーディングルームでブラックボックスにトレードを任せていて、することは1日の終わりに損益表を印刷することだけだというのでないかぎり、感情は判断に影響を及ぼす。その人の感じ方は、することすべてに影響を及ぼしているのだ。

　したがって、トレードの結果はあなたの戦略からトレードの執行や手数料や感情に至るまでのすべてをまとめたものだ。自分のスプレッドシートに現れる数字は、自分の感情を含めて、トレードに注がれたすべてから生み出されたものだ。

　だから、重要なのは最終的な数字、すなわち自分のトレード結果なのだ。あなたの戦略が100％の利益をとらえられるかどうかは重要ではない。重要なのは手仕舞ったときの利益が10％だったということだ。重

113

要なのは最終結果だけだ。そして、これまでに達成した結果に基づいて予測をすれば、どれくらいのリターンを期待できそうかや、そのために何が必要かを決めることができる。

資金を再投資すべきか、すべきでないか

数字を十分に長くいじれば、聞きたいことを何でも語ってくれる、という格言がある。苦労して手に入れた資金でリスクをとる前に、数字をいじり回すだけでなく、それらを完全に理解するようにしてもらいたい。リスクについて考えるとき、資金を再投資すべきかどうかなど、理解すると興味深いことが分かってくる。私がこの例を出すのは主に、トレードの背後で働いている数学を理解することがいかに重要かを示すためだ。私の言うことが信じられなければ、次のことを考えてみてほしい。

ラリーとスチュアートという2人のトレーダーがそれぞれ10万ドルからトレードを始める。2人はまったく同じシステムで24回のトレードを行う。彼らはまったく同じときにまったく同じ株価で売買する。24回のトレードのうちの12回では、それぞれ50％の利益を出す。残りの12回のトレードでは、それぞれ40％の損を出す。24回のトレードでは、50％の利益と40％の損失が交互に出る。さて、それでは結果だ。1人のトレーダーは120％の利益を出して、口座資金は22万ドルに増える。もう1人はマイナス71.75％、すなわち7万1750ドルの損をして、口座の資金はわずか2万8250ドルになる。どうして、そんなことが起きるのだろうか。

ラリーはリターンを再投資しないことに決めた。彼は各トレードで一定額（10万ドルの資金に基づく）を投資して、利益は再投資しなかった。一方、スチュアートは資金を再投資して、リターンを複利で増やした。さて、再投資をしないのと、するのとではどちらが良い戦略

114

第4章　自分のトレードの真実を知る

図4.5　この例が示すように、自分の実際の結果を追跡すれば、自分が起きると期待していることだけに頼るのではなく、リスクの背後に働いているメカニズムの現実が分かり、多くの洞察が得られる

	再投資しない場合				再投資した場合		
＊	損益率	損益額	総損益	総損益率	損益額	総損益	総損益率
			$ 100,000			$ 100,000	
1	50%	$ 50,000	$ 150,000	50%	$ 50,000	$ 150,000	50.00%
2	-40%	$ (40,000)	$ 110,000	10%	$ (60,000)	$ 90,000	-10.00%
3	50%	$ 50,000	$ 160,000	60%	$ 45,000	$ 135,000	35.00%
4	-40%	$ (40,000)	$ 120,000	20%	$ (54,000)	$ 81,000	-19.00%
5	50%	$ 50,000	$ 170,000	70%	$ 40,500	$ 121,500	21.50%
6	-40%	$ (40,000)	$ 130,000	30%	$ (48,600)	$ 72,900	-27.10%
7	50%	$ 50,000	$ 180,000	80%	$ 36,450	$ 109,350	9.35%
8	-40%	$ (40,000)	$ 140,000	40%	$ (43,740)	$ 65,610	-34.39%
9	50%	$ 50,000	$ 190,000	90%	$ 32,805	$ 98,415	-1.59%
10	-40%	$ (40,000)	$ 150,000	50%	$ (39,366)	$ 59,049	-40.95%
11	50%	$ 50,000	$ 200,000	100%	$ 29,525	$ 88,574	-11.43%
12	-40%	$ (40,000)	$ 160,000	60%	$ (35,429)	$ 53,144	-46.86%
13	50%	$ 50,000	$ 210,000	110%	$ 26,572	$ 79,716	-20.28%
14	-40%	$ (40,000)	$ 170,000	70%	$ (31,886)	$ 47,830	-52.17%
15	50%	$ 50,000	$ 220,000	120%	$ 23,915	$ 71,745	-28.26%
16	-40%	$ (40,000)	$ 180,000	80%	$ (28,698)	$ 43,047	-56.95%
17	50%	$ 50,000	$ 230,000	130%	$ 21,524	$ 64,570	-35.43%
18	-40%	$ (40,000)	$ 190,000	90%	$ (25,828)	$ 38,742	-61.26%
19	50%	$ 50,000	$ 240,000	140%	$ 19,371	$ 58,113	-41.89%
20	-40%	$ (40,000)	$ 200,000	100%	$ (23,245)	$ 34,868	-65.13%
21	50%	$ 50,000	$ 250,000	150%	$ 17,434	$ 52,302	-47.70%
22	-40%	$ (40,000)	$ 210,000	110%	$ (20,920)	$ 31,381	-68.62%
23	50%	$ 50,000	$ 260,000	160%	$ 15,690	$ 47,072	-52.93%
24	-40%	$ (40,000)	**$ 220,000**	120%	$ (18,829)	**$ 28,243**	-71.76%

＊＝トレード回数

だろうか。この結果を見ると、驚くかもしれない（**図4.5**）。

大部分のトレーダーがしないことをしよう

　健康な生活スタイルは健全な習慣を身につけることで得られる、と私たちはみんな教わった。これは過激なダイエットや、トレーニングもしないでマラソン大会に出ようと突然決めることではない。健康ということは、食習慣や運動量や適度な飲酒など、毎日行っているすべ

115

てのことを合わせた結果だ。やがて、何をすべきで何をすべきでないかを選ぶ必要すらなくなる。好ましい習慣が深くしみ込むからだ。

トレードでも、習慣化すべき好ましい日課がある。私はこれを生活習慣と呼んでいる。朝、起きて歯を磨くことや、ジムにトレーニングに出かけるのと同じように、これらの習慣はトレードにおける生活習慣の一部になる。そして、いったんこれらの習慣が身につけば、次の段階に進んで居心地の良い領域を拡大する役に立つ。

トレードでの好ましい習慣のひとつは、トレード結果を定期的に事後分析することだ。もうひとつは、資金を極端に失わないように、必ず損切りをすることだ。これには単にトレード日誌をつける以上のことが含まれる。結果を定期的に分析すれば、フィードバックが繰り返される。どんなフィードバックでも、それによってシステムを調整できるか、自分をコントロールできることが前提になる。また、フィードバックがあれば、学ぶのが楽になる。過去に何がうまくいっていたのかを知れば、今後のトレードでも同じ手法が使えるからだ。

フィードバックが意味を持つためには、定期的かつ頻繁に行う必要がある。例えば、私の事後分析では、トレードについてできるだけ多くの情報を集めるために、四半期と年間での評価をすると決めている。フィードバックもトレードプランと同様に、スケジュールに従って行わなければならない。ときどき行うだけでは、データはランダムで信頼性がなくなる。

トレードがうまくなり、順調にいっているときに事後分析をすれば、苦痛は感じない。それどころか、おそらく気分が良いだろう。しかし、あまり順調でないときに分析をするのは苦しくて、おそらく、避けようとするようになる。それは、例えば、うまくいかない人間関係や子供のころのトラウマを分析するために心理療法士に話をするのと同じようなことだ。それは苦しい。それでも、そうした人間関係や人生の困難な時期に起きたことの何が問題だったのかを分析すれば、効果的

で自分を変えることさえできる教訓が得られる。それは今後の人生で成功する役に立つ。同じことはトレードでも言える。困難な時期を直視して、何がまずかったのかを分析する勇気を持つからこそ、成長できるのだ。

お金を儲けるのか、言い訳をするのか

すでに触れたように、私は余暇に写真を撮っている。これは趣味だが、かなり真剣にやっている。私の目標は素晴らしい写真を撮ることだ。それはトレードでの目標が優れた成果を出すことと同じだ。私は最高水準の機材を持っている。最高のカメラを持っていれば優れた写真が撮れると考えているからではない。スピードが出る車に乗っているからといって、レーシングカーの優れたドライバーになれるわけではないのと同じだ。しかし、そうすることで、「言い訳」はできなくなる。

トレードでもそのほかの多くのことでも、成功にとって最大の障害のひとつは一言でまとめることができる。それは言い訳だ。私は人生で行うことすべての結果に全責任を取れるようにしたい。私は結果に責任を持つことの効果が分かっている。だから、最高の道具を持っていれば、責任を取るしかない。私はほかのカメラマンのほうが良いカメラやレンズを持っているから、彼らは良い写真を撮れるのだとは言えなくなる。自分で責任を取ることは、私が良い写真を撮るためにできる最も効果的な方法だ。そして、それはあなたが並外れたトレーダーになるためにできることで、最も大切なことでもある。責任を取るということは、自分には反応する能力があると認めることでもある。

株式市場ではお金を儲けることも言い訳をすることもできる。だが、両方はできない。言い訳になることを取り除くために、できることは何でもしよう。成功に至る道は責任を取ることから始まる。成功でき

117

ないのを、ほかのせいにしてはならない。自分のトレードを管理する
最も良い方法はトレード結果の背後で働いているメカニズムを正確に
理解することだ。そうすれば、真実を知って自分をコントロールでき
るようになり、初めて成功に至る道のスタートラインに立つことがで
きる。

第5章 間違いではなく、資金を複利で増やす
COMPOUND MONEY, NOT MISTAKES

「あなたはこれからゼロになるものを買って、
無限に上昇するものを売ることになる」
────ポール・チューダー・ジョーンズ

　30年以上前にトレードを始めたとき、私の目標は最短で最大のリターンを得て、並外れたパフォーマンスを達成することだった。そのために、私は資金を複利で増やす方法を学ぶ必要があった。しかし、始めて間もないころに、初心者がよくやる過ちを犯した。私は資金を増やすのではなく、間違いを増やしたのだ。

　私は多くの投資家がするように、最も致命的な間違いをした。保有株が下げると、損切りをする代わりに、さらに買い増したのだ。その理論的根拠は「ナンピン買い」だった。私は平均コストを下げることができるので、やがて株価が上昇に転じたら（私は株価は回復するはずだと思っていた）、最初に含み損になったときよりも素早く損を取り返せると考えていた。これは、投資では極めて一般的な考え方だ。その銘柄が1株20ドルのときに気に入っていたのなら、15ドルになればもっと気に入るだろう。だが、これこそまさにトレード口座の資金を吹き飛ばして、投資家を破産に追い込む方法なのだ。なぜか。これは資金を増やしているのではなく、間違いを増やしているからだ。

　相場がポジションに逆行して含み損になったら、特にそれが買った直後に起きたら、それは簡単な話だ。判断が間違っていたということだ。それは銘柄の選別基準に誤りがあったのかもしれないし、買うタ

イミングがずれていたのかもしれない。あるいは、市場全般で機関投資家が売り抜けている時期だったのかもしれない。こうした状況でさらに買って、含み損のポジションを「ナンピン」しようという試みは、まさに格言で言われるように、「損の上塗り」だ。残念ながら、それはいつでも行われている。そして、トレードにおけるどんな行為よりもこのせいで、多くの取引口座が吹き飛ばされている。

多くの投資家はリスク管理をするためには損切りすべきだということを知っている。それなのに、持ちこたえるべきだと自分に言い聞かせる。**「いやいや、今はまさに強気相場だ！　損切りをするたびに上昇している。だから、売るのではなく買い増しをすれば、上昇したときの利益はもっと大きくなる」**と。この場合も、売ったあとに株価が回復すればもっと大きな利益を逃す、と恐れているのだ。彼らはこうした状況で売ることを、「意気地なし」と見る。こういうときに、自尊心（エゴ）が頭をもたげる。人は間違いを認めたがらず、最終的には自分の判断が正しかったと証明したがる。そこで、ルールを破っても大丈夫だと自分を納得させる「今回だけ」という、とても危険な言葉を都合良く思い浮かべる。

これは破滅に至る道だ。**今回の１回に限ってルールを破ろうとした**とき、規律を失い始める。なぜなら、「１回」で終わることはないからだ。「１杯だけ」と言うアルコール依存者や、「ヘロインを一度だけ」と言う麻薬依存者と似たようなものだ。それがうまくいくことも時にあるが、それは不幸なことだ。悪い習慣が報われると、「ほら、見たことか」と脳に強くこのことが刻まれるからだ。持ち株が５％、10％、20％と下げ続けているのに、損切りの逆指値に従うのではなく、持ち続けるか、さらに悪いことに買い増しをしようと自分に言い聞かせる。すると、上昇して含み損は解消し、さらに20％上げる。自分はトレードの天才だと思う！　だが、マイナス20％の水準で本当に売るつもりだったとすると、20％の利益を狙って20％のリスクをとったのは間違い

ない。こういうトレードをしている人は、いつか厳しい現実を思い知らされることになる。

　危険なのは、持ち株が本当に困った事態に陥る可能性があることだ。そうなると、含み損は30％、40％、50％、あるいはもっと膨らむ。おそらく、1銘柄でこういうことをしている人は、ほかの銘柄でも同じことをしているだろう。株式市場では、悪習が報われると破滅に至る。「今回の1回に限って」がうまくいくと、大変なことが待ち受けている。目的が正しければ間違った手段でも許容できる、と自分に言い聞かせて、同じことを繰り返すからだ。そうなれば、運が尽きるのももうすぐだ。

すべての結果が同じ意味を持つわけではない

　この点を最も手っ取り早く簡単に説明すると、こうなる。2人が道を渡ろうとしている。1人は左右をしっかり見てから横断して、車にひかれる。もう1人は目を覆って、交通が激しい道をやみくもに横切るが、無事に渡り切る。これは無事に道を渡れた人が賢明なことをしたことを意味するだろうか。同じことが100回繰り返されたら、どうなるだろう。無事に渡れる確率が高いのはどちらだろう。結果が良かったからといって、間違った手段を正当化することなどできない。

　「今度だけ」と思ったことが何回あっただろうか。私が言いたいことは分かるだろう。あなたは今、含み損になっていて、株価は損切りの逆指値水準まで下げている。あなたは売るべきだと分かってはいるが、その企業が本当に気に入っていて、株価はきっと回復すると思っている。そこで、損切りすべきと分かっていながら、ルールを緩めて、「今度だけ」はもう少し持ち続けようと自分に言い聞かせる。そして、持ち続ける。ここで、自問してほしい。「今度だけ」と言い聞かせて、大儲けできたことがあったのか、どうかと。

「今度だけ」と自分のルールを破れば、規律が緩む。これはダイエットを始めたが、３日後に「今度だけ」と言い聞かせて、昼食のときにデザートを注文しようと決めるようなものだ。そのうちに、カロリーを取りすぎて、翌朝に体重計に乗ると、針が逆方向に動く。トレードは自分が課したルールを破らなくても、もともと大変難しい。規律を守るということは、自分を守るために多くの小さな損を引き受けるしかないという意味だ。これは、大きな波をどうしてもとらえたいときには、間違ったやり方のように思えてくる。だが、「今度だけ」とルールを緩めれば、そのトレード１回で終わることはなく、破滅に至る道を歩み始めることになる。ルールを破っても、その後に報われる経験をすると、さらにルールを破り、ついには覆面で目と耳を覆って大通りを走って横切る人と変わらなくなる！

１回のトレードでは終われない。だから、それだけを切り離して考えるのはやめよう。もっと視野を広げて考えなければならない。**私の平凡なパフォーマンスが並外れたものに変わったのは、「今度だけ」とルールを破るようなことはもう二度としない、と固く心に決めてからだった。**私はこう思った。そうだ。もうやめるんだ。何度やってもダメなんだ！　二度とルールは破らない。破っても報われることはない、と。

指針にすべき力強い言葉

ポール・チューダー・ジョーンズはおそらく、すべてのマネーマネジャーのなかで最も優れた１人だ。私は彼をとても尊敬している。ずっと以前に、彼のトレード用デスクの上方に彼の写真が飾られているのを見つけた。それには、「負け組は負けトレードをナンピンする」と書き添えてあった。この言葉はとても印象深い知恵を含んでいる。負け組だけが含み損になっている銘柄を買い増す、ということだ。

第5章　間違いではなく、資金を複利で増やす

このメッセージは、2つの理由で私の心に残った。第一に、ナンピンをすれば負け組になるとは大げさだ。しかし、ポール・チューダー・ジョーンズがそう言うのならば、おそらくそれは真理を含んだ箴言なのだろう。第二に、史上最も偉大なトレーダーの1人が壁に大きな文字でこの言葉を掲げておく必要があるのならば、それは「ナンピン買い」がいかに人を引きつけ、そして、自分はそんなことは絶対にしないと肝に銘じることがいかに重要かの証拠だろう。あなたは手を出したくなる気持ちが分かるだろう。25ドルのときに気に入っていた銘柄が、今は20ドルになっている。それで、いっそう気に入る。なんて安いんだ、と直感的に思う。しかし、そんな考えは相場が自分のポジションに逆行しているのに、それを認めるのを妨げる妄想にすぎない。自尊心を捨てて、含み損が小さくて深刻な打撃になる前に手仕舞おう。負け組だけが含み損になっている銘柄をナンピンする、というのは本当だ。

50・80ルール

損失ではなく、資金を複利で増やすためには、私が50・80ルールと呼んでいる、ずるずると悪化する確率を認識しておく必要がある。これがそのルールだ。**長らく相場を引っ張ってきた先導株が大天井を付けたら、それが80％下げる確率は50％あり、それが50％下げる確率は80％ある、というものだ。**

しばらく、この確率について考えてみよう。ある銘柄が大幅に上昇したあと最高値を付けたら、ほぼ間違いなく50％は下げる。そして、それが80％下げる確率は半々ということである。大型の先導株が天井を付けたら、平均して70％以上、下げる！　私はここでタイミングのことを話したいのではない。最初の含み損に注意を払うべきだと警告をしているのだ。

123

図5.1　2008～2016年のランバー・リクイデーターズ（LL）。この銘柄は先導株だったが、50・80ルールに屈した。2013年後半に最高値を付けると、90％以上も急落した

　大幅な下落も、小さな押しからすべてが始まる。しっかりしたトレードのルールに従う規律があれば、含み損が小さいうちに損切りをするので、損の上塗りをすることはないだろう。しかし、損切りの逆指値を無視すべき理由や、そもそもそれを使うべきでない理由について、あれこれ言い訳を考えるようならば、株価が下げ続けたときの損失ははるかに大きくなる。そして、下げているときに、**この銘柄はどこかで再び上げる**と考えて、「ナンピン買い」をすれば、膨らみ続ける含み損によって心理的に打ちのめされ、最終的にはトレード口座が大打撃を受ける。

　急落している銘柄にしがみつくとか、もっと悪いことに、下げているときに買い増しても、1～2回、あるいは数回は儲かることがあるかもしれない。だが、そのうちに保有している銘柄が下げ始めるだろう（**図5.1**）。そのとき、最初のポジションの損失だけでなく、あとで買い増しをしたポジションでも損失を被ることになる。こうなったときに、**ここら辺りが底のはずだから、もっと買おう**、と自分に言い聞かせて、間違いをさらに重ねるかもしれない。一部の投資家はうぬぼ

れが強いために、間違いを受け入れることができず、何度かナンピンの倍賭けをする。アマチュアは自分の判断が正しいほうに賭けようとするが、プロは利益を出すほうに賭けようと努める。

　下げている銘柄でナンピン倍賭けをする人は、２のワンペアしか手にないのに賭け金を上げてプレーを続けようとするポーカープレーヤーと同じだ。２のワンペアで、強いカードを持っているプレーヤーに勝とうとするのはずぶの素人の考えだ。**プロは安全策を取る。彼らは一貫した行動を取って大きな誤り（損失）を避ける。彼らは何よりも勝つ確率が低いときにお金を賭けるリスクを避けるのだ。**勝つ確率が高いときに賭けて、そうでないときには降りる。彼らは降りたあとに、ディーラーに次のカードを見せてもらって、続けていたら勝っていたかどうかを確かめて、とやかく後講釈を言う人たちとは違うのだ。プロは一貫した行動を取ることに集中する。彼らは、確率は長い目で見れば本来の密度分布に近づくし、勝つ確率が低い手でプレーをすれば負けると分かっているのだ。

　天井を付けたあとに先導株を買って、うまくいくこともあるかもしれない。しかし、現実にやっていることは、お金ではなく間違いを増やしているのだ。そして、やがてはその行動で大いに苦しむことになるだろう。そして、最終的には並外れたパフォーマンスを達成する可能性をつぶすことになる。このことは正しいと、私は保証してもよいほどだ！

安値の落とし穴

　行きつけのデパートで、セーターかジャケットか靴に目を引かれる。品質が素晴らしく、サイズもぴったりで、デザイナーブランドだ。そこで、値札を見て、ぎょっとする。予算を大幅に超える値段だったからだ。だが、この店は大幅値引きセールをすると経験で知っているの

図5.2　1990～2016年のシスコシステムズ（CSCO）。2000年に大天井を付けたあと、株価は90％という途方もない下落をして、その後は16年も横ばいを続けた

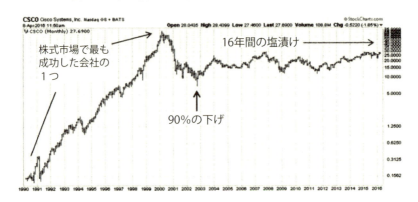

で、ひたすらその日を待つ。思っていたとおり、数週間後に大安売りの広告が出される。あなたはお得意様としてさらに20％引きの優遇が受けられる。大安売りの初日に出かけると、お気に入りの商品があった。しかも、今回は30％、40％、物によっては50％引きさえある。あなたははるかに安くなった商品を喜んで買うだろう。

　だが、これはデパートではうまくいっても、株式市場ではうまくいかない。**株式投資では、突然「安くなった」銘柄は必ずしも割安ではない。安いと言うだけで買えば、窮地に陥ることがある。**セール中のアルマーニのジャケットのように本当の「掘り出し物」ではなく、「安い」株にはそれなりの理由によって、株価が下げている可能性があるからだ。それをとてもお買い得な銘柄を見つけたと思って買えば――特に、その会社とそれまでの業績がとても気に入っていれば――、下げが続いたときに大損をしかねない。**安いというだけで買うと、相場が逆行しても売りにくい。**下げるともっと安くなるが、それこそが買ったそもそもの理由だからだ。「安い」というのが買う根拠であれば、その銘柄が下げるほど、魅力的になる。

126

図5.3 2011〜2016年のランバー・リクイデーターズ（LL）。株価が高く見えたときに3倍に上げて、「割安」に見えたときに90％下げた

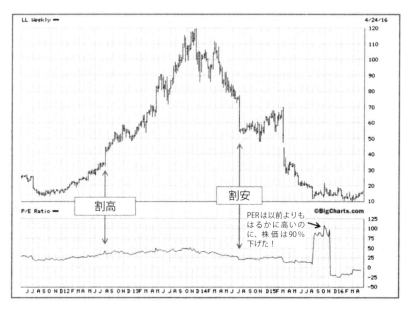

　問題は認識にあるのかもしれない。「安い」銘柄の魅力に抵抗するのは難しい。それが有名企業か、以前は高かった場合はなおさらだ。「こんな優良企業（ゼネラル・エレクトリック、コカ・コーラ、スターバックスなど）がつぶれるなんて、あり得ない」と、自分に言い聞かせる。しかし、会社が倒産しなくても、株価の大幅下落で苦しむことはよくある（**図5.2**）。また、下げたあとは横ばいを続けて、ポジションは何年も、場合によっては何十年も「含み損」の状態が続くことがあるのだ。

　33年以上のトレード歴で、私は株価が急落して二度と元の水準に戻らなかった銘柄を数え切れないほど見ていた。プロのバリュー株投資家でさえ、安値で買うのに苦労している。最も優れたバリュー株投資

のマネジャーのなかには、2008年に巨額の損失を被った者もいる。「安い」銘柄を下げているときに買ったが、下げ続けてさらに安くなったからだ。バリュエーションだけに基づいて、ある銘柄が本当に底を打ったかどうかを知る方法はないのだ。

先導株が天井を付けたあと、しばらく下げると、割安に見えるかもしれないが、実は割高なのだ（**図5.3**）。理由は、株価は将来を割り引いたものだからだ。ほとんどの場合、下げていて安く見える銘柄は、急落後でさえ非常に割高だと分かる。通常、株価が大幅に下げたあと、PER（株価収益率）は急上昇する。企業の利益率が落ちるか、赤字に陥り始めるからだ。だが、そのときになって気づいても、遅すぎる。

急落を理解する

私は株価の急落を数え切れないほど見てきた。会社の説明は素晴らしいものに思えた。新規市場を開拓しているとか、有望な新製品が発売されるとか、利益率の改善は同業他社を上回っているとかだ。これらは今後の成長の説明として説得力がある。四半期の決算発表がなされると、すべてがさらに良く見える。売上高も利益も、前期や前年同期と比べて大幅に上昇しているからだ。

それなのに、株価は決算発表後すぐに下げる。実際に、大幅に下げる。それがあなたには理解できない。会社は成長していて、決算の数字は素晴らしかった。評判の良い大手の証券会社もその銘柄を買い推奨したばかりだ。

この時点で、間違っているのは市場のほうで、自分は本物の投資機会を見つけたと思いたくなるかもしれない。あなたはこの銘柄がここ数カ月で割安になっているので、大量に買うべきだと自分に言い聞かせる。一体、何がダメなのだろうか。

その答えは「差別的開示」にある。この文脈では、これは大手の機

128

関投資家（急落を引き起こした投資家）の知っていることを、あなたは知らないという意味だ。それを知らなければ、近づかないほうが賢明だ。

「差別的開示」という用語は法廷会計で使われている。それは要するに、例えば会社の年次報告書で発表された情報と、所得申告かSEC（証券取引委員会）への報告書の情報が異なることを意味する。言うまでもなく、会社がSECと株主に対して異なる説明をすれば問題だ！

ここで、差別的開示の考え方を別の文脈に当てはめてみよう。XYZ社の決算がちょうど発表されたとしよう。決算の結果は予想を大幅に上回っていたが、株価はここ何年かで最大の出来高で15％下げた。こういうことが起きたとき、たとえそれが私の監視リストの最初にある銘柄でも、私がこの銘柄を買うとは考えられない。

明らかに、会社の決算報告と機関投資家のその数字の見方との違いの原因には何らかの「差別的開示」がある。私がどう考えようと関係ない。機関投資家がその銘柄を売っているのだ。私は機関投資家が買っている銘柄を買いたい。株価が大幅に上げるのはそのようなときだからだ。

もちろん、その押しが結局は買う機会だったのに、絶好の機会を逃したという可能性もある。だが、会社に何らかの問題が起きて、輝かしく成長していた業績がかなり落ち込んだ可能性のほうが高い。あとにならないと、私たちがそれを知ることはできないかもしれない。しかし、トレードの判断は今、するものだ。トレードで成功するためには、事実がどうだったかが分かったあとに、とやかく言っても意味がない。リスクはリアルタイムで管理しなければならない。まさに、その瞬間に、自分に問う必要があるのだ。**この会社が素晴らしく、会社の説明も大したものだと思える。また、売上高も利益もしっかりしている。それなのに、株価はなぜこうも大きく下げているのだろう、と。**

株式市場では、信じる人たちがいれば、それが真実としてまかり通

図5.4　2008年のクロックス（CROX）。2007年11月1日に、クロックスは144％の増益を発表した。しかし、株価は上場来で最大の出来高を伴って36％下げて、その日を終えた。また、その週は最大の出来高を伴って、週間で最大の下げを記録した

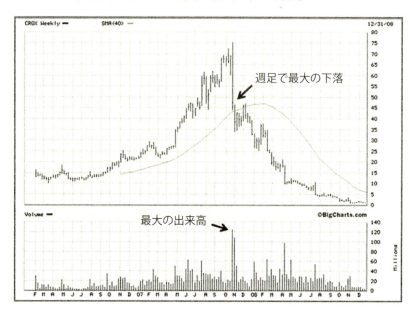

る。だからこそ、株価の動きを確認せずに、会社の説明や決算数字を信じるべきではないのだ。適切な基準をすべて満たす会社がたくさんあるのに、そんなことをする必要はない。お金を増やすためには、間違いを犯してはダメで、下げている銘柄ではなく上げている銘柄を買うことを目標にすべきだ。たとえ、支持線か移動平均線まで押したときに買う戦略を取っていても、再び上げ始めるまで待ったほうがよい。株価がどこまで下げるかはけっしてだれにも分からないからだ（図5.4）。

　株式トレードでは、機関投資家（株価を大きく動かす投資家）が決算数字や会社説明をどう理解するかに比べると、会社のファンダメン

タルズや説明はそこまで重要ではない。**株価は、説明や決算発表やバリュエーションが動かすのではなく、人々が動かすのだ。買いたい人がいなければ、一流企業の株でさえただの紙切れにすぎない。**耳に入ることではなく、目に見えている株価の動きを信じよう。株価がファンダメンタルズに見合った動きをしていなければ、絶対に近づかないことだ！

ボールをネットの先に返し続ける

> 「どの偉人もけっして偉大になろうとはしなかった。彼らは単に
> 自分の展望に従って、すべきことをしただけだ」
> ──『100グレート・ライブズ（100 Great Lives）』

　ここまで、投資家の多くがどうして損失を膨らませてしまうのかを見てきた。では、どうすればお金を増やすという本当の目標を達成できるだろうか。この目標は何よりも規律を守って、トレードの厳格なルールを戦略に当てはめることで達成できる。もっと重要なことだが、あなたはほとんどの投資家がしないことをする方法を学ぶ必要がある。

　20代前半のころ、私はビジネスと交渉術に関する読書やテープを聞くのが大好きだった。私はパワー・ネゴシエーティング・インスティチュートの代表であるロジャー・ドーソンの話を聞いたことがある。彼によると、交渉中に重要なことに集中し続けるコツはテニスの試合を決定づけること、すなわち、ボールをどうやってネットの反対側に返すかに集中することだと言った。テニスでは、プレー中にネットの反対側にボールを返す動作を最も長く続けられるプレーヤーが試合に勝つ。

　これは交渉でもトレードでも言えることだ。あなたは達成しようとしていることに集中し続けなければならない。**利益は練り上げたプラ**

ンを効果的に実行した結果、得られるものだ。結果に気を取られると、過程 —— 望む結果を達成するためにすべきこと —— に集中できなくなるだけだ。打席に立った野球選手はボールを打つことに集中する必要がある。スコアボードを見ていたら、目の前の重要な仕事に集中できなくなるだろう。

私のパフォーマンスが平凡なものから目覚ましいものに変わったのは、自分に次のことを言い聞かせてからだ。**お金の心配や得点を気に病むのはやめた。これからは、できるかぎり最高のトレーダーになってルールに従うことだけに集中するのだ**、と。すると、自然にお金はあとから付いてくるようになった。

小さな成功は大きな成功につながる

「私は立派で素晴らしい仕事を成し遂げたいと切に願っています。ですが、私の主な仕事は、小さな仕事を、立派で素晴らしいことであるかのようにすることです」

—— ヘレン・ケラー

人生における大きな成功は、時間をかけて小さな成功を積み重ね続けた結果だ。株式トレードでも、それは同じだ。トレードは二者択一をすることではない。イチかバチかの判断をする必要はない。少しずつ動けばよいのだ。私は仕掛けるときに、一度にポジションを取ることはめったにない。たいていは「試し買い」から始めて、最初は比較的小さなポジションしか取らない。それがうまくいき始めたら買い増すか、さらに2～3銘柄を追加で買うかもしれない。そして、何回かのトレードでうまくいけば、そのときにポートフォリオ全体でリスクをとる金額を増やして、より積極的になる。これが面倒に巻き込まれずに、自分の判断が正しいときに大きな利益を得る方法だ。

図5.5 これは私がポジションサイズをどうやって増やしているか、また利益を使ってより大きなリスクをとるかの典型例

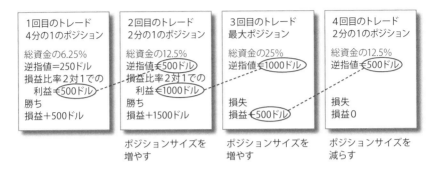

　キャッシュポジションからトレードを始めるとき、最初に取ったポジションで勢いがつくまで、株数も銘柄数も増やすべきではない。投資額を増やすことについて、私には非常に単純な理念がある。**資金の25％か50％を投資して利益が出ないのに、75％か100％まで増やしたり、信用取引をする意味はない**。まさにその正反対だ。プランどおりにいかなければ、私は投資額を減らそうとするか、今の保有分を維持するだろう。

　トレードが不調なときには、適切なルールに従って、ポジションを段階的に減らしていけば、最悪のときにポジションサイズは最小になっている。それがリスク管理だ！　ところが、不調なときに増し玉をすれば、最悪の状況でのポジションサイズが大きくなってしまう。それでは悲惨な事態を招きかねない。

　これは守りがしっかりした規律とは言えない。ルールに従い、トレードが順調なときに投資額を増やしていけば、トレードが最も好調なときにポジションも大きくなっている。それが並外れたパフォーマンスを達成する方法だ。そういうときに、損失が増えるのではなく、お金が複利で増えるのだ。ただし、ルールに従う規律がある場合に限っ

図5.6　利益が出た直後のトレードでポジションサイズを増やせば、それらの利益で増やしたリスクをカバーできる

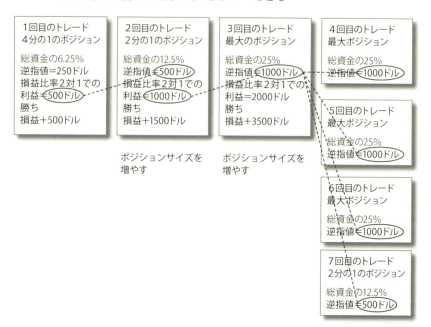

てだ。

　要するに、ポジションが含み損になっているのに、さらに増し玉するもっともな理由などない。一方、期待どおりの動きをしているときには、利益を使ってリスクをとり、成功を積み重ねればよい。

　次がその方法だ。私は通常、1銘柄で取る予定の最大ポジション（総資金の25％）の4分の1から始める（**図5.5**）。勝ちトレードの次のトレードでは、最大ポジションになるまでポジションサイズを2倍にしていく。私は勝ちトレードのあとでポジションサイズを増やし、負けトレードのあとでは減らす。

　私がとるリスクを利益の50％に抑えることができたら、勝ちトレード数と負けトレード数が同じでも、問題は起きない。私が通常、1銘

図5.7 Aトレーダーは株価が20％下げるのを許容して、20％の利益を得る。損益レシオ（ペイオフレシオ）は１対１だ。対照的に、Ｂトレーダーは５％のリスクに対して20％の利益を得て、損益レシオは４対１だ。トレードを何回も繰り返した場合、どちらが大きな利益を手にするだろうか

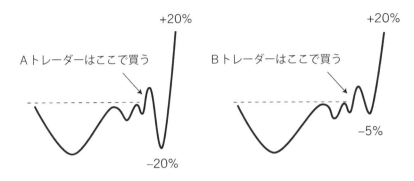

柄で取る最大ポジションの４分の１、２分の１、最大と、３回のトレードで続けて勝てば、そのときの利益を使って、最大ポジションでのトレードを３回と、２分の１のポジションでのトレードを１回行える（図5.6）。

絶対に不利な賭けをしない

　ポーカーをするときには、自分が賭けるつもりの金額に対して賭け金の総額がいくらなのかを必ず見なければならない。ポーカーが上手な人は必ず、自分の賭け金に対するオッズを計算しようとする。あなたは50ドルを得るために150ドルのリスクをとるだろうか。あなたが賢いならば、そんなことはしないはずだ。おそらく、550ドルを得るためになら150ドルのリスクをとるだろう。自分の手の勝率が50％ならば、賭けを正当化するためには、自分の賭け金に対するオッズが２対１よりも良い必要がある。株式のトレードでも同じだ。

トレードの勝率が50％ならば、20％の利益を得るために20％のリスクをとれば、やがては損にしかならない。トレード自体では損益ゼロでも、経費を加えると負けるからだ。大切なことは、勝てる確率を常に計算して、不利な賭けを絶対にしないことだ。リスクを利益の一部に抑え続けていれば、数学的に有利になり、「エッジ（優位性）」が得られる（**図5.7**）。

カギは長く生き残ること

最初の著書『ミネルヴィニの成長株投資法 ―― 高い先導株を買い、より高値で売り抜けろ』（パンローリング）で、私はある水曜日の夜に行われるボウリング大会に出て1年目に259点を出した話を書いた。私が言いたいことは、だれでも一時的に成功することはあるということだ。私はその夜に出したスコアに近い点数を現在まで二度と出すことができていない。プロとアマチュアの違いは一貫性にある。あなたはバスケットボールのコートに入って、3ポイントシュートを決めることができるかもしれない。だが、マイケル・ジョーダンは一貫して確実に、しかもプレッシャーの下でそれをしていた。トレードで成功するかどうかは、どれか1回の結果ではなく、すべてのトレードの判断と実行を合わせた長期の結果で決まる。このことが分かっていれば、目標は、自分が一貫して頼れる戦略を実行することだ。一貫して規律に従えば、利益を繰り返し出して、長く生き残ることができる。

かなりの含み益を絶対に含み損にしない

買った銘柄がかなり上がったら、私は含み益を守る態勢に入る。最低でも、損益ゼロの水準は下回らないようにする。かなりの含み益を損失で終わらせない、というのがルールだ。例えば、50ドルで買った

第5章　間違いではなく、資金を複利で増やす

銘柄が65ドルに上げたとする。そのとき、私は損切りの逆指値を少なくとも50ドルまで引き上げる。株価が続伸すれば、利益を確保するために、上げているうちにすべてか一部を売る機会を探し始める。損益分岐点で損切りの逆指値に引っかかっても、私はまだ資金を減らしていない。何も利益を得ていないが、損もしていないのだ。私が優先する事項を重要度の順に並べると、次のようになる。

１．最初に置いた損切りの逆指値で大損を避ける。
２．株価が上がったら、元本を守る。
３．かなりの上昇をしたら、利益を守る。

　私には一般的な指針がある。買値から損切りの逆指値までの値幅の数倍まで上げて私の平均利益を超えたら、絶対に損を出さないということだ。持ち株が許容リスクの３倍まで上昇したら、また、特にそれが私の過去の平均利益を超えていれば、私はほぼ常に逆指値を引き上げる。株価が私の平均利益の２倍まで上昇したら、必ず逆指値を少なくとも損益ゼロの水準まで引き上げる。そして、たいていは利益を守るために、平均利益と等しい水準に逆指値を引き上げる。そうすれば、損失から身を守って、利益を確保できるので、自信を失わないですむ。
　含み益が生じていたポジションが損益ゼロで逆指値に引っかかるのは、あまり気分の良いことではない。しかし、かなりの含み益があったのに、損を出して終わるよりはずっとましだ。最もがっかりさせられるのは、持ち株が急騰したあと反落して、含み益がすべて消えて含み損になることだ。思い出そう。あなたの目標はかなりの利益を得ることであって、安値で仕掛けることでも高値で手仕舞うことでもない。株価にはある程度の変動する余地を与える必要があるが、いったんかなりの含み益が生じたら、損切りの逆指値を引き上げて元本を守るべきだ。

137

図5.8　2015年のイミュノジェン（IMGN）。株価が上げて、30％の含み益になった。この状況で、売れるときに売らずに利食いをし損ねたら、元本を守ることに専念しなければならない

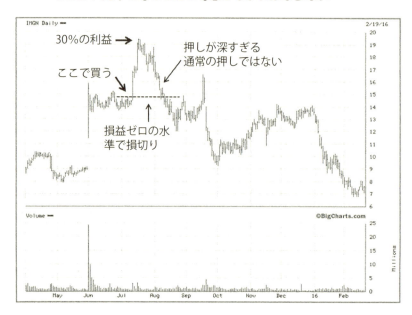

着実に利益を得るためには、利益と元本を守らなければならない。私はこの２つを区別しない。いったん得た利益は自分のものだ。昨日の利益は今日の元本の一部だ。

アマチュア投資家は得た利益を自分の財産ではなく、相場で儲けたお金として別扱いする。そして、やがては相場で失ってしまう。私はこれを避けるために損益ゼロの水準に逆指値を置き、株価がかなり上昇したあとは利益を守るために逆指値を引き上げる。私はときどき、含み益の一部を利食いして、残りのポジションは値動きに任せて、より大きな利益を狙うことがある。私は通常の押しで振るい落とされないように、逆指値の位置は株価が十分に変動できる余地を残すが、不適切な値動きをする銘柄は持ち続けたくない。しかし、すでに述べたよ

うに、かなりの含み益を損失で終わらせるつもりはもちろんない（図5.8）。また、かなりの含み益を完全に消す動きをした銘柄をさらに買い増すことは絶対にない。

その場で作戦変更をしない

今、フットボールチームが40ヤードラインにいる。前衛がポジションについたとき、クオーターバックが守備側の変化に気づく。彼は突然、ランプレーについて考えを変える。スナップをする前に、彼はチームに大声で合図をする。すぐに、新しいプレーが進み始める。ボールがスナップされて、攻撃側が行動を起こし、チームは12ヤード進んでファーストダウンを得る。

プレーヤーたちが的確に動き、クオーターバックが経験豊かであれば、この「オーディブル」と呼ばれる土壇場での作戦変更は、フットボールではうまくいくかもしれない。しかし、特にあなたが初心者ならば、株のトレードでは絶対にこのようなことは避けたほうがよい。プロでさえ、極めて例外的な場合を除いて、トレードプランを守らなければならない。

トレードでのオーディブルが、市場の突然の変動に対処するための戦略的な動きや防衛のための動きであることはめったにない。むしろ、それはトレーダーがその場の思いつきで決めたことがほとんどだ。お金や自尊心（エゴ）や感情がからむとき、それがうまい手であることはめったにない。あなたは性急な判断をして、素晴らしい結果を出したことが何回あるだろうか。

私は成人後の大半の年月（33年以上）をプロとしてトレードをしてきたが、常にプランに従うという、最も重要な基本ルールを絶対に守っている。私は前もって下準備をする。自分の戦略の基準を満たす銘柄を見つけると、仕掛けポイントを定める。また、判断を誤っていた

らどこで手仕舞うかや、保有し続けるために何を見る必要があるかを事前に頭に入れている。それは完全なトレードプランで、実行する準備ができているものだ。私が長年にわたって一貫して成功してきたのはこのためだ。

このレベルの準備と、ある会社のCEO（最高経営責任者）のインタビューをCNBCで聞いたか、突然のニュース速報があったというだけで、その銘柄を買うという発作的な反応では比較にならない。私は株を買うときに感情に流されたくない。考え抜くことなく、性急に不合理な行動を取りたくなるプレッシャーを感じたくない。お金をリスクにさらすとき、万全の準備をしてからトレードを始めたい。**十分な調査をしなかったために、とっさに作戦を変えて、その場で性急に判断を下せば、多くの困った事態に陥りかねない。私は経験でそのことを知っている。だから、私はそんなことはしない！**

ある会社についてのニュースが「サプライズ」で、非常に良さそうに思えるときでさえ、市場がどう反応するかは絶対にだれにも分からない。そのニュースはすでに織り込み済みかもしれない。あるいは、市場は何かほかのことを期待していたのかもしれない。ニュースが出ると、ボラティリティ（価格変動率）が高まる。大きく変動すれば、仕掛けても振るい落とされるかもしれない。そういうときには感情に動かされやすくなるが、それはトレードには不都合だ。

自分のトレードプランを実行することに集中しよう。日中の取引時間中にプランをいじり始めたら、元の計画から外れた理由を正当化しかねない。そうすれば、困った事態を引き起こす恐れがある。トレードをしていない時間であれば、冷静に考えることができて、感情に左右されることもない。そのときには起きたことを徹底的に分析できる。そういうときに得られた洞察に基づけば、現在のプランを改善して、必要に応じて新しいプランを作ることができる。突然の作戦変更は避けるのがもっとも賢明だ。

決算発表日まで保有し続けるべきか

デイトレードの利点の１つは、毎日の大引けには手仕舞って、ポジションを翌日に持ち越すリスクをとらないことだ。２日以上、保有するスイングトレードでは、大引け後から翌日の寄り付きまでにニュースが出るリスクがある。決算発表の直前には、株価がギャップを空けて動くリスクにさらされる。決算が非常に良ければ、株価が急騰することもある。しかし、決算が悪ければ、株価は急落して、対処できないうちに損切りの逆指値を超えて大きく下げることもある。どうして市場が開いている日中ではなく、大引け後に決算発表を行っても許されるのか、私にはその理屈が分からない。とは言え、それが現在のルールだ。

一般的に、私はある程度の含み益がないかぎり、重要な発表日まで大きなポジションを取り続けることは絶対にない。ある銘柄に10％の含み益があれば、通常はほとんどの決算発表日まで保有しても正当化できる。しかし、含み益がないか、もっと悪いことに含み損の状態ならば、通常はその銘柄を売るか、ポジションサイズを減らして、10～15％のギャップを空けて下げる可能性に備える。**その会社についてどれほど詳しくても、決算発表日まで保有を続けるのは常に賭けだ**。私は決算の数字が予想をかなり上回ったにもかかわらず、寄り付きに急落した銘柄を何度も見てきた。要するに、決算発表日まで保有し続けるときには、ある程度、運に任せているということだ。かなりの含み益があれば、少なくとも元本を守って、ある程度リスクを減らせる。重要な発表日には、ポジションサイズを調整して、絶対に大きなリスクをとらないようにしよう。

図5.9 規律を乱そうとする強い影響力に惑わされないようにすることのほうが戦略よりもはるかに重要だ。規律がなければ戦略は無意味になり、希望と運に任せるしかなくなる

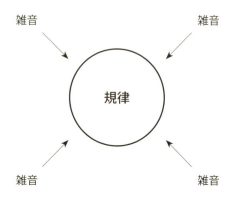

自分のドラム奏者に合わせて行進する

　偉大なアメリカの作家で哲学者のヘンリー・D・ソローは古典の『ウォールデン』を書いたとき、たしかにトレードについては語らなかった。だが、彼の知恵は普遍的なもので、彼の有名な引用句の1つを株式投資にそのまま当てはめることができる。「だれかが仲間たちと歩調を合わせていなければ、それはおそらく、彼には別のドラム奏者の音が聞こえているからだ。それがどんなに小さな遠くの音でも、彼には彼に聞こえている音楽に合わせて歩ませるしかない」
　つまり、「自分のドラム奏者に合わせて行進しよう」ということだ。
　トレーダーは外部の力に影響を受けたせいで、自分の戦略から外れて間違った判断をすることがあまりにも多い。マーケットは宣伝や誇張であふれている。テレビを見て、トレードの解説を読み、インターネットで検索したり、最新の市況情報を追いかけたりしていると、ほかの人々が語っている「ニュース」に対応できなくなる。

第5章　間違いではなく、資金を複利で増やす

一部のファンドマネジャーたちが何をしていようと、友人の行うトレード回数が何回であろうと、あなた自身のトレードには関係ない。自分のプランに従ってセットアップが整うまで待っている間、友人はトレードが非常にうまくいって、お金を儲けているかもしれない。だからといって、あなたが我慢できずに自分の手法を無視して軽々に動くべきではない。マーケットで他人が何をしているかは重要ではない。あなたが監視し、トレードをしている銘柄が、そんなことを知ることはないのだから。

トレードの最中に気が散って、判断が狂うことはたくさんある。あなたのすべきことは雑念を払って、自分の能力の範囲内で重要なことに集中することだ。プロの特徴はこの範囲内で動き、ほかのことはすべて無視する点にある。

トレードがうまくなるためには、自分自身で判断できるようになる必要がある。マーケットでは、気が散るものはすべて閉め出さなければならない。まずは、実際にトレードをするよりも、マーケットについて「議論する」ことに時間を費やす解説者や、いわゆる専門家を排除することから始めよう。特定の銘柄についての耳寄り情報や解説に従いたくなる誘惑に負けないための最も効果的で強力な方法は、自分の行動の指針となる戦略とルールを持つことだ（**図5.9**）。ある銘柄を買うように勧めた人が、いつ売るかなんて、教えてくれるだろうか。

自分のドラム奏者に合わせて進むということは、自分の規律を乱す外部からの影響に惑わされないということだ。故ウェイン・ダイアー博士の言葉を借りれば、「他人の立派な意見に影響されない」ことだ。自分のリズムに従わないと、いつの間にか自分の戦略から外れて、うまくいかなくなる。

何よりも集中力を奪うのはマーケットそのものだ。ダウ平均やナスダックやS&P500など、あらゆる指数を見ていると、あせることもある。指数が上げ始めたからといって、自分の狙っている銘柄がルール

143

と戦略に基づいて買える位置にあるわけではない。

　私はダウが数週間、あるいは数カ月も上げているときに何もしないことがあった。監視リストの銘柄が私の戦略ではセットアップを形成しなかったからだ。また、ダウが大きく上げたあとの調整で、横ばいか下げてさえいるときに、最大級の利益を出したことが何回もある。ダウがどう動こうと動くまいと、それは周囲の雑音にすぎない。それは間違いなく私の「ドラムビート」ではない。

「無理に」トレードをしない

　あなたは、次のトレードに最もふさわしいと考えられる候補を含む監視リストを持っているはずだ。自分の基準によると、1〜2銘柄のセットアップが整っているように見えたとする。それらはまだ基準に少し足りていない。そこで、あなたは我慢しきれなくなって、もう少しで「仕掛ける」ところまで整っているという理由で、見切り発車をすべきだろうか。とんでもない!　私の主要ルールの1つは、**絶対に無理にトレードをしない**ということだ。

　そうではなく、相場が自分のほうに近づいてくるのに任せる。自分の戦略で要求される基準を満たすまで待つ。株価が仕掛けポイントに達して、戦略どおりの動きをしているかを確認できるまでじっと待つ必要がある。私は株価が仕掛けポイントまであと一歩というところで反転するのをたびたび見てきた。そんなときに、早まって無理にトレードをしていたら、私はまったく無駄に損をして、すぐに振るい落とされていただろう。それも、私が待ちきれなかっただけのために、だ。

　セットアップが整うまで待ちきれないときには、**大切なのはお金で**あって、動くことではないということを思い出そう。問題は、動きたいという自分の欲求こそがプランから外れた行動に走らせる最大の要素になることがあるということだ。**小さなポジションを取るだけなん**

第5章　間違いではなく、資金を複利で増やす

だ、と自分に言い聞かせる。この種の心のつぶやきは思い違いであり、戦略に従うのではなく、戦略から外れるという非常に悪い習慣につながるということだ。

じっと待つ力を養う

風上に傷ついたアンテロープがいるなど、チーターが獲物に飛びかかるのにふさわしい状況を待っているときのように、トレーダーはじっと待つ力を養う必要がある。仕掛ける前に適切な状況が整うまで根気強く待つ能力は、プロのもうひとつの特徴だ。チーターはたとえ飢えていても、食べるためには我慢をして、絶妙な瞬間まで待たなければならないと分かっている。彼らには捕らえる確率が低いときにエネルギーを浪費すべきでないと分かる賢さがある。

あなたが自分に課したルールや規律を守れなければ、戦略を持っている意味がない。無理にトレードをして損をすれば墓穴を掘ることになり、単に損を取り戻すためだけでも多くの労力が必要になる。自分の規律を信頼して、じっと待つ力を養おう。そして、適切な瞬間に行動を起こすのだ。**着実に利益を出すためには、規律を守り続けなければならない。自分の戦略やルールに従えば、仕掛けたいという以外に特に理由もないのに、リスクが高いトレードを機が熟さないうちに性急に仕掛けないですむ。**

運試しはラスベガスで

ギャンブルをしたければ、ラスベガスに行くことだ。そこでは持てるかぎりの運が必要だ。だが、マーケットで成功したければ、できるかぎり「運の要素」を取り除く必要がある。どうやればよいのか。繰り返しになるが、調査をすることだ。買おうとしている銘柄について

145

知るべきことをすべて知り、仕掛ける前にあらゆる結果に対する備えをしておくことだ。

あなたが行動好きで、「やってみる」ことにしか興味がなくても、相場で「ツキ」に恵まれるかもしれない。自分が何を、どうやって、なぜしたのかについて実は分かっていなくても、偶然に何かを見つけて、かなりの利益を得ることさえある。だが、その種のツキがどれくらい続くだろうか。その手法には核となる基礎がないので、一貫性はまったく期待できない。

まぐれで勝つことのもっと厄介な問題は、それによって悪い習慣が身につくという点だ。これは楽勝だぞ、と口走る。「予感」がしたとか、「何か」を聞いたというだけで、株を買って大きなリスクをとる。それでも、時にはうまくいくことがある。残念なことに、マーケットでは悪い習慣のせいで報われることがある。そんなときには負ける気がしないと感じる。それで、マーケットのとりこになる。それは食虫植物のハエジゴクに似ている。とても引きつけられるが、触れると捕らえられるのだ。運の良さを当てにしていると、丸ごと飲み込まれるだろう。

運はやがてはルールに負ける。まぐれでどれだけ勝とうと関係ない。結果が良かったからといって、間違った手段を正当化することはできない。ダーツボードに株のリストを貼って、ダーツを投げたら、「選んだ」ものの30％か40％で儲けられたとする。だが、それは判断が良かったことを意味しない。運良く得た利益はそのうちに間違いなく吐き出すことになり、楽な金儲けは遠い日の思い出となって終わるだろう。運を当てにするのではなく、今後に良い結果を生む、着実で持続可能な手法——生涯にわたって報われる戦略——で利益を出したほうがよい。運は長続きしない。運に頼れば、最後には負けることになるのだ。

勝者は準備を怠らない

　宿題をしなさいと言った、小学5年生のときの先生は正しかった。私は毎晩、翌日のトレードの準備をする。それは、現在保有している銘柄を検討するという意味だ。保有銘柄のパフォーマンスは私のトレードプランと比べてどうなのか。新しいトレード候補は見つかったか。それらの株価はトレードを執行する仕掛けポイントに近づきつつあるのか、という具合だ。

　自分のポートフォリオを把握していなければ、大きなリスクにさらされる。悪いニュースが出て、株価が突然にギャップを空けて下げることもあれば、テレビで解説者がある銘柄についてどれほど今後の見通しを説明して売り込んでも、さっぱり動かないこともある。私はトレードプランを立てて万全の準備をしていなければ、監視していない候補は妥当な銘柄でも見逃したいし、取引時間中にトレード機会が生じた銘柄は避けたい。私は苦労して稼いだお金を使ってリスクをとる前に、できるかぎりすべての事実を知っておきたいからだ。

　逆に言うと、市場が開く前に徹底的に下準備をしておけば、それらの大きな機会を逃さずにすむ。私は調査でいわば投網を打ち、何千もの銘柄から私の厳しい基準を満たす候補を選び出す。基準を満たさなければ、それらは外す。

　優れたパフォーマンスとさえないパフォーマンスを見たとき、それが同一の手法を使う2人であれ、2つのまったく異なる時間枠でトレードを行う1人であれ、違いを生む要素は常に規律と一貫性だ。これはトレードだけでなく、プロスポーツにも楽器の演奏にも起業にも言えることだ。常にこの同じ要素が、優れた実績を残せるか平凡で終わるかの分かれ目となる。

　パフォーマンスが優れている人は規律と一貫性を守る。教練教官が「標準作業手順」に従って新兵を訓練するのと同じだ。この規律と一貫

性が、アメリカに世界最強の戦闘部隊がある理由のひとつだ。ルーティーンからの逸脱は許されない。訓練でもトレードの成績でも期待リターンでも、「今度だけ」は許されない。上等兵がある日、立ち上がって、「軍曹、私は本日は少し疲れておりますので、今朝の走りはやめさせていただきます」と言うことはない。ルールには従うしかないのだ。これらのルールは成功するための確実な方法の一部であり、それを避けることも破ることも許されない。あなたが自分自身の教練教官になって、上等兵の株式トレーダーに日課を忠実に守らせるかどうかはあなた次第だ。着実な成功を望むのならば、あなたは確実に規律を守らなければならない。規律がなければ、成功はできない。

第6章 株式をいつ、どうやって買うか
──その1
HOW AND WHEN TO BUY STOCKS—PART 1

　2010年以降、私のSEPAの手法に興味がある株式投資家のために、私はワークショップを開催してきた。そして、講義中に、多くのトレーダーから長期の下降トレンド途上の銘柄についてよく尋ねられた！　私はそれらの銘柄が下降トレンドだということ以上に知る必要を感じない。たたき売られている銘柄の底値買いを狙って監視しているわけではないからだ。私は強いトレンドに逆らうつもりはまったくない。

　私の出発点は常に「風を背に受けて」いるときだ。つまり、私は長期の上昇トレンド途上の銘柄しか買わないということだ。これは分かりきったことだと思うかもしれない。株価が大幅に上昇するためには当然、上昇トレンドが形成されていなければならないからだ。だが、自分が見たいものを近視眼的に見ることにこだわると、「大局観」を見誤りやすい。危険なのは、現在のチャートパターンに目を奪われて、状況と照らし合わせることができなくなることだ。例えば、強い上昇トレンドの途上で横ばいをしている銘柄は買い候補の可能性がある。反対に、保ち合いが続いていても強い下降トレンド途上にある銘柄は空売りをする機会の可能性がある。それはすべて、とらえ方の問題だ。

　昔から「トレンドは味方」と言われるように、トレンドに沿ったトレードが私の手法の基礎である。私はよく、サーファーのように「波をとらえる」という比喩を使う。流れに逆らって泳ぐのはとても難し

いので、自分に有利な流れに乗るという意味だ。基本的なことだと思うかもしれないが、具体的な買いの基準に移る前に、この点を正しく理解しておく必要がある。

私はなぜチャートを使うのか

毎年1回の健康診断で、私は心臓に問題がないかを確かめるために、心電図を取ってもらう。主治医は私が心臓発作を起こすかどうか断言はできない。しかし、彼は訓練を受けた専門家として、私の心臓の動きを図で示すという単純な手続きによって、心臓が正常に動いているかどうかの有用な情報を提供してくれる。この比喩はチャートを使う価値をトレーダーに説明するのに役立つ。

株価と出来高のチャートを調べるときに、私たちはそれが正常な動きをしているのか、それとも懸念すべき理由があるのかどうかを確かめようとしている。チャートは有用な手掛かりを提供してくれる。株価と出来高を分析すれば、その銘柄が機関投資家による買い集めや売り抜けの最中かどうかを判断する役に立つ。また、チャート分析にたけている人なら、その分析で危険を知ることができるし、かなり利益を得やすい状況がいつかも分かる。

競売が行われるどんなマーケットでも、最終的には需要と供給の法則で価格が決まる。株価の好ましい動きとおかしな動きが区別できるようになれば、投資候補を選別するフィルターとしてチャートを使い、可能なかぎり最も優れた候補を見つけて、成功する確率を高めることができる。正確にチャートを読んで、並外れた上昇をしそうな銘柄にふさわしい特徴を見つけられるようになれば、リスクと得られそうなリターンがはっきりと分かるようになる。**カギは、株価が次にどう動くかではなく、どう動くべきかを知っているということだ。そうすれば、それは電車が定刻どおりに来るかどうかを判断する問題になる。**株

150

価がどういう動きをしそうかを知っているからこそ、これが重要になるのだ。期待どおりの動きをしなければ、手仕舞う判断ははるかに簡単になる。

第２ステージだけで買う

最初の著書『ミネルヴィニの成長株投資法 —— 高い先導株を買い、より高値で売り抜けろ』（パンローリング）で、私は基本的な構成要素の１つとして「ステージ分析」、特に第２ステージの重要性を説いた。急成長株もすべての株と同様に、各ステージをたどる。はっきりと分かるステージは４つある。４つすべてをたどった１サイクルは数年、あるいは数十年かかることさえある。焦点を合わせるべきステージは第２ステージだ。私は第２ステージ以外では買わない。ほかの３つのステージでは、お金を損するか、時間を浪費するか、だからだ。

第２ステージには大口の買い手がいて、株価を支えている確率が高い。**1800年代後半までさかのぼる調査によると、最大級の上昇をした銘柄の95％以上は第２ステージの上昇トレンドで大きく上げている。**これは私の意見ではなく事実だ。５％の仲間に入るよりも、大成功する確率が95％あるほうに歩調を合わせたほうが良くないだろうか。

私は４つのステージを値動きに基づいて特定している。

１．第１ステージ　底固め局面………無関心
２．第２ステージ　上昇局面…………機関投資家の買い集め
３．第３ステージ　天井圏……………機関投資家の売り抜け
４．第４ステージ　下落局面…………投げ売り

株をトレードするとき、私は株価がある特定のステージにあると分かることがとても役立つことに気づいた。第２ステージにある銘柄に

図6.1　2006〜2016年のウエート・ウォッチャーズ（WTW）。第2ステージ以外でこの銘柄を買っていたら、死に金になる（時間の浪費）か含み損をかかえる（資金を失う）かだった

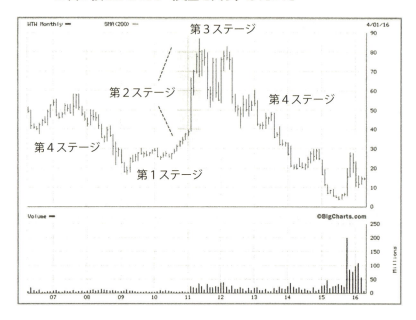

　焦点を合わせると、背中と帆に風を受けて前進し、トレードで成功できる。明白なこと——多大な利益を得るためには、保有銘柄が上昇トレンドに乗っていなければならない——に加えて、事前にトレードの基準を決めておけば、特定の状況で何を期待すべきかがはっきり分かる。すべき課題を書き出しておけば、どこがその限界かを理解できる（図6.1）。

トレンドテンプレート

　「ビジネススクールに行く必要はない。1つのことを覚えておきさえすればいい……。何であれ、支配的なトレンドに常に合わ

せたほうがいい」

——ポール・チューダー・ジョーンズ

　トレード界の偉大なポール・チューダー・ジョーンズが株のトレードで最も重視しているルールは何かと尋ねられたとき、彼は、「株価はその銘柄の200日移動平均線を上回っていなければならない。200日移動平均線を下回ったら、どんな銘柄でも売る」と答えた。これは単純なルールだと思うかもしれないが、この単純さは彼がいかに謙虚かを示している。トレードがどんなにうまくても（あるいは、うまいと思っていても）、謙虚さを保ち、マーケットは機関車だということを忘れてはならない。長期にわたって生き残りたければ、機関車の乗務員になる方法を学んだほうがよい！

　私のトレンドテンプレートは、私がトレードをしようと考えているすべての銘柄に当てはめる基準をまとめたものだ。これを私は予選、あるいは「譲れない基準」と呼んでいる。この基準に達しなければ、どんな銘柄でも私の監視対象から外れる。当然のことだが、基準にはまず、株価が200日移動平均線を上回っていて、この移動平均線が上昇トレンドであることが含まれている。下降トレンドの銘柄を買うということは、その銘柄の重大な「健全さに対する懸念」や、トレード候補として生き残れるかどうかを無視することを意味する。それは、医者がガンの診断を無視して、低コレステロールだから健康にはまったく問題ないと患者に告げるようなものだ。株を買う前に、好ましい長期の上昇トレンドなのかを確かめることだ。次は、ある銘柄が確実に第２ステージの上昇トレンドにあるとみなすために満たすべき８つの基準だ（**図6.2**）。

図6.2　2011～2016年のジェットブルー航空（JBLU）。第２ステージの上昇トレンド期間に株価は350％の大幅上昇をした

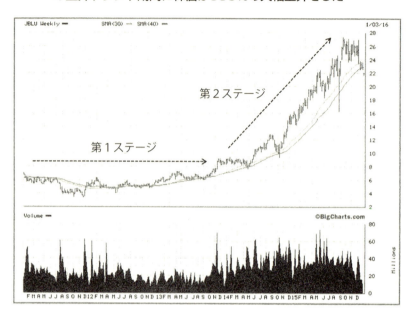

トレンドテンプレートの基準

　ある銘柄が第２ステージの上昇トレンドに確実に入っているとみなすためには、８つすべての基準を満たさなければならない。

1．株価が150日（30週）と200日（40週）の移動平均線を上回っている。
2．150日移動平均線は200日移動平均線を上回っている。
3．200日移動平均線が少なくとも１カ月（望ましくは４～５カ月以上）、上昇トレンドにある。
4．50日（10週）移動平均線が150日と200日移動平均線を上回っている。

第6章　株式をいつ、どうやって買うか──その1

5．現在の株価は52週安値よりも、少なくとも25％高い（最も良い候補の多くは、底固めの期間を抜けて大きく上昇する前に、52週安値から100％、300％、あるいはそれ以上、上昇している）。

6．現在の株価は52週高値から少なくとも25％以内にある（新高値に近いほど良い）。

7．RS（レラティブストレングス。インベスターズ・ビジネス・デイリーに掲載される株価指数と比べてどれほど強いかの指標）の値が70以上、望ましくは90台である。通常、より良い候補の場合にはこれらが当てはまる（**注**　RSラインは強い下降トレンドであってはならない。私はこのラインが少なくとも6週間、望ましくは13週以上、上昇トレンドであることを望む）。

8．ベース（保ち合い）を上に抜けつつあるとき、現在の株価は50日移動平均線を上回っている。

　ある銘柄が第1ステージから第2ステージに移るとき、出来高のかなりの増加──機関投資家の支持がある兆候──があるかどうかを確かめるべきだ。上昇トレンドが確実に形成された銘柄を探せば、それが最初の選別となり、トレード候補を整然と絞り込んでいくことができる。また、これによって、大きな利益をもたらす可能性が非常に高い最良の銘柄を特定するのに役立つ。苦労して手に入れたお金をリスクにさらしながら、並外れた上昇をする銘柄を見つけだすためには、適切なルールに基づいた基準とそれらに従う規律が必要だ。

　しかし、一般投資家がこうした方法でトレードを行うことはまれだ。たとえ、そうしたとしても、それが一貫していることはめったにない。彼らは次のように考える。フェイスブックの大幅上昇に乗り損ねた。今度、「安い」と思えるときに買う機会を探そう。あるいは、ツイッターが下げていることに気づいて、何億人もが1日中ツイッターでつぶやいているのだから、すぐに底を打つに違いない、と思う。こういった

155

方法で株を買う人は、まず間違いなくポートフォリオに大きな損害を
与える。すぐにそうならなくても、それは時間の問題にすぎない。

プロでさえ間違えることがある

成長株では、「高い」と思われる銘柄の多くはもっと高くなることが
多い。逆に、第4ステージの下降トレンドにある銘柄には特に言える
ことだが、「安い」と思われる銘柄はさらに安くなりがちだ。だから、
最安値で買おうとしても、それが最善の株価であることはめったにな
い。

本当に並外れた上昇をする数少ない逸品を探しているのならば、お
そらく余分にお金を払うしかないだろう。それはその銘柄がすでに上
げ続けている可能性が高いということだ。急成長をしていて、さらに
その勢いを増しそうな銘柄は高く評価されるに値する。フェラーリが
中古のヒュンダイよりも高いのと同じだ。それら珠玉の銘柄が安売り
されているはずだと期待してはならない。株価が急落して、市場平均
を大きく下回るとき、それは通常、お買い得ではなく、警告だ。

億万長者で投資家のビル・アックマンはつらい経験をして、この教
訓を学んだ。彼の貴重な投資対象の1つであるバリアント・ファーマ
シューティカルズ・インターナショナル（**図6.3**）が急落して、200日
移動平均線を下回ったとき、彼はナンピン倍賭けをした。彼は自分が
マーケットよりも賢いと思ったか、危険信号を無視するほどこの会社
の見通しに惚れ込んでいたようだ。

この銘柄は200日移動平均線を割って引けた2015年9月の週から92％
と、途方もない下落を示した。振り返ると、200日移動平均線を下回っ
ている銘柄を避けるという単純なルールに従っていれば、アックマン
と富裕層の投資家たちは巨額の資金を失わずにすんだ。マーケットの
評価を無視できるほど賢いと思っている人々は、マーケットに思い知

第6章 株式をいつ、どうやって買うか──その1

図6.3 2015年のバリアント・ファーマシューティカルズ・インターナショナル（VRX）。この銘柄が200日移動平均線を下回っているときに近づかなければ、価値の90％以上を失うことは避けられた

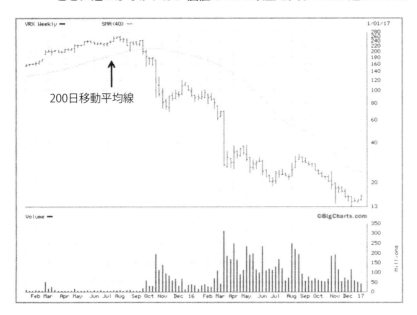

らされる。第2ステージの上昇トレンドにある銘柄にこだわれば、並外れた上昇をする銘柄を見つけて、バリアントのように期待を裏切る銘柄を避けられる可能性がはるかに高くなる。

ギャップダウンを繰り返す銘柄に注意

サウスカロライナ州マートルビーチで2015年に開催したマスター・トレーダー・プログラムで、インストラクターをしていたデビッド・ライアンと私の二人は、長期の下降トレンドにある銘柄の特徴と危険性について議論した。彼は参加者に、これらの長期の下降トレンドにある銘柄はギャップダウンを頻繁に繰り返すことを指摘した。これら

図6.4 2014年のマイケル・コース・ホールディングス（KORS）。株価がいったん200日移動平均線を下回って第4ステージに入ったら、典型的なギャップダウンが繰り返し起きた。この銘柄の株価は85ドル以上から35ドル以下まで下げた

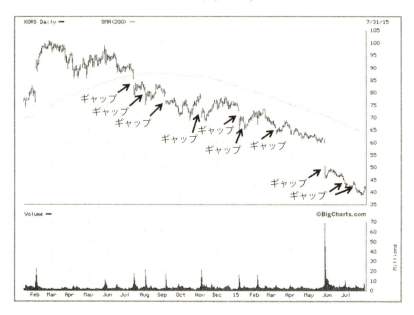

の銘柄はずるずると下げながら、途中で何度もギャップを空けて下げる。**下降トレンドが形成された銘柄を買えば、単に逆行する銘柄を保有するだけではない。さらに悪いことに、翌日に持ち越すときのリスクが劇的に高まり、翌日の朝に目覚めると、持ち株がギャップを空けて大幅に下げている可能性が高い。**

　株価が天井を付けて下落の第4ステージに移行した兆候が見られたら、ギャップダウンがいつ起きてもおかしくない。これはあなたが達成しようとしていることとは正反対のことだ。株式投資家としては、見込み違いではなく、思いがけず喜ばしいことが起きる立場に身を置いておきたい。そのためにはまず、下降トレンドの銘柄を避けて、ギャップダウンにたびたび見舞われないようにすることだ。

マイケル・コースが200日移動平均線を下回って、その日の安値で引けようとしていたときに、私は空売りをした。それは最初のギャップが生じる直前だった（**図6.4**）。空売りをすると、繰り返しギャップを空けながら下げたので、非常に大きな利益が得られた。だが、底値拾いを試みてこの株を買った人々がどうなったかを想像してほしい。

急成長株を保有することが目標ならば、最初の条件として重要なのは長期の上昇トレンド途上にあるかどうかだ。株価がすでにいくらか右肩上がりになっている銘柄を買おうとしているからだ。上昇トレンド途上であると確認できれば、大手の機関投資家——株価を本当に上げることができる投資家——がその銘柄を買いに動いている証拠だ。大きなリターンを得るためにはタイミングが正確でなければならない。そのためにはまず、自分が期待する動きをしている銘柄を探すところから始める必要がある。そうすれば、上昇トレンドが最も強くなりそうな可能性が高い仕掛けポイントを特定できて、次の急成長株を買える確率が高まる。

ボラティリティの収縮パターン

私のトレンドテンプレートの8つの基準すべてを満たして、その銘柄が確実に第2ステージの上昇トレンドにあると判断したら、私は現在のチャートパターンを見る。具体的には、私は消化期間、つまり上昇トレンド途上に生じる保ち合いを探す。私はこれをVCP（ボラティリティの収縮パターン）と呼んでいる。私は非常に多くの人が一般的な外見の価格ベースの収縮パターンに頼っているのを見てきた。しかし、彼らはそのパターンで最も重要な要素——それが欠けると不適切で、ダマシに遭いやすい要素——のいくつかを見落としていた。私がVCPというパターンを思いついたのはそのためだ。

これまでのトレード経験によって、私は、多くのダマシのベースに

は不完全な特徴を備えていることが分かった。多くの本はテクニカル分析のパターンを表面的にしか説明していない。また、パターンを認識する練習をしても、うまくいく可能性が高いセットアップが整うのは需要と供給の力だということを理解していないと、たいていは判断に迷ってしまう。

適切な値動き（機関投資家による買い集めの動き）に共通する最も一般的な特徴はボラティリティの収縮だ。また、それに伴って、ベースのある特定の領域で出来高が明らかに減少する。適切な買い場を決めて仕掛けるためには、VCPのパターンを的確に判断することがカギになる。私が頼るほぼすべてのチャートパターンで、私はチャートの左から右に向かってボラティリティが収縮しているところを探している。私はベースの左側から右側に向かって、ボラティリティが収縮する銘柄を見つけたいのだ。

VCPパターンの期間には値幅が小さくなっていき、その回数は通常、2～6回ある。株価のボラティリティが次第に収縮すると同時に、あるポイントで出来高が減少して、最終的にベースが完成したことが示される。例えば、最初、ある銘柄は高値から安値まで25%下げたとする。その後、その銘柄は少し上昇して、再び15%下げる。そこで、買い手が再び現れて、株価はベースのなかで少し持ち直す。そして、最後に8%下げる。

大まかに言うと、私は各ボラティリティの収縮が、前の押し幅の約半分（か、その上下のある程度まで）になる銘柄を望む。売り手が利食いを急ぐときに、高値から安値までを測ったボラティリティが最も大きくなる。売り手が減るにつれて、株価が押す幅（調整幅）は小さくなり、ベースの右側に進むほどボラティリティが収縮する。一般的に、ほとんどのVCPのセットアップは2～4回のボラティリティの収縮で形成されるが、5～6回になることもときどきある。この値動きによって、1つのパターンが生じて、ボラティリティが着実に収縮し

ていく。私はこれらの収縮のそれぞれを「T」と呼んでいる。

ボラティリティが収縮したT（回数）を数える

ボラティリティが収縮していくパターンでは、次のようなことが起こる。タオルを水につけてから、それを絞ったとしよう。それで、完全に乾いただろうか。いや、まだ濡れていて、多少の水気が残っている。そこで、もう一度、絞る。水滴がさらに落ちたあとは、もう乾いているだろうか。おそらく、まだ少しは湿っているだろう。水気をすべて取ろうとして、タオルを絞るたびに、落ちる水滴は少なくなっていく。最後に、タオルの水分はなくなって、とても軽くなる。

同様に、VCPのパターン内でボラティリティが収縮するたびに、株価は「絞られる」のだ。つまり、売り手が減っていくにつれて、株価の押し幅はチャートの左から右に進むほど浅くなる。濡れたタオルが絞られて乾いていくのと同様に、ボラティリティが何回か収縮するたびに、売り手が多かったせいで深く押していたときよりも軽くなって、株価はずっと簡単に一方向に動くことができる。

実例を見てみよう。2010年9月に、ビットオート・ホールディングスは、明確なVCPのパターンから上放れた。保ち合い期間は8週間続いて、高値から安値への押しは28％から16％、そして右端ではわずか6％と浅くなった。**図6.5**で、値幅が最も狭くなっている期間とベースの右端の値幅が最小のところで出来高が細っているが、まさにその点に注意してほしい。

株式が17ドルの水準を超えると、ほとんど抵抗もなく急上昇しているのが分かる。理由は、市場への供給（売り手）が減ったからだ。供給がほとんどなくなると、わずかな需要でさえ株価を押し上げる。そして、あなたの長期的な行動が正確で、大手の機関投資家が本当にその銘柄を買い集めているのなら、途方もない利益が得られることもあ

図6.5　2013年のビットオート・ホールディングス（BITA）。わずか10カ月で465％の急上昇をした典型的なVCPのパターン

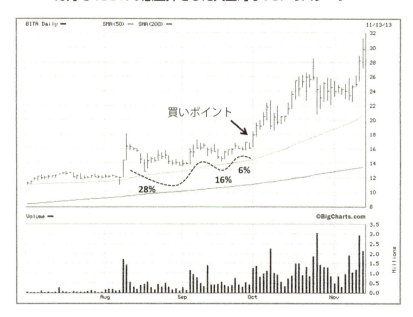

る。これは買うタイミングをうまく計るのに欠かせない考え方だ。

　値幅が狭くなったところは、需要と供給のバランスが取れている期間だ。強い投資家が弱いトレーダーに取って代わられると、供給が吸収されてしまう。弱いトレーダーが取り除かれたあとは、わずかな需要でさえ取るに足りない売り板を圧倒するので、供給不足によってその銘柄は急騰する。これは伝説的なトレーダーであるジェシー・リバモアが「最少抵抗線」と呼んだところだ。

　横ばい圏では高値から安値までの値幅も、終値で見た騰落も小さく、翌日や翌週までの株価に変化があまりなければ、それは通常、適切な値動きだ。それらの値動きが小さいところでは、出来高もかなり減っているはずだ。場合によっては、その銘柄が上昇を始めてから最低水準の出来高まで細ることもある。これが特に調整や横ばいが一定期間

続いたあとに起きたら、非常にポジティブな展開であり、取引参加者が減ったことを物語る兆候だ。機関投資家による買い集めが行われている銘柄は、これらの特徴（出来高の減少と値幅の縮小）がほとんど常に現れる。ベースの右側で買いのピボットポイント（あとで説明）が形成されて、その銘柄を買う前に、この特徴が現れているかをぜひ確かめておきたい。

テクニカルの足跡

　横ばい期間には、銘柄ごとに独自の動きをする。指紋と同じように、これらのパターンは遠くから見ると似ているように見えるが、拡大して注意深く見ると、２つとして同じものはない。その結果として、私がテクニカルの足跡と呼ぶものが生じる。VCPのパターンですぐに分かる特徴は、ベース内で生じる押しの回数とその深さの比率、ベース内の特定のポイントにおける出来高の水準に現れる。私は毎週、何百もの銘柄を追いかけているので、毎夜のメモと銘柄ごとの簡略化した足跡を素早く見直して、銘柄ごとの形をすぐにつかむ方法を考案した。
　この素早い確認法は３つの要素から成る。

１．**時間**　ベースが形成され始めてからたった日数、あるいは週数
２．**株価**　押し幅が最大のところと、ベースの右端の最小のところ
３．**整然とした動き**　ベース全体でボラティリティの収縮が起きた回数

　ある男の身長が198センチで、体重は130キロ、ウエストは117センチと聞いただけで、どういう体形か思い描くことができるだろう（**図6.6**）。同様に、ある銘柄の「寸法」が分かれば、その足跡が想像できる。私はこの足跡を利用して、チャートを見なくてもベースの重要な

図6.6　個人の身体的な特徴を聞くと体形が想像できるように、銘柄の「寸法」が分かれば、そのベースの足跡が想像できる

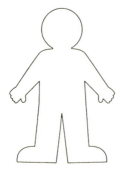

特徴を理解できるようになった。

VCPパターンの足跡の実例

　このテクニカルの足跡がどのような働きをするかを示すために、ネットフリックス（NFLX）が21カ月で500％以上の上昇をする直前を見てみよう（**図6.7**）。2008年の下落相場の安値から急上昇したあと、この銘柄は明確な上昇トレンドを形成した。これは大手の機関投資家が買い集めているという明らかな証拠だ。これらの大口投資家は、家族経営のレンタルビデオ店や地域のチェーン店やブロックバスター・ビデオでさえ、新たに参入してきたネットフリックスの攻勢にさらされていると見ていた。この会社は動画をオンラインで配信する事業をしていて、大幅な増収増益のモデルになっていた。

　ほとんどの人は、店舗でビデオを貸し出す事業が消滅の道をたどっていることに当初は気づいていなかった。この業界ではパラダイムの転換が起きていた。ネットフリックスがこの分野を開拓したため、競争相手はいなかった。これは売上高と利益が大きく伸びる可能性があ

図6.7 2009年のネットフリックス（NFLX）。ネットフリックスのVCPの「足跡」から、レンジ収縮の動きが明らかになる。株価はこの地点から21カ月で525％上昇した

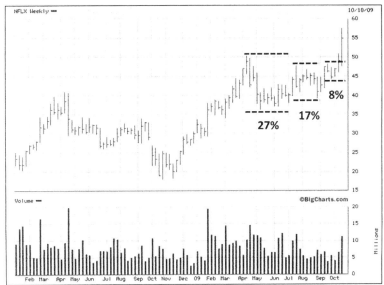

ることを意味していた。それは株価が大幅に上昇するという意味でもある。

投資家はビデオレンタル市場についてすべてを知っている必要はなかったし、利益を得る機会があると分かるのに一般投資家向けのアナリストである必要もなかった。株価は27週（27W）の保ち合いから上放れする前に、ボラティリティの収縮が3回（3T）起きた。ブロック

バスターのPER（株価収益率）がわずか2倍なのに対して、ネットフリックスのPERは32倍だった。それでも、私は2009年10月にネットフリックス株を積極的に買った。ネットフリックスが「割高」に見えたせいで、ほとんどの人は絶好の機会を逃した。多くの一般投資家だけでなく、多くのプロでさえ「割安」な銘柄を買いたがる。これはウォール街の実際の動きをまったく誤解しているせいだ。ネットフリックスは上場来、3400％以上という途方もない上昇をした。同じ期間に、ブロックバスターは99％も下げた。

次はメリディアン・バイオサイエンス（VIVO）を見よう。第2ステージの上昇トレンドの最中に保ち合いになり、ボラティリティの収縮が繰り返されたあと、再び上昇した。40週間の横ばい圏から上放れる前に4回（4T）、ボラティリティの収縮が起きて、その後の15カ月で100％以上の上昇をした。

図6.8は高値と安値を点線で示したように、ベースのなかでボラティリティの収縮が4回起きた。最初は2006年4月に始まり、株価が19ドルから13ドルまで下げて、高値から安値まで31％押した。そこから上昇したあと、再び揉み合って17ドルをわずかに切るところから14ドル以下まで、17％押した。これがボラティリティの収縮パターンの最初の兆候だ。2回目の押しのあと、今度は17ドルをわずかに超えるところまで上げたあと、16ドル以下まで押した。この押しの幅は約8％と非常に浅かった。この時点で、私はこの銘柄に興味を持ち始めた。

最終的に、出来高が非常に細り、2週間で3％という短期の浅押しによって、買い場となるピボットポイントが形成された。これは売りが枯れたことを告げていた。増えていた売りが衰えると、利食いも尽きた。株価のボラティリティと出来高が連続して低下し、4回の「T」が生じたあと、買い手が増えて買い板が厚くなると、急騰の機が熟した。2007年1月に出来高が目立って増加し、株価が買いのピボットポイントである17ドルを上回ったので、私は飛びついた。この銘柄はそ

図6.8　2008年のメリディアン・バイオサイエンス（VIVO）。典型的な4TのVCPパターンを形成したあと、15カ月で118%上昇した

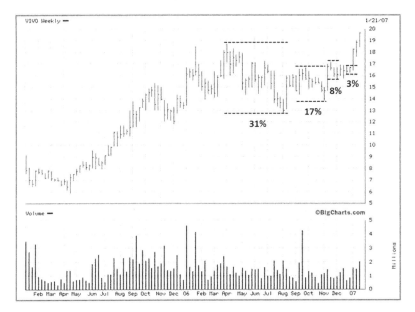

の後の15カ月で118%の上昇をした。

オーバーヘッドサプライ

　株価が調整して下げると、高値で買ったせいで含み損を抱えて、「窮地に陥る」買い手が必ず現れる。彼らは含み損の増加に苦しみ、戻りで売ろうとする。日ごとに含み損が膨らむほど、彼らの多くは損益ゼロになるだけで大喜びする。これが、オーバーヘッドサプライ——戻ったときか損益ゼロの水準近くで手仕舞いしたがる投資家——が生じる理由だ。彼らは売りたくて仕方がない。ジェットコースターに乗っているような怖さを味わうと、損益ゼロで手仕舞えるだけでうれしくなるのだ。

図6.9　保ち合いが順調に続くときの需給関係の理論的な例

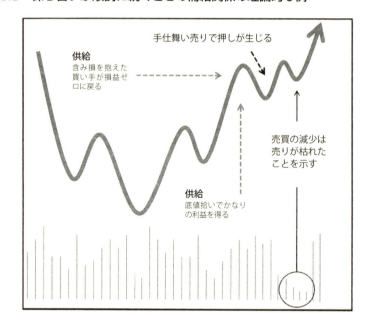

　供給に加えて、買い手には別のグループがいる。含み損を抱えてしまい、損益ゼロで手仕舞おうと考えている買い手とは異なり、彼らは幸運にも底値でうまく拾えたおかげで短期間にかなりの含み益を得ている。その銘柄が前の高値近くまで再び上昇すると、含み損を抱えていた買い手は損益ゼロになり、含み益がある買い手も利食いして、手っとり早く利益をものにしたいという衝動に駆られる。これらの売りによって、ベースの右側で押しが生じる。その銘柄が本当に機関投資家によって買い集められているのであれば、供給は大口の買い手に吸収されていくので、ベースの左から右に向かって押し幅は小さくなるのだ。これは単に需要と供給の法則が働いているということであり、その銘柄の買い手が弱い買い手から強い買い手へと整然と移っていることを示している。

買いたい銘柄が弱い保有者から強い保有者の手に移るまで待つほうがよい。**損切りの逆指値を置くトレーダーは弱い保有者だ。カギは最後の弱い保有者になることだ。できるだけ多くの弱い保有者が売ったあとに買うのがよい。**

ベースが右側に伸びていくにつれて出来高がかなり薄くなり、値動きもかなり小さくなることで、供給が減ったことが分かる。買う前に、その銘柄がこれらの基準を満たすまで待てば、その銘柄に対する一般の注目度が下がっているため、いわゆる「過密なトレード」を避けることができ、トレードがうまくいく可能性も高まる。保ち合いの右側で値動きと出来高が減少しなければ、供給がまだ続いている可能性が高いので、トレードを実行するにはリスクが高く、失敗しやすい。

VCPのパターンは何を告げているのか

要約すると、VCPのパターンは、その銘柄の買い手が弱い買い手から強い買い手に整然と移っているときに、需要と供給の法則が働いている証拠だ。ボラティリティが収縮するときに、供給は次第に減っている。長期投資に意欲的な買い手がすぐに手仕舞いたがっている売り手に出会うと、株価の反発を抑えていたオーバーヘッドサプライはなくなる。

VCPのパターンは上昇トレンドの範囲内で生じることを覚えておくことが重要だ。このパターンは株価が30％、40％、50％、あるいはそれよりもはるかに高く上げたあとの高い水準で生じる。これは非常に大きな右肩上がりの値動きの途上で生じる継続パターンの1つだからだ。**機関投資家による買い集めが進んでいる銘柄は、ほとんど常にこの特徴を示す。これが買い始める前にベースの右側で確かめておきたい特徴だ。ベースではいわゆる買いのピボットポイントが形成される。**特に、出来高の増加を伴って、株価がピボットポイントを超えるとき

が買い時になる。

ピボットポイント

　ピボットポイントとは、「行動を求める（仕掛ける）」株価水準のことだ。私はここをよく最適な買い場と呼んでいる。ピボットポイントは、株価が新高値圏に入るか、高値の下で生じることがある。適切なピボットポイントは、横ばいが完成したことと、次の上昇に向かう先端であることを表している。言い換えると、ベースのパターンが完成したあと、ピボットポイントはトレードを仕掛ける株価水準になる。今や、その銘柄は買い場に達している。値動きが一時的に小さくなったところで、買い注文を入れることができる。例えば、株価がピボットポイントの上の抵抗線をブレイクしたら、1000株の買い指値を入れてもよい。2～3％以上も上まで追いかけずに、できるだけピボットポイント近くで買ったほうがよい。株価がピボットの上の抵抗線を上回ったら、それはたいてい次の上昇局面の始まりを表す。

　ピボットがもっとも下の最少抵抗線と重なったら、株価がここを上にブレイクしたときに一気に上昇する可能性がある。株価がこの線をブレイクすれば、まもなく上げる可能性が最も高くなる。そうなるのは、ピボットポイントが供給の少ないところだからだ。そのため、多少の需要でも、株価を押し上げる可能性があるのだ。堅調相場で適切な横ばいから抜けたときの適切なピボットポイントは、めったにダマシにはならない。

　図6.10はメルカドリブレ（MELI）のチャートと、6W 32/6 3Tというテクニカルの足跡を表している。この意味は、ベースが形成されていた期間が6週間で、調整時の高値からの押した幅は32％から始まって6％で終わり、ピボットポイントになったことを示している。チャートから分かるように、株価は11月の振るい落としを経て、横ばい

図6.10 2007年のメルカドリブレ（MELI）。私はわずか13日で75%の上昇をする直前にこの株を買った

で値幅を順調に小さくしていった。また、最後のボラティリティの収縮局面で出来高が非常に少なくなっていることにも注目してほしい。これは、最後の「T」のときに薄商いになって、ピボットポイントが形成されたことを示す。そして、ピボットポイントを上に抜けたあと、株価はわずか13日で75%上昇した。これこそ私がとらえたい急上昇だ。資金を複利で増やして並外れたパフォーマンスを達成できる可能性があるからだ。

ピボットポイントでの出来高

適切なピボットポイントが形成されるときは必ず出来高が減り、その銘柄の平均出来高をしばしば大きく下回る。さらに、出来高が極端に少なくなる日が少なくとも1日はあり、多くの場合、ベース全体で最低の水準近くまで落ちる。実は、最後のボラティリティの収縮局面

171

図6.11　2014年のマイケルズ・カンパニーズ（MIK）

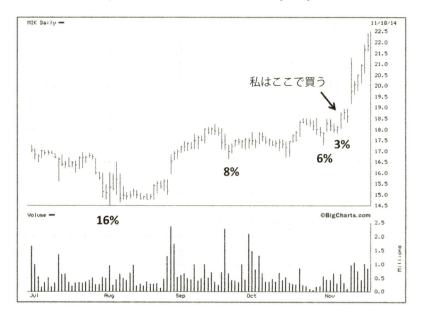

では出来高がその50日平均を下回り、1日か2日は極端に少なくなることを私は望んでいる。中小型株では出来高がほとんどなくなるものもある。多くの投資家はこれを流動性が足りないと心配するが、これこそ株価が大幅上昇をする態勢に入る直前に起きることだ。前に述べたように、売りがごくわずかなときには、少しの買いでさえ株価を急騰させることがある。だから、横ばいで値幅が最も狭い領域（ピボットポイント）で出来高が大幅に落ちるのを見たいのだ。

図6.11のマイケルズ・カンパニーズ（MIK）の例を見てみよう。19W16/3 4Tというテクニカルの足跡は、ベースが19週間続き、高値からの押しが16％、8％、6％、3％と連続して浅くなったことを示す。最後に押した幅が最も小さかった（3％の変動）だけでなく、出来高は平均よりも大幅に少なくなった。**図6.11**が示すように、これは非常に

順調に動いている兆候だ。株価がピボットを上にブレイクすると、すぐに私は買い注文を出した。

　次の章では、株式をいつ、どうやって買うかの説明を続ける。

第7章 株式をいつ、どうやって買うか——その2

HOW AND WHEN TO BUY STOCKS—PART 2

　利益を生むセットアップでの押し（調整）はたいてい10〜35％だが、40％まで押す銘柄もある。しかし、押す幅が大きいパターンはダマシになりやすい。押す幅が最大の銘柄ではなく、最小の銘柄に焦点を合わせれば、成功する可能性も高まる。株価が急落するときは、会社やその業界が深刻な問題を抱えていることが多い。もしかすると、それは下落相場の始まりかもしれない。ある銘柄が高値から50〜60％下げたというだけで、それがお買い得だと考えて誘惑に屈してはならない。第一に、それほどの下落はファンダメンタルズに深刻な問題があり、それが株価に現れている可能性がある。それは決算報告や「表面的な」ファンダメンタルズでは明らかになっていない問題かもしれない。第二に、たとえファンダメンタルズにまだ問題がないとしても、大幅に下落した銘柄は大量のオーバーヘッドサプライ（含み損のポジションを戻ったときか損益ゼロの水準近くで手仕舞いする売り手）と闘わなければならなくなる。株価が下がるほど、含み損を抱えた買い手が戻りで手仕舞おうとする。

　銘柄によっては、メジャーな下落相場中に50％下げてもうまく切り抜けられるものもある。だが、私はそれほど下げた銘柄はめったに買わない。60％以上も調整した銘柄ならば、私の監視対象から外す。特に、それほど大きく下げると深刻な問題を抱えていることが多いから

だ。**ほぼすべての状況で、平均株価の2.5～3倍以上も調整するような銘柄は避けたほうがよい。**

　最近の例ではゴープロがある。この会社はアクションカメラ（ロッククライミングで頭に取り付けられるような種類のカメラ）を製造している。株価は2014年10月に90ドル以上で天井を付けると急落して、2015年3月には40ドルを下回った（**図7.1**）。ナスダック総合指数は10％上げたが、この銘柄は60％以上も下げて、指数を大幅に下回るパフォーマンスで、強い警告となった。この銘柄にはオーバーヘッドサプライが生じた。買い手は高値づかみをして窮地に陥ったため、潜在的な売り手が大量にいるのだ。また、株価が大幅に下げて、市場のパフォーマンスを大きく下回ったということは、さえない決算を予想した機関投資家が大量に売り急いでいることを意味していた。

　そこから少し上げて、2015年8月に65ドルを付けたが、前の高値と比べると、まだ30％ほど安かった。株価の戻りだけに焦点を合わせている人は、だれもがこの銘柄を買いたいと思ったかもしれない。しかし、65ドルでも、長期の下降トレンドのなかで高値から35％下げていることを考えると、私にとっては買いの候補にならなかった。私は多くの会員にこの銘柄をその時期に買わないようにと言った。これを書いている現時点で、ゴープロの株価は約9ドルと、天井から90％以上下げている。

　あまりにも簡単に特定の銘柄に惚れ込むトレーダーに、ゴープロは注意を促す例となっている。90ドルを上回り、100ドルをも超えて上げそうな勢いだったとき、だれもがゴープロに惚れ込んでいた。そして、下げると、いっそう気に入った。すぐに、高値に回復すると考えたからだ。しかし、上昇は長続きしなかった。どうしてか。それは順風ではなく、強い下降気流のなかにあったからだ。

　たしかに、株価は200日（40週）移動平均線を上回っていたが、トレンドテンプレートの基準すべては満たしていなかった。150日移動平均

図7.1　2015年のゴープロ（GPRO）。株価は98ドル以上から9ドル以下まで下げた。下落期間を通じて、この銘柄が第2ステージの上昇トレンドを形成したことはまったくなかった

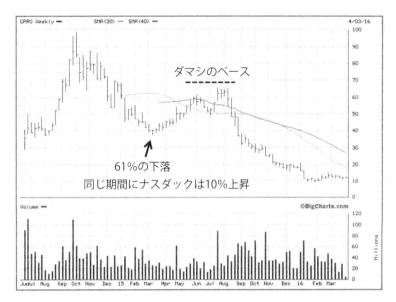

線は200日移動平均線を下回っていて、両方とも右肩下がりだった。買ったときには下降トレンドでも、反転して上昇トレンドに入ったことは認めよう。だが、多くの銘柄がすでに上昇トレンドであるのに、どうしてリスクを冒してまで直感に頼る必要があるだろうか。すでに順調さを自ら証明した銘柄に焦点を合わせたほうが、次の急成長株が見つかる可能性は非常に高くなる。

大幅に上げる銘柄は新高値を付け続ける必要がある

　株式市場で最もよく耳にする言葉の1つは、「安値で買って高値で売れ」だ。これは、ほとんどの人にとって、株で利益を出す方法と同意語になっている。もちろん、利益を出すためには、売るときよりも安

く買っていなければならない。だが、これはその銘柄の底値近くで買う必要があるという意味ではない。個人の相場観や専門家の予想よりもマーケットが正しいことのほうがはるかに多い。新たな上昇相場の初めに52週新高値を付けた銘柄が、並外れた上昇をし始めたばかりということもある。対照的に、せいぜい52週安値近くの銘柄が上げるためには、オーバーヘッドサプライを消化しなければならず、上昇しても勢いがない。しかし、新高値を付けている銘柄には消化すべきオーバーヘッドサプライはないのだ。

「第2ステージの基準を満たしていると確認できるまで待ちたくない」と言う人たちもいる。彼らはその銘柄が安値から上昇し始めたら、早いうちに仕掛けたがる。これが問題なのは、初期の段階には何の裏付けもないということだ。その銘柄が機関投資家を引きつけていると、どうして分かるだろう。ファンダメンタルズが良くなければ、最初は順調に上げていても崩れる可能性がある。そういう銘柄を買っても、結局は上昇の勢いが続かずに第1ステージにとどまるか、さらに悪いことに下にブレイクして下げる。次の例（**図7.2**）では、新高値を付け続けるまで、本当にわくわくすることはまだ始まってもいないことが分かる。

モンスター・ベバレッジは2003年後半に史上最高値を付けた。その株価が高すぎるように見えたので、怖くて買えないと思っていたら、途方もなく大きな機会を逃していただろう。株価は2006年前半までに8000％の上昇をした。**ある銘柄が並外れた上昇をする —— 例えば、20ドルから80ドルまで上げたあと、180ドルまで上げる —— には、繰り返し新高値を付けながら上げていくしかない。**

レラティブストレングスの正しい使い方

インベスターズ・ビジネス・デイリー（IBD）によって、その市場

第7章　株式をいつ、どうやって買うか――その2

図7.2　2003～2006年のモンスター・ベバレッジ（MNST）。2003年8月に最高値を付けたあと、8000％以上も上昇した。

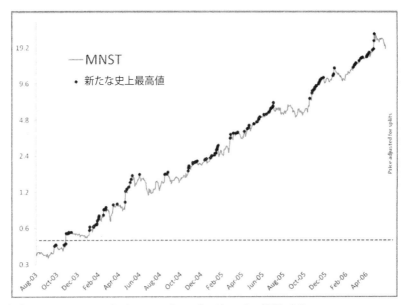

出所＝チャートはロングボード・アセット・マネージメントの好意による

のある銘柄とほかの銘柄の相対的な強さを示すRS（レラティブストレングス）を非常に簡単に比べられるようになった。これは1から99までの単純なランキングで、99が最も強く、1が最も弱い。RSの値が高い銘柄に焦点を合わせたほうがよいが、それはこの値だけを見るべきだという意味ではない。カギはRSのランキングやRSライン（それぞれの銘柄と市場平均とを比較するライン）と、銘柄自体のテクニカルの動きを組み合わせて使うことだ。これらの指標は最も良い買い時を知るのに役立つ。理想的には、これはその銘柄が市場平均を上回っており、かつ、適切なVCPの特徴を示す保ち合いから上に抜けつつあるときだ。ただランキングだけに焦点を合わせると、急騰や大きく上げすぎた銘柄や、深い押しや調整で株価が不安定になっている銘柄に手

を出しかねない。

何を探すべきかを知る――ケーススタディ

人々は、利益を得られる銘柄の値動きをとらえるためには将来を見通す能力があるか、矢継ぎ早に展開するニュース記事に素早く反応する必要があると思っている。だが、それは間違っている！　多くの場合、何週間、何カ月、時には何年も前から明確な買い場の予兆がある。あなたは何を見ておけばいいのかを知っておけばよいだけだ。

以降では、私が買った銘柄のなかから数例を取り上げて、買う前に私が何を見ていたかや、並外れた上昇をする前にその可能性を告げていた重要な要素について説明する。

アマゾン・ドット・コム

2001年10月に、アマゾン（AMZN）は最安値を付けて底入れした。その後、株価は劇的な上昇をして、200日（40週）移動平均線も上向きになった。これによって新たな上昇相場が始まり、私のトレンドテンプレートに基づけば、第2ステージの上昇トレンドに入った。私はここで興味を持ち始めた。

図7.3では、底入れしたところからRSラインが上向きになり、最初の上昇相場を通じて上昇トレンドが続いたことが分かる。2002年5月までに、安値から8カ月で300％以上も上昇した。この上昇で、おそらく多くの人は買える限界を超えたと結論づけただろう。ところが、この銘柄は初期の適切なセットアップを整えていたにすぎなかった。最初の上昇で、株価に私が求めていた勢いが生じて、機関投資家がかなり大量に買っていることが明らかになった。

2002年5月から10月までで完全な3C（カップ・コンプリーション・

180

図7.3 2001〜2003年のアマゾン・ドット・コム（AMZN）。2002年10月10日（市場がまさに底入れした日）にアマゾンは3Cのパターンから上放れて、16カ月で1700％の上昇をした

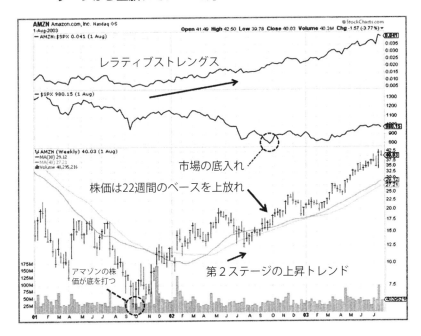

チート）のパターンを形成した。株価がベースを上にブレイクし始める前にRSラインが新高値圏に入ったために、アマゾンが確実に上放れる兆候になった。私はRSラインが2001年11月から上昇トレンドだったのを知っていたので、RSがランキングのトップにあることをインベスターズ・ビジネス・デイリーで確かめる必要はなかった。株価は2002年10月10日にピボットポイントを上にブレイクして、22週間のベースから上放れた。市場が31カ月の下落相場の底を打ったその日に、私はポジションを取った。偶然の一致だと思うだろうか。

先導株が最初に底を打つ

　市場全体が下落相場か調整局面の安値から抜けるころに、先導株はしばしば保ち合いから上放れる。時には、市場が安値を付ける少し前のときもあれば、1～2カ月後のときもある。市場全般が最安値を付けたあと最初に上げた日に、先導株が上放れるのを私は何回も目にしたことがある。アマゾンもまさにそういう動きをした。その後、アマゾンはわずか12カ月で240％も急騰すると、さらに38倍まで上げ続けた。

　最も良い銘柄は株価指数よりも先に底入れする。調整局面で主要な株価指数が安値を切り下げているときに、先導株は先に底を打ち、安値を切り上げていく。株式市場が全般に下げるなかで最もよく持ちこたえて、新たな上昇相場の最初の4～8週間に新高値圏に入る銘柄は真の先導株であり、大幅な上昇が期待できる。

　それなのに、人々が最も良い銘柄を見逃すのには、いくつか理由がある。新たな先導株が上昇トレンドを形成し始めているときには、同業他社の株価にあまり強さが見られないことがある。むしろ、そのほうが普通だ。たいていは、同一セクター内でRSの値が高いのはその他1～2銘柄だけだ。**市場で最大の上昇をする銘柄のなかには、業界全体とともに上昇していくものもある。だが、そのセクターの強さが明らかになるころには、真の先導株 —— セクター内で最も良い銘柄 —— はすでに劇的な上昇をしている。**

　市場全般が底入れすると、下落に最も耐えた先導株が最初に上昇を始め、ベースを上にブレイクする。ほとんどの投資家はこの現象に気づかず、先導株の買い場だと認めようとしない。市場が下げ続けたあとなので、用心深くなっているのだ。ほとんどの投資家は調整局面で早いうちに損切りをしようとしなかったせいで、市場が底入れするころには大損をしている。下降相場で下げると、多くの投資家は含み損が解消されるようにと祈ることに忙しい。彼らはどこで売るべきかの

182

ルールを持っていないために持ち株が大きく下げてしまい、破滅的な結末を迎えると信じ切っている。その結果、彼らは新たに買いシグナルが点灯してもそれを認めたがらず、絶好の機会を逃す。

さらに、適切な買い場だと認めることを難しくしていることがある。それはすでに述べたように、ほとんどの投資家にとって先導株はいつでも上げすぎているか、割高すぎるように見えるという点だ。先導株は最初に上昇を初めて、市場がちょうど上昇を始めるころには52週高値のリストに載る銘柄だ。新高値近くで株を買う投資家はほとんどいないし、それらを適切なときに買う投資家はさらに少ない。彼らは個々の先導株ではなく、市場全体に注目するので、結局は買い遅れて出遅れ株に手を出すことが多い。

イーベイ──2003年

先導株のなかには、市場全般よりも早く底入れして、平均株価が底入れしたことが確認されると、適切なベースから上放れるものがある。例えば、イーベイは2000年末に底を打ったが、それは2002年10月に市場が底入れするよりもずっと早かった。そして、その後まもなく、7週間のかなり値幅が小さいベースを形成した。この時期にはすでに第2ステージの上昇トレンドを確立していて、RSのランキングで最上位近くに位置していた。**図7.4**が示すように、RSラインは長期の上昇トレンドにあり、株価よりもずっと先に新高値圏に入っていた。これは重要で、大手の機関投資家が買い集めている可能性が高いことを示していた。7週間のベースから上放れたところから、株価はわずか24カ月で234％上げた。

図7.4　2000〜2002年のイーベイ（EBAY）。株価は2001年に底を打ったが、信頼できるベースを形成したのは2002年末ごろだった。そこから23カ月で225％以上も上げた

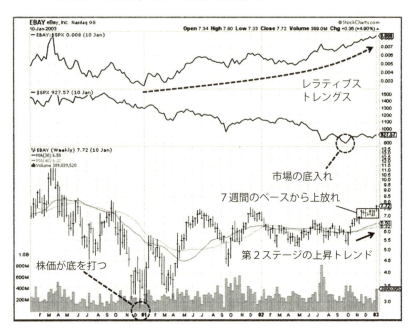

ネットフリックス──2009年

　ネットフリックスは2008年10月に底を打ったが、S&P500が底を打ったのは2009年3月だった。**図7.5**でS&P500が新安値を付けているときに、ネットフリックスが125％の急上昇をしている点に注目してほしい。この上昇によって、株価は第2ステージの上昇トレンドに入った。RSラインとインベスターズ・ビジネス・デイリーが発表するRSの値は急上昇した。この時点で私はこの銘柄を監視し始めたが、多くの投資家は見逃した。その理由は、株価指数が反転して数カ月上げ続けたのに対して、ネットフリックスは27％の調整をしたあと、27週間横ばいし

第7章　株式をいつ、どうやって買うか——その2

図7.5　2009年のネットフリックス（NFLX）。RSラインの急上昇と典型的なVCPパターンの形成が21カ月で525％の上昇のお膳立てとなった

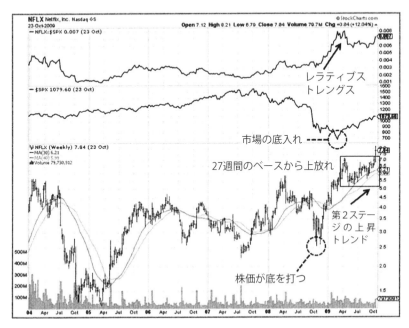

たからだ。それはほとんどの一般投資家が待ちくたびれるのに十分な長い期間だった。RSラインを見ると、この銘柄のパフォーマンスが市場を下回っているように見えた。だが、それは一時的だった。株価は単に前の上昇を消化するために、一息ついていただけだった。訓練を受けたトレーダーの目には、ネットフリックスがVCPの完璧なパターンから上昇する可能性があり、これまでで最大の上昇の準備ができていた。しかし、それが分かるためには、大局をとらえる必要があった。

　先導株は必ずしも、市場が底入れするとすぐに上放れるわけではない。それよりも少し前にブレイクする銘柄もあれば、ほぼ同じころにブレイクする銘柄もある。そして、ネットフリックスのように市場が

最安値を付けて数カ月あとに上放れる銘柄もある。

　ネットフリックスはVCPパターンから上放れたあと、わずか21カ月で500％以上の上昇をした。また、この会社は2009年3月から2010年12月まで、8四半期連続で売上高を伸ばし、増益率は平均で45％だった。前に述べたように、この会社の株価は上場してから、3400％以上の上昇をした。一方、同じ期間に、ブロックバスターの株価は99％下げて、最終的には破綻した。

ネットフリックスとブロックバスター

　ネットフリックスはケーススタディとしてとても興味深い。2002年にネットフリックスが上場する2週間ほど前に、ブロックバスター・ビデオは大天井を付けた。その後、ブロックバスターは売上高の減少に苦しみ、株価は18ドルからわずか0.13ドルまで下げた。一方、ネットフリックスはインターネットを使った動画配信サービスでビデオレンタル業界を完全に支配し、「店舗型」事業を廃業に追いやっていった。

　ナスダックが大底を付けたわずか7日後、またダウ平均が6469ドルで大底を付けたわずか10日後の2009年3月18日に、ネットフリックスは史上最高値を付けた（**図7.6**）。そのわずか17日後に、この銘柄の株価はさらに20％上げた。直近3四半期の利益は素晴らしく、順に36％、38％、58％の増益だった。上場当初からこれほど業績が良い銘柄を保有していれば、売って利益を確定したいとはなかなか思わないだろう。

　私は明確なVCPパターンに基づいて、2009年10月にネットフリックス株を買った。ブロックバスターのPER（株価収益率）は2倍だった一方で、ネットフリックスは32倍だった。私は「安い」ブロックバスター株を避けて、はるかに「高い」ネットフリックス株を買ったのだ。

第7章 株式をいつ、どうやって買うか——その2

図7.6 2002～2011年のネットフリックスとブロックバスター・ビデオ。ネットフリックスの新規上場と同じころに、ブロックバスターは大天井を付けた。

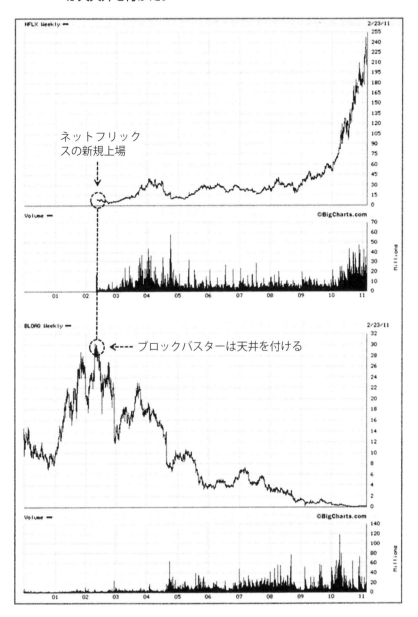

マイケル・コースとコーチ

どの業界も通常、1～2社か多くても3社が支配的な地位にいる。しばしば、業界のリーダーの顧客を奪おうと競う強力な競合他社がいる。コカ・コーラの最大のライバルはペプシだった。スターバックスとダンキン・ドーナツはコーヒー好きの顧客を獲得しようと競い合い、DIY市場は主としてホーム・デポとロウズが支配的な地位にいる。

ちょうどネットフリックスが上場したときに、ブロックバスター・ビデオの株価が大天井を付けたのも、マイケル・コース（KORS）が上場したころに（**図7.7**）、アクセサリー製造業のコーチが大天井を付けたのも偶然の一致ではなかった。理由は簡単だ。ライバル企業が出現して市場シェアを奪うか、あるひとつの流行が廃れて、新しい流行に取って代わられるからだ。一番のライバル企業は常に、業界トップの企業の動きに迫ろうと待ち構えている。だから、業界グループの上位2～3社には常に目を光らせておかなければならない。

新しいライバル企業が現れると、トップ企業が交代する。インターネット接続業者のAOL（アメリカ・オンライン）はインターネット市場で明らかなリーダーだったが、検索エンジンのヤフーにその座を奪われた。その後、ヤフーの直接のライバル企業であるグーグルが上場した。そして、現在ではグーグルが検索エンジンのトップ企業と考えられている。

一番のライバル企業はトップ企業ほど優れた会社ではないかもしれないし、優れた製品も持っていないかもしれない。あるいは、ライバル企業が良い時期にふさわしい場所にいる可能性もあれば、トップ企業が低迷することもある。また、気まぐれなマーケットのように、流行が変わることもある。

図7.7 2012〜2014年のマイケル・コース（KORS）とコーチ（COH）。これまでのトップ企業が経営不振に陥り、一番のライバル企業が現れる。

ウォルマート──1981年

1981年当時、ウォルマートは少数の人にしか知られていない小規模

図7.8　ウォルマート（WMT）、2001〜2002年。21カ月で360％の上昇

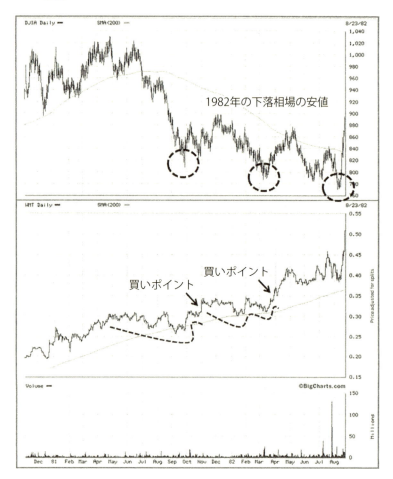

な急成長企業だった。この会社の株式は出来高がわずか4〜5万株の日もあった。想像できるだろうか。今日の出来高は1日に3500万株もある！　1980年代初期の油断ならない弱気相場で市場が下げている間、ウォルマート株はよく持ちこたえていた。この株は非常に強く、平均株価が上昇するたびに、ベースを上にブレイクして、市場が底を打つ

図7.9 2004年のアップル（AAPL）。アップルには買いの機会が数回あった。株価は６カ月で125％上げた

とすぐに上昇しようとした（**図7.8**）。これが相場サイクルのたびに、来る年も来る年も出現してくる先導株が示す強さだ。これこそが不変の原則である。これほど極端に違いが現れると、隠しようがない。

アップルコンピュータ——2004年

　ある相場サイクルでの先導株が、次の相場サイクルでも先導株になることはめったにない。しかし、上昇相場の後半に上放れて、次の相場サイクルで先導株になる銘柄もある。探すべきは、下落相場やかな

り大きな調整局面でその銘柄がどれほど持ちこたえたかだ。アップル・コンピュータ（AAPL）がその良い例だ（**図7.9**）。2004年3月にこの銘柄はセットアップを形成してベースから上放れた。ちょうどそのころ、市場は天井を付けて調整入りしようとしていた。だが、この銘柄は非常に強かったので、市場が新安値を付けるたびに安値を切り上げて、新たなベースを形成した。たとえ、最初の買い場を逃しても、さらに2回も買い場があったのだ。そのうちの1つは教科書的な買い場で、市場がまさに底入れをしたときだった。しかし、先導株にではなく、よく使われているさまざまな指標に焦点を合わせていたら、この素晴らしい機会を間違いなく逃していただろう。

どの先導株を最初に買うべきか

　買い出動の態勢に入るとき、問題はどの先導株を最初に買うべきかということだ。それは簡単だ。強い順に買えばよい。私は市場全般が底入れしたときに、上にブレイクした順に買いたい。投資候補で最も良い銘柄が最初にブレイクして、適切な買い場から上放れる。一般に、最も強い値動きをする銘柄を選ぶのが最も良い。**市場の知恵や審判に比べれば、最終的には相場観には何の意味もない。どこに投資するかは、自分の相場観ではなく、相場の強さで決めるべきだ。**新しい上昇相場の初期か調整局面の終わりに最も強く上放れる銘柄が、たいていは並外れた上昇をする最良候補だ。だが、それらをいち早くとらえていなければ、市場が底入れするころには、最も良い銘柄のうちの数銘柄は逃している可能性がある。

　私が監視リストのどの銘柄を次にトレードするかは分からない。競馬とは違って、5〜6銘柄、あるいは10銘柄のうちのどれか1銘柄を応援するということはない。ある銘柄に愛着を持つことはないのだ。お気に入りの銘柄があるということは、私があまりよく知らないか、そ

れほど好きではない銘柄がまさに私の基準どおりのセットアップを整えて、買いシグナルが点灯しているのに、「お気に入り」の銘柄が上放れるまで待とうとするということだ。ほかの銘柄が動いていて適切な基準を満たしているのに、お気に入りの銘柄が動くまで待つ必要があるだろうか。こういうことは常に起きている。通常、それはその会社の社会的地位か特定の製品が気に入っているといった個人的な理由で、その銘柄を気に入っているのだ。また、なじみ深い銘柄を保有したがったり、聞いたことがない銘柄は避けたがることが多いということもよくある。

私はどこに投資すべきかを相場に決めてもらう。最初にベースからブレイクする銘柄を買って、先行者利益を得ようとする。新しい銘柄も避けることなく受け入れる。大きく上昇する銘柄のほとんどは上場後、8～10年以内の銘柄だ。早くから上昇するこれらの銘柄はしばしば真の先導株になる。一方、出遅れる銘柄はまったく動かないことが多い。

今、自分の基準を満たす銘柄が10あるかもしれない。しかし、最初に動き始める銘柄が、どこに投資すべきかを「伝えている」のだ。あなたはマーケットに逆らって、主観的な理由か気まぐれな理由で、完璧なセットアップを見逃すのだろうか。それとも、マーケットの意志に従って、その機会が来たときにトレードをするのだろうか。

あなたの「お気に入り」銘柄も2～3日後に上放れるかもしれない。また、一度もセットアップを整えないか、上昇しないかもしれない。お気に入り銘柄があるからという理由で、完璧な機会を見逃すのではなく、ブレイクした順に買うべきだ。常に忍耐強くて、質の良いトレードだけをするまで進歩できたとき、動きたいからではなく、利益を得るために市場に参加することにしたんだと決心したことを意味する。そのとき初めて、投資のプロになったと言える。

買い場のない上昇

　新たな強気相場が始まって数カ月の間に、複数の銘柄が次々と新高値圏に達するはずだ。市場全体の押しは非常に浅く、通常は高値から安値までほんの数パーセントにとどまる。経験が浅い投資家の多くは、新たに生じた強い相場での最初の上昇トレンドでは買いたがらない。それは買われ過ぎに見えるからだ。

　一般的に、重要な底からの最初の上昇局面では、買い場のない上昇という特徴が見られる。この期間に、投資家は押し目買いをしようと機会を待つが、押し目がまったくない。需要が非常に大きいために、相場は買われ過ぎの指標を無視して、着実に上げ続ける。そのため、投資家は基本的に相場から締め出される。**弱気相場の下落や調整のあと、主要な株価指数が極端に買われ過ぎの状況にあるのを無視して上昇し、自分の監視リストに先導株が増えていれば、それは相場が強い証拠と見るべきだ。**上昇が本物かどうかを判断したければ、上昇する日には市場全般の出来高が膨らみ、下落する日には細るかどうか確認すればよい。もっと重要なことは、先導株の値動きを調べて、買い場となる適切なベースから上昇を始めている銘柄がたくさんあるかどうかを判断すべきだ。

　さらに、52週新高値を付けた銘柄数が52週新安値を付けた銘柄数を上回り、大幅に増え始めるときが裏付けとなる。この時点で、保有銘柄ごとに自分の取引基準に従って、買い増しをすべきだ。格言にもあるように、「株式市場にではなく、株式に投資するのだ」。あなたの目標が圧倒的な勝ち組をとらえることであれば、市場が底入れして最初の上昇期に先導株に焦点を合わせることが極めて重要だ。時には、買いが早すぎることもある。損切りの逆指値を置く規律をしっかり守ろう。その上昇が本物ならば、大半の先導株がよく持ちこたえていて、あなたが買った銘柄はほんの少し調整をすればすむはずだ。買い場のな

い上昇の兆候が現れたら、適切な株価パターンを形成している銘柄を
探して、適切なピボットポイントから上放れたときにそれらを買おう。

3Cのパターン

3C（カップ・コンプリーション・チート）は中段の保ち合いパター
ンだ。これを「チート」と呼ぶのは、私が一時期、これを最適な買い
場よりも早い仕掛けポイントと考えていたからだ。それで、「私はズル
をしている（I'm cheating）」と言っていたのだ。今では、このポイン
トをどんな銘柄でも買いを試みるべき最も早いポイントと考えている。
低いチートを形成する銘柄もあれば、先行するカップかソーサーボト
ムの真ん中近くでチートを形成する銘柄もある。その銘柄が底入れし
たときに気づいて、第2ステージの中長期的なメジャートレンドと歩
調を合わせて新たな上昇トレンドが形成され始めたときを見極められ
るかがカギとなる。チート部分でトレードをする場合、上昇のタイミ
ングを計るためのピボットポイントが利用できるので、成功する可能
性も高まる。

有効なチート領域では値幅が小さく、出来高が減っていなければな
らない。この休止期間は最も早く仕掛ける機会となる。もっとも必ず
しもすべてのポジションに当てはまるわけではないが、それでもチー
ト領域を利用してポジションを分割して買えば、平均コストを下げら
れる。株価が保ち合い圏かピボットポイントの高値を上にブレイクし
たら、私の言うターンをしたことになる。これは、その銘柄がおそら
く安値を付けて、中長期的な第2ステージのメジャートレンドが再開
することを示唆する。

チートのセットアップには典型的なカップ・ウィズ・ハンドルと同
じ条件が当てはまる。なぜなら、これは単にカップ部分の完成だから
だ。ハンドルは通常、カップの上部3分の1で形成される。カップの

図7.10 1978年のフマナ（HUM）。ダウ平均が安値を付けた数日後に、株価は3Cパターンから上放れて、38カ月で1000%上昇した。200日移動平均線の違いに注意してほしい。市場は右肩下がりの移動平均線の下を動いている。一方、この銘柄は右肩上がりの移動平均線の上を動いている

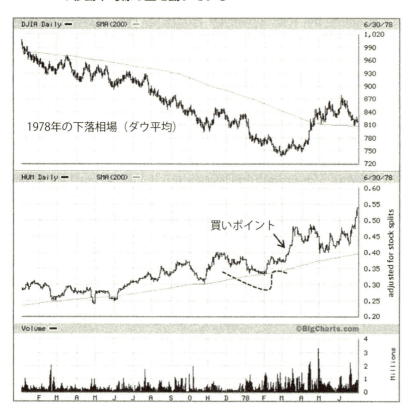

中間の3分の1か、真ん中からわずか下で形成されるときには、買い場が複数現れることもある。条件を満たすためには、過去3～36カ月間に、すでに少なくとも25～100%——場合によっては200～300%——上昇しているべきだ。また、株価は上昇トレンドにある200日移動平均線（その銘柄が200日以上、取引されている場合）よりも上で動いているべきだ。このパターンは最短で3週間、最長で45週間で形成される

図7.11　2010年のシーラス・ロジック（CRUS）。典型的な3Cのパターンから4カ月で162%の上昇

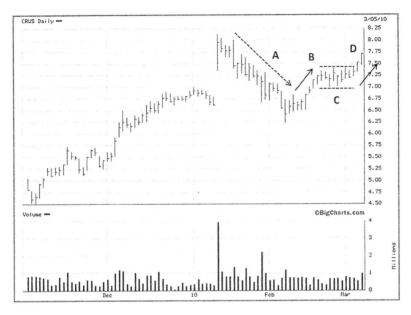

（ほとんどの場合、7～25週間）。市場全般の状況によって、高値から安値までの調整は15～20％から35～40％までの値幅がある。場合によっては50％まで押すこともある。60％を超える下落は深すぎて、失敗に終わる可能性が非常に高い。チートのセットアップは、市場全般が調整しているときにできるのが普通だ。最も力強い銘柄であれば、平均株価が押しからちょうど上昇に転じるときか、少なくともそれに近いときに、このパターンから上放れるだろう。

「チート」の説明

　次に示すのはチート領域を経て、上に抜けるときにたどる4つの段階を示している（図7.11～図7.13）。

図7.12　2014年のジェットブルー航空（JBLU）。3Cのパターン（D）からうわ放れたあと、11カ月で130％の上昇

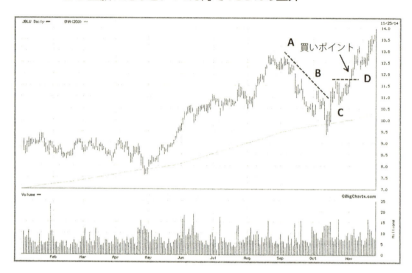

1. **下降トレンド**　株価は第2ステージの長期的な上昇トレンド途上でいったん調整をする。この下落は数週間から数カ月続くことがある。下降トレンド中に出来高を伴って一時的に急騰することはよくある。

2. **上昇トレンド**　株価が上昇して、下降トレンドを上に抜けようとする。ここでは、まだ買わないほうがよい。株価と出来高に、底入れして新しい上昇トレンドに入ったという裏付けがないため、買うには早すぎる。通常は前の下落の3分の1から2分の1まで回復してから、株価は上昇トレンドとしての上昇を始める。ただし、途中の下降トレンドで生じたオーバーヘッドサプライは、上昇を抑えて保ち合いか押しを形成するほど強いのが普通だ。

3. **保ち合い**　株価は数日から数週間に及ぶ保ち合い（チート）を形成する。ここでは高値から安値までが5〜10％以内の値動きに抑

図7.13 マクスジェン（MAXY）、2000年。1999年12月に上場後、2000年2月に3Cから上放れた。そして、わずか14日で100％の急騰をした。

出所＝チャートはインタラクティブ・データの厚意による

えられるべきだ。最適な状況では、チート領域で前の安値を下回って、振るい落としが生じる。これは、カップ・ウィズ・ハンドルのパターンでハンドルが形成されているときに見たい状況と同じだ。この時点で株価が保ち合いの高値から上放れたときがセットアップの完成で、買う準備ができたことになる。ブレイクアウト前の典型的な兆候は、値動きが小さくなって出来高が極端に細ることだ。

4. **上放れ**　株価が保ち合いの高値から上放れたら、買い注文を入れる。株価は今やターンをしたと考えられる。つまり、おそらく安値を付けて、中期的なトレンドは上昇に転じ、より長期的な第2ステージのメジャートレンドと歩調を合わせていることを意味する。

図7.14　グーグル（GOOG）は2004年に上場した。低いチートから上放れて、40カ月で625％の急上昇をした

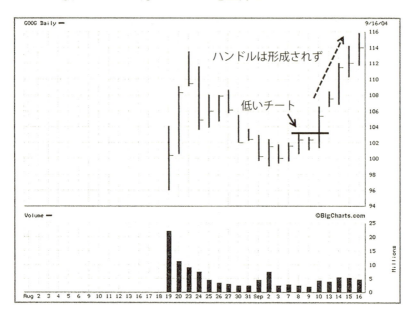

低いチート

　低いチートはベースの下部の3分の1で形成される。ここで買うのは、ベースの中間の3分の1（典型的なチート領域）や上部の3分の1（ハンドル部分から見て）で買うよりもリスクが高い。だが、うまくいけば、安いところで仕掛けているので利益を得られる可能性がさらに高まる。前に述べたように、私はよく低いチートでポジションの一部を買い始めて、より高値でピボットポイントが形成されるたびに買い増していく。このようにポジションを分割して買うことで、平均コストを下げることができる。

　私は大型株や場合によっては上場後間もない新しい銘柄での低いチートを好んで利用する。このパターンはIPO（新規株式公開）価格を

図7.15 2015年のツイッター（TWTR）。低いチートから急騰した

下回る日が少なくて、極端な調整をしていない新規上場銘柄でうまくいきやすい。IPO時の株価よりも高値を維持している銘柄が最もうまくいく。一時的に安値を割って振るい落としに遭う銘柄もあるが、それでもうまくいく。IPO後にベースを形成している期間は、少なくとも10日間はあったほうがよい。どんなベースでも言えるが、オーバーヘッドサプライが多く、急落に伴って窮地に陥った買い手がいるときに買うのは避けたほうがよい。

　低いチートの例として、2004年8月に上場したグーグルを取り上げよう。短期間上げたあとに調整して、14日で低いチートを形成した。**図7.14**で示すように、低いチートでのカギはほかのどの買い場も同じで、売りが枯れていて値動きが小さいところだ。私は買う前に、出来高が非常に少ないはらみ足を何本か見たい。これも供給が極端に落ちて、最

図7.16　2004年のアップル（AAPL）。出来高の急増を伴って上に大きくギャップを空けたあと、出来高の減少を伴って押した。その後に低いチートが形成された

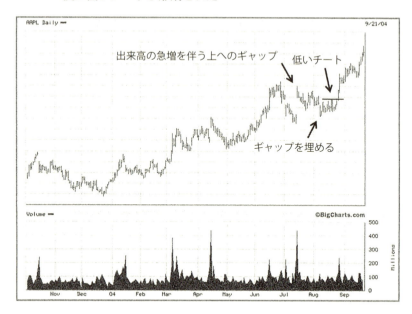

少抵抗線が形成されているもうひとつの兆候だからだ。

　ツイッターは2013年12月に、10年前のグーグルとほとんど同じセットアップを形成した（図7.15）。このベースは19日間で完成した。ツイッターはグーグルほど並外れた上昇はしなかったが、低いチートはトレードの絶好の機会となり、16日で77％の上昇を示した。

　もう１つの例はアップルコンピュータだ。これは2004年８月に低いチートから上放れた（図7.16）。株価は出来高の急増を伴って上に大きくギャップを空けたあと、８月に出来高が減ってギャップを埋めた。ピボットポイント、あるいは低いチートは低リスクの仕掛けポイントになった。それは、上に大きくギャップを空けたあと、出来高を減らしながら押したことから明らかだった。もしも株価が下げ続けていた

図7.17　1989～1990年のマイクロソフト（MSFT）。9年間で5100%の上昇

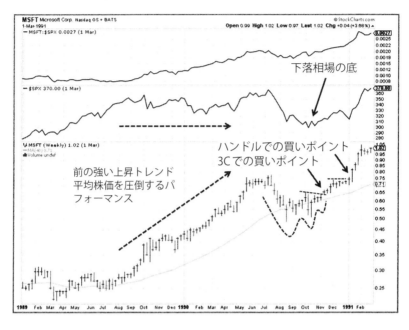

ら、何かがおかしいということが明白になり、だれの目にも明らかな手仕舞いポイントになっていただろう。

「夢のパターン」

1960年代にウィリアム・L・ジラーは『**マーケットのチャート入門——株式市場のテクニカル分析をマスターする**』（パンローリング）という本を書いた。これは当時としては時代のはるか先を行っていて、今日でもなお貴重な発見がある。チャートを利用して株式市場でパフォーマンスを上げたいと考える人がいれば、私はこの本を必読書リストに加えるだろう。ジラーは「ソーサー・ウィズ・プラットフォーム」

図7.18　1990年のホーム・デポ（HD）。典型的なカップ・ウィズ・ハンドルのパターンから上放れた

のパターンに光を当てた最初の人物だった。これは後に、カップ・ウィズ・ハンドルという名で広まった。これは間違いなく、最も反復性が高く、信頼できる価格パターンであり、急成長株が驚異的な上昇をする前にたどる動きだ。

　ジラーはこのパターンが認識しやすく信頼性が高いために、「夢のパターン（Dream Pattern）」と称した。私は彼に同意するが、このパターンは誤解されやすいのも事実だ。しかし、VCPパターンの考え方と出来高について学べば、どういう分析がまずいかがすぐに分かり、次の急成長銘柄を見つけることにつながる。すでに述べたように、このパターンを含めてすべてのパターンでの適切な値動きを示すカギとなる特徴はボラティリティの収縮だ。

第7章　株式をいつ、どうやって買うか――その2

図7.19　2003年のディックス・スポーティング・グッズ（DKS）。ダブルボトムから15カ月で200％の上昇

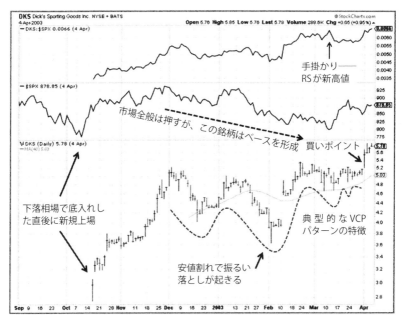

　石油価格が急上昇して、アメリカとイラクが交戦寸前だった1990年に、株式市場は厳しい下落相場に入った。ほとんどの人が相場は大きく下げると思っていた。だが、私は非常に多くの銘柄が大きな3Cやカップ・ウィズ・ハンドルのパターンを形成しているのに気づいた。それらの多くでチート領域ができたあと、少し上げてハンドルができた。主要な株価指数がすべて200日移動平均線を下回っていた一方で、これらの銘柄はすべてがそれぞれの200日と50日の移動平均線を上回っていた。また、RSの値はどれもが90台後半だった。
　幸いにも、私は感情に負けずに規律を守ることができた。チャートの観察に基づいて、私は1990年10月に買い始めて、それらのトレードが順調だったので、1991年１月までさらに買い増しを速めた。これら

205

の形が整った調整パターンから上放れようとしている数銘柄を買った直後に、偶然にもインベスターズ・ビジネス・デイリーが「カップ・アンド・ハンドルの急増」という見出しを付けて、それらのパターンからどう上放れたか、その直前の数銘柄のチャートを載せた。あとはだれもが知るとおりだ。歴史上で最大の上昇相場のひとつが1991年1月に始まった（まさに、アメリカがイラクを攻撃した日）。私は自分の感情ではなく、チャートに従ったおかげで、最も力強い先導株のいくつかを保有できた。それらはその後、目を見張る上昇をした。その多くはマイクロソフト、アムジェン、ホーム・デポ、デルコンピュータ、シスコシステムズなど、だれもが知る銘柄になった（**図7.17**と**図7.18**）。だが、当時はこれらの会社について知っている人はほとんどいなかった。それらはすべて、あまり聞き慣れない小型銘柄だった。

ダブルボトム

　ダブルボトムは「W」の形を作ったあと、ベース内の前の安値を下回るか、試す。私は安値を下回るほうを好む。そうなれば、より多くの弱い買い手が振るい落とされやすいからだ。また、私は自分がトレードをするすべてのベースと同じで、ベースの右側に一時的な休止か、ピボットポイントを見たい。ダブルボトムはこれまでに説明してきたほかのパターンと同様に、チート領域とハンドルを作ることもある。チートやハンドルを形成しないで、すぐに上昇するパターンのほうがダマシになりやすい。

　このパターンは新規上場後まもなく、第1ベースか第2ステージのベースとなることもある（**図7.19**）。市場が底入れをしていたころの2003年4月に、ディックス・スポーティング・グッズは新規上場後に形成されたダブルボトムから上放れた。

パワープレー

この章の締めくくりに、パワープレイ（ハイ・タイト・フラッグとも呼ばれるもの）の説明をする。これは学ぶべき、最も重要で利益が得られるセットアップの1つであり、すべてのテクニカルパターンのなかでも最も誤解されたものの1つでもある。しかし、正しく理解すれば、これによって大きな利益が得られる。私は2つの理由から、パワープレーを急速パターンと呼んでいる。第一に、このパターンの条件を満たすには、大きなモメンタム（勢い）が必要だ。実際、第一の条件は鋭い急上昇だ。第二に、このセットアップは最も短期間に、最も素早く動くことがあり、会社の業績見通しの劇的な変化を示唆することがよくある。株価の急激な上昇は大きなニュース、例えば、FDA（食品医薬品局）による新薬の承認や訴訟の解決や新製品や新サービスの発表、あるいは決算発表によってすら、引き起こされることがある。ただし、ニュースがまったくなくても急騰することがある。このセットアップに基づくトレードで最も良いものは、説明できないほどの強さを示すことがある。そのため、これはファンダメンタルズの裏付けが十分に得られなくても、私が買うたぐいの状況だ。だからといって、ファンダメンタルズが改善していないという意味ではない。実は、改善していることが非常に多い。しかし、このパターンでは上昇の勢いが非常に強いので、現在の売上高や利益がどうであれ、何かが起きていることを示している。

私はこのセットアップではファンダメンタルズの裏付けを要求しないが、ほかのすべてのセットアップと同様に、VCPパターンの特徴を示していることは必要な条件にしている。パワープレーであっても、需要と供給を適切に消化しつつ上昇するしかないからだ。このパターンでは、3〜6週間にわたって、週の終値で見た騰落が小さいところを探すべきだ。

図7.20　2010年のファーマサイクリックス（PCYC）

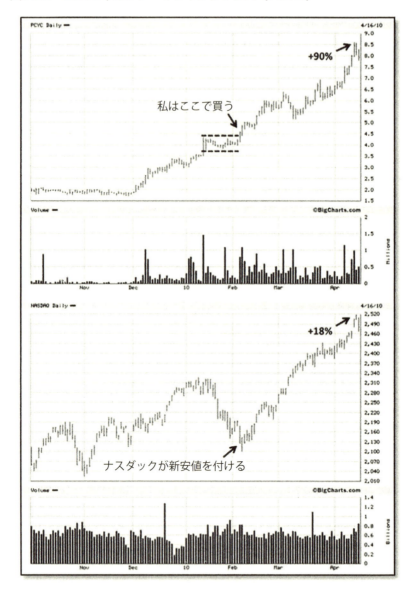

パワープレーと呼べるためには、次の条件を満たす必要がある。

●非常な大商いを伴って急騰し、8週間以内に100%以上の上昇をする。
すでに大幅に上昇している銘柄が後期のステージのベースから上放れた場合はたいてい、条件から外れる。最も良いパワープレーは第1ステージでは動きがなく、突然、急騰する銘柄だ。
●急騰後、株価は比較的狭いレンジで横ばいをする。高値から20〜25％以上は調整せずに、それは3〜6週間続く（わずか10〜12日後に上放れる銘柄もある。また、低位株は25％まで調整することがある）。
●ベースでの調整が高値から安値までで10％を超えていなければ値幅はすでに十分に狭いため、ボラティリティの収縮という形で値幅が狭くなっていく必要はない。

ナスダック総合指数が新安値を付けた2010年2月4日に、私はファーマサイクリックス株を買い、ミネルヴィニ・プライベート・アクセスの会員にも推奨した（**図7.20**）。株価はその後の48日で90%上昇した。その期間にナスダックはわずか18%ほどしか上昇しなかった。その90%の上昇は始まりにすぎなかった。この銘柄は43カ月で2600%上昇して、先導株の明らかな一例となった。

どの銘柄をいつ、どこで買うべきかを知るためには、練り上げたプランを持ち、感情に左右されずに執行できるようになる必要がある。幸いにも、これらの判断の案内役となるルールと基準がある。最も良い候補を見極めて最適な買い場を特定する方法を学ぶには、時間と規律が必要だ。真剣に学んで適切な基準を当てはめる意欲のある人なら、タイミングを計って買うことが並外れたパフォーマンスを達成する道になる。

209

第8章 最適な結果を得るための ポジションサイズ

POSITION SIZING FOR OPTIMAL RESULTS

　マーケットの魔術師のひとりであるエド・スィコータは、1991年にハワイの静養先で講演をした。そのなかで彼は、システムの期待値が分かったら、トレーダーができる最も重要な問いは「自分はいくら投資すべきかだ」と言った。私が一番よく聞かれる質問のひとつは、1トレード当たりの適切なポジションサイズをどうやって決めるのかだ。これは結局、ポートフォリオで何銘柄を保有すべきかという議論になる。ポートフォリオを少数の銘柄に集中させるほど、短期間でより大きな利益を得ることができるのはたしかだが、それはトレードがうまくいけばの話だ。第1のルールは、絶対にトレード口座の資金すべてを1銘柄に投資しないことだ。それではリスクがあまりにも大きすぎる。すべての資金でリスクをとって、一山当てようと考えているのならば、手ひどい目に遭う可能性が高い！　破滅する可能性がたとえ1％であっても、それは受け入れがたいリスクだ。忘れないでもらいたいが、トレードは1回だけするものではない。大惨事が起きる可能性が100回に1回でも、その不幸は確実に起きる。少なくとも100回はトレードをするし、生涯ではおそらく何千回もすることになるからだ。毎回、投資をしてリスクを冒すたびに、危険を招いているのだ。

　一方、並外れたパフォーマンスを達成したければ、ポートフォリオを分散しすぎるのも逆効果になる。分散とは、特定の銘柄や業界が下

211

落しても、損失を限定できるように、ほかの銘柄にも投資するという戦略だ。この戦略は、リターンを平均すれば利益を得る期待値がプラスになるという前提に立っている。また、分散は1銘柄に投資するよりも心理的な利点がある。ある銘柄で短期的な逆行があっても、ほかの銘柄の順行で相殺できることもあるため、ポートフォリオの短期的なボラティリティが全体では小さくなるからだ。

　目標は最適なポジションサイズを決めることに置くべきだ。ポジションサイズは相場が自分のポジションに逆行した場合に、資金の何パーセントを失っても大丈夫かで決めなければならない。例えば、10万ドルのポートフォリオを持っていて、その50％の5万ドルで1ポジションを取ったとする。仕掛け値から10％離したところに損切りの逆指値を置けば、損失を最大5000ドルに抑えることができる。しかし、これは口座資金の総額の5％であり、これではリスクのとりすぎだ。これほどの損失が続けば、破滅の危険にさらされる。**適当に数字を選ぶのではなく、最大リスクは、どの1トレードでも総資金の1.25〜2.5％を超えないようにすべきだ**。また、経験が浅い人ほど、リスクを小さくすべきだ。まだ学習曲線の一番下近くにいて、間違いや損をしやすいからだ。

　ポジションサイズがリスクにどう影響するかについて、理解を深めるために、今、10万ドルのポートフォリオを持っているとしよう。そして、2万5000ドル（口座資金の25％）を1銘柄につぎ込むとする。損切りの逆指値を10％離したところに置けば、そのトレードで負けたときにリスクにさらされる金額は2500ドルで、総資金の2.5％になる。これが理想的なイクスポージャーの最大限度だ。イクスポージャーを減らしたければ、損切りの逆指値を5％まで近づけて、リスクにさらす資金を1250ドル、つまり総額の1.25％に抑えてもよい。損切りの逆指値を10％離したままにしたければ、リスクを減らすほかの選択肢はポジションサイズを1万2500ドル（総額の12.5％）まで下げることしか

212

ない。そうすれば、リスクにさらされるのは1250ドルで、総額の1.25％になる。

　あなたは損切りの逆指値かポジションサイズのどちらかを動かすことになる。リスクを適正にするには、どちらかを調整しなければならない。ここで議論のために、あなたが非常に積極的で、資金の50％を１ポジションにつぎ込みたいとする。すると、リスクを資金の2.5％までに抑えるためには、損切りの逆指値を５％に近づける必要がある。ただし、損切りの逆指値を近くに置くほど、振るい落とされやすくなる。カギは、トレードが行き詰まらないように値動きに通常の上下動をする余地を残すために、ポジションサイズと損切りの逆指値とのバランスをうまく取ることだ。これがリスクの限定だ。

　リスクを限定するということは、まずリスクから考えてトレードをするということだ。あなたは常にこの考え方に従うべきだ。次に挙げる、ポジションサイズに関する私の指針をきちんと守れば、１ポジションに過大なリスクをとることは絶対にない。そのうえで、リスクを減らすか、あるいはリスクを最大水準まで増やすかはあなた次第だ（図8.1）。

ポジションサイズの指針

● とるリスクは総資金の1.25～2.50％

● 損切りの逆指値は最大で仕掛け値から10％

● 損失は平均で５～６％を超えない

● １ポジションに総資金の50％以上は絶対に投資しない

● 最も良い銘柄では最適な20～25％のポジションを目指す

● 合計で10～12銘柄を超えない（プロの大きなポートフォリオで16～20銘柄）

213

図8.1　さまざまなリスク水準によるポジションサイズの例

10万ドルのポートフォリオを使ったポジションサイズ

投資総額の1.25%のリスク 10%の損切りの逆指値	投資総額の1.25%のリスク 5%の損切りの逆指値	投資総額の1.25%のリスク 2.5%の損切りの逆指値
1.25%＝1250ドル	1.25%＝1250ドル	1.25%＝1250ドル
10万ドル×12.5%＝1万2500ドル	10万ドル×25%＝2万5000ドル	10万ドル×50%＝5万ドル
1万2500ドル×10%＝1250ドル	2万5000ドル×5%＝1250ドル	5万ドル×2.5%＝1250ドル
12.5%のポジション	25%のポジション	50%のポジション

　ポートフォリオの大きさとリスク許容度にもよるが、持ち株は通常、4～6銘柄にすべきだ。ポートフォリオが大きければ、10～12銘柄まで増やせるかもしれない。これで十分な分散になり、多すぎることもないだろう。20銘柄以上を保有する必要はない。20銘柄に等しく分散すれば、1ポジションにつき5％のポジションサイズになる。

　理想的には、私は最も良い銘柄に資金を集中させたい。例えば、私が選んだうちの上位4～5銘柄のそれぞれにポートフォリオの20～25%を投資したい。だが、必ずしもそうはならない。私はしばしば、それよりもずっと小さいポジション（ポートフォリオの5～10％）から始めて、銘柄自身が強さを証明するまでリスクを減らしておく。その銘柄が期待どおりの動きをすれば、それに応じてポジションサイズを増やすか、買う基準を満たしている銘柄がほかにあるときにはその銘柄を加える。

　最も良い4～5銘柄にリスク限度いっぱいまで投資しているときでも、ほかのすべてに目をつぶることはない。私は保有銘柄を絶えず評価して、どの銘柄のパフォーマンスが最も良いかや、監視リストのうちの新しい銘柄が動き出していないかを見ている。パフォーマンスが飛び抜けて良い銘柄がポートフォリオ内にあれば、その銘柄に上昇す

る時間と余地を与えたい。しかし、株価がタイミングよく上昇していなかったり、上昇が終わりそうであれば、おそらくもっと見込みのある銘柄に資金を移すときだ。

ポートフォリオを自分の庭と考えるとよい。あなたは雑草を抜いて、花に水をやるだろう。成長させたいものを育てて、無駄にしかならない不要なものは取り除くはずだ。ポートフォリオのなかの一部の銘柄が、自分の望んでいた「花」ではないと気づくときがある。むしろ、それらは雑草に見える。これはその銘柄が損切りの逆指値に引っかかったという意味ではない。ただ動かずに、ほとんど何の役にも立っていないのかもしれない。時がたつにつれて、どうすれば動きそうな銘柄にうまく投資できるかを検討しなければならない。

２銘柄のポジションを半分に減らして、１銘柄の資金を作る

６銘柄のうちの４銘柄は順調な動きをしているが、２銘柄はさえないとすれば、おそらく資金を再配分するときだろう。そのために、さえない２銘柄をすべて手仕舞う必要はない。ポジションサイズを減らすという手もある。例えば、**パフォーマンスが劣る２銘柄のポジション半分を売って、もっと有望な投資候補で１ポジションを取ることもできる。２銘柄のポジションを半分ずつ売って得た資金は、新たに投資する１ポジションに使える。**

例えば、５銘柄を保有していて、それぞれがポートフォリオの20％を占めているとする。Ａ社とＢ社のパフォーマンスが最も劣るのなら、それらへの資金を半分にして、それぞれへの投資を総額の20％から10％に減らしてもよい。それらを合わせた20％（Ａ社とＢ社のそれぞれから10％）をほかの１銘柄につぎ込むことができる。資金を再配分することで、庭を一新して花を成長させ続けるために、「新しい種」をま

くときなのだ。

先導株を早々と売らない

　ある程度の上昇をしたあとでも、そこから新たに上昇相場が始まっていて、しかも、相場を先導してきた銘柄を保有しているのなら、ポジションの一部を残しておくことは特に重要だ。含み益があってほかの銘柄を買いたいというだけで、早々と売らないほうがよい。**時に、買うのに最も適しているものはすでに保有している銘柄ということもあるのだ。**パフォーマンスが良い銘柄の一部を売って利益を確保し、ほかの有望銘柄に投資することもできる。その間に、最初の銘柄がさらに上昇を続ければ、残しておいたポジションで含み益を増やしていくことができる。

　新たな上昇相場の始まりでは特にだが、すでに大きく上げた銘柄でさえ、さらに上昇する可能性が大いにある。**この新しく始まった強気相場の時期には、先導株のポジションをすべて手仕舞うのはやめたほうがよい。**新たな上昇相場で最も勢いよく上げ始める銘柄は、その後のパフォーマンスが最も良いことが多い。私は通常、これらの強い先導株が大きく上げるときのために、最初のポジションの25〜50%を保有したままにする。

過度に分散しない

　保有銘柄の一部を売って、資金をほかに再配分するとき、あまりにも幅広く分散しすぎないほうがよい。それは分散ではない。私に言わせれば、それは「分悪」だ。多くの銘柄を追い続けるのは難しいだけでなく、１ポジションが小さくなる。そうなると、大幅上昇する銘柄から並外れた利益を得る可能性をつぶすことになる。要するに、**身を**

守るために過度な分散に頼ると、並外れたパフォーマンスはけっして
達成できないということだ。最も良い銘柄をぴったりのタイミングで
買うことに集中して、損切りの逆指値を賢く使って身を守る方法を学
んだほうがよい。

　過度な分散とは正反対に、ポートフォリオの75％、さらには100％を
１銘柄で占めるといった極端な集中投資も危険だ。危険性の１つは予
期しない出来事が起きたときに、リスクにさらされる比率が悲惨なほ
ど大きくなることだ。たしかに、ある銘柄が突然、困った事態に陥っ
て、１日で50％などという途方もないギャップを空けて下げることは
珍しい。それでも、そうしたことが実際に起きないということはない。
それほど激しいギャップダウンが起きたときには５％や10％下に損切
りの逆指値を置いていても役に立たない。株価はその水準を超えて下
げるので、それなりの株価でしか売れない。前日の大引けから翌日の
寄り付きまでは、何の対処もできない。ポジションの価値は今や、50
％も減っている！　「それなら、株価が元に戻るまで待ってから売る」
と言う人もいるかもしれない。だが、元の株価まで戻るという保証は
ないし、待てばさらなるリスクをとることになる。保有株が50％下げ
たときに、その１銘柄がポートフォリオの80％を占めていたら、資産
の40％を失ったことになる。そうなると、損益ゼロに戻すためだけで
も、多くの時間と大変な努力が必要になる。

　ポジションサイズに関する私の指針をしっかりと守り、どの１トレ
ードでも資産の1.25〜2.50％のリスクしかとらなければ、１銘柄で破滅
的な損を出す心配をする必要はまったくなくなる。資金の25％でポジ
ションを取っていれば、たとえその銘柄が50％下げたとしても、損失
は12.5％にしかならない。たしかに、資産曲線には深刻な打撃となる
が、これなら回復は可能だ。

　そんな目に再び遭っても耐えられる。トレードで成功する秘訣は、着
実に利益を出して、それらを合わせると非常に大きなリターンとなる

ようにすることだ。それを実現するためには、戦術を考えて賢明に動くことだ。あまりにも大きなポジションで過大なリスクをとるという賭けでは、それは実現できない。そんなことをすれば、１回の損失でも取り返しがつかない事態に陥ることもある。

だから前にも言ったように、平均損失、平均利益、勝率など、自分のトレードに関する事実を知ることが何よりも重要なのだ。これらの数字に向き合うということは自尊心（エゴ）とは関係ないし、過去のパフォーマンスについて一喜一憂するためでもない。ポジションサイズについては特にだが、現実に向き合うべきだ。**自分のトレード結果の数字をツールとして使い、自分のパフォーマンスに基づいてとるべきリスクを計算することで、エッジ（優位性）を高めよう。**

１トレードでとるリスク額を決めるための重要な要素は自分の平均損失だ。あなたの平均損失——最大でも最小でもない——を５％と仮定しよう。さらに、勝率が50％、つまり２回のトレードごとに１回勝って１回負けると仮定しよう。そして、平均利益は10％とする。これらの統計数字があれば、ポジションサイズは数式で計算できる。最適なポジションサイズを計算するために、「オプティマルｆ」かその変種であるケリーの公式を使うことができる。

自分で計算をすれば、利益と損失の比率が２対１の場合、最適なポジションサイズは25％（４銘柄に等しく投資）でなければならないことが分かるだろう。そうすれば、大きく上昇した銘柄がポートフォリオにしっかり貢献する。15〜20銘柄を追いかけるよりも４〜６銘柄を追いかけるほうが、はるかに簡単にそれぞれの会社に詳しくなれる。多くのポジションを抱えていると、相場が逆行したときに、素早く動いて現金化するのが難しくなる。分散でリスクを和らげるというあまり実りのない試みのために幅広く投資するのではなく、最も良い銘柄——比較的小さなグループ——に資金を集中すべきだ。

このテーマについてさらに考える材料を残しておこう。私が資金す

べてをわずか4～5銘柄に投資していた期間はこれまでに何回もあった。これはもちろん、私が最も大きな利益を出した一時期と重なる。たしかに、これにはリスクがある。しかし、私の指針に沿って適切なポジションサイズと損切りの逆指値とのバランスをとれば、このリスクは減らせる。自分の銘柄選別の基準を厳しく守って最高の銘柄をポートフォリオに組み込もうとすれば、選り抜きの銘柄に値するものはそれほど多くは見つからないはずだ。忘れないでもらいたい。分散をしても損はするし、極端な集中投資をすれば破産する危険にさらされる。目標はポジションサイズを最適にすることだ。

第9章 いつ売って利益を確定するか
WHEN TO SELL AND NAIL DOWN PROFITS

　この章では、新著で間違いなく最も待ち望まれていたことのひとつについて検討していく。それは、いつ、どうやって売るかだ。『ミネルヴィニの成長株投資法──高い先導株を買い、より高値で売り抜けろ』（パンローリング）を書いたとき、私は非常に幅広いテーマについて取り上げたので、個々の点について詳しく述べるには紙面が限られていた。そのため、どのテーマについて最も詳しく論じるか、難しい選択を迫られた。この章では最初の著書で要点しか書けなかった部分のひとつを取り上げる。そのため、読者は私の本を「2冊で1冊」と考えてほしい。

　これまで、損切りという観点から売りについて検討してきた。第1章では、買いシグナルが点灯したすぐあとに異常な値動きが生じた場合、損切りの逆指値に引っかかる前でも売るべきだとする「不適切な動き」について説明した。一方、買った銘柄が期待どおりに上げて、かなりの含み益が得られたあとでの売りは、それとはまったく別の問題だ。この章では、いつ、どうやって利食いすべきかについて検討する。

　トレードを始めて間もないころ、私はいつ、どうやって買うべきかについて学ぶことにほぼ全精力を傾けた。私はファンダメンタルズとテクニカルの分析にほとんどの時間を費やした。トレードで苦労して得た資金をリスクにさらす自信を持てるようになるまで、銘柄選別の

基準を練り上げた。次の難問はどうすれば、うまく損切りをして、リスクを少額で抑えられるかを学ぶことだった。いったん資金を投入すれば、元本がリスクにさらされる。私はそのリスクを効果的に管理して、資金を守る方法を学ばなければならなかった。そして、私は最終的にかなりの利益を出し始めた。私が自分のトレードプランに穴があることを発見したのはそのときだった。私は銘柄選別について多くの時間を費やして、買い（仕掛け）に関しては本当にエッジ（優位性）を身につけた。しかし、大きな含み益が生じている銘柄をどう取り扱うかや、いつ売る（利食う）べきかについては、まったく分からなかった。

　これが問題になるとは思いもしなかった。私はかなりの含み益が生じたら、売ればよいだけとしか考えていなかった。しかし、私の選別基準が良くなり、より多くのトレードで勝つほど、それらの含み益をどうするかでプレッシャーを感じるようになった。これは多くの人にとって意外なことだろう。直感的には、利益が得られたらプレッシャーは減ってよいはずだからだ。含み益があれば、うれしくて当然ではないだろうか。トレードでは何についても言えることだが、売ること自体にもプレッシャーがある。利食い売りは思われているほど簡単ではなく、大いに感情の影響を受ける。そこで、この点から検討を始めよう。

利食い売りにまつわる感情

　トレードで最も決心がつかない瞬間のひとつは、いつ売る（利食う）かだ。早すぎれば、その後の上昇による利益を取り損ねる恐れがある。遅すぎれば、含み益の一部を取り損ねて後悔することになる。恐れと後悔という２つの感情のせいで、決心がつかなくなる。**売るべきだろうか。持ち続けるべきだろうか**。売るのが早すぎたら、あるいは遅す

222

ぎたら、どうしよう。こうした「売り方」が感じる恐れは、買う前に感じたことと何ら変わりない。**今、買うべきだろうか。昨日、買っておくべきだったのか。もっと、待つべきだっただろうか。**

こうした感情をコントロールして、成功の妨げにならないようにする最善で唯一の方法は、適切なトレードルールを持つことだ。さもないと、常に自分自身の興奮と懐疑に振り回されてしまう。

利食い売りの基本的な手順は２つある。１つは株価が上昇中で、買い手がたくさんいる間に売り抜けることだ。含み益がかなり生じている強みを利用して売り抜けるのだ。これはプロが売る方法で、かなり大きなポジションを手仕舞うときに特に使われる。売る金額が大きくて流動性が問題になるときには、必ずしも売りたいときではなく、売れるときに売るしかなくなる。

多くの個人トレーダーはこの問題には直面しない。それでも上昇中に売り抜ける方法は学んでおいたほうがよい。株価が下にブレイクしたときに、含み益のかなりを失いたくはないからだ。あなたはその銘柄が下降トレンドに入ったという兆候がはっきりするまで待ちたいと思うかもしれない。だが、そうすれば、もっと早く、上げているうちに売っておけばよかったと後悔するはめになりやすい。結局は、そのときのほうが高く売れたと分かることが多いのだ。

２つ目は下げているときに売る方法だ。買った銘柄は最初のうち、かなりの勢いで上げたが、今では値動きはさえずに下落しているため、含み益を守る必要がある。これは予想外のときに起きることがあり、多くの場合、非常に素早く反応する必要がある。

どちらのプランでも「大局的な視点」から始まる。

常にチャートを大局的に見る

最初の著書では、トレードをまず大局的に見て、その後に細かい点

を見る方法について、多くを費やして説明した。私はこの方法でトレードしたい銘柄を見つけて、仕掛けるポイントを的確に特定する。私はまず、常に自分にとって有利な長期トレンドを見ることから始めて、次に現在のチャートパターンや会社のファンダメンタルズを調べる。その後、非常に慎重かつ正確に、ここ数日の株価と出来高の動きを調べる。こうしたことのすべてから、特定の仕掛けポイントが分かってくる。

　売るときにも、同じような過程をたどる。**大局的に見ることから始めるという考え方を持つ必要がある。大局的に見れば、現在の値動きの背景が理解できるようになる。この視点がなければ、恐れや感情の犠牲になるリスクが高い。**「今、売れば、早すぎるだろうか」と自問するだろう。あるいは、含み益が最大になったところで利益を確定することしか考えずに持ち続けて、結局は後悔する。「ああ、どうしてあそこで売らなかったんだ」と。大局的に見ないと、このように、トレードの最中に恐れや後悔の感情に振り回されるのだ。

　長期的なトレンドと現在のチャートパターンを見るほかに、自分のトレード結果に基づいて指針とルールを作る必要がある。これらは毎回、完璧に当てはまるわけではないが、少なくとも自分のエッジを維持するために、どこで利食いすべきかはある程度分かるようになる。

　例えば、リスクを管理するために損切りの逆指値を８％離して置くとしよう（100ドルで買ったとしたら、92ドルに損切りの逆指値を置く）。株価が５〜６％上げたら（この例では105ドルか106ドル）、あなたは売るだろうか。多くの人は売ると答える。どうしてか。それは恐ろしいからだ。だから、含み益が少しでも生じたら、喜んで売るのだ。彼らはリスク・リワード・レシオが好ましくないという点は考えもせずに、５〜６％の上昇で利食いをするのだ。だが、わずか５〜６％の利益を得るために、どうして８％もリスクをとる必要があるだろうか。これこそ何の根拠もなく早く利食いする例であり、ほぼ間違いなく後

悔することになる。

　では、次の例を考えてみよう。８％離して損切りの逆指値を置いたが、株価はまったくそちらには近づかない。逆に、100ドルから105ドル、さらに110ドル、125ドルと上げていく。これは売り時だろうか。こうなると、どんなルールも理論的根拠もないのに安心しきって、100ドルで買ったこの銘柄が150ドル、あるいは200ドルにすらなると思い込むかもしれない。ここでも、恐れに突き動かされる。ただし、今度は好機を逃すことや、あまりにも欲深くなりすぎるのを恐れるのだ。もう少し長く持っていさえすれば利益を「取れていたのに」という後悔はしたくない。そこで、今回は長く持とうと自分に言い聞かせる。きっと２倍、３倍になるのだから、と（ここでも、大局的に見ることも、自分のこれまでのトレードのデータを考慮することもない）。１ティック上げるたびに心を奪われて、この株は「どこまで上がるのか」としか考えられなくなっている。

　しかし、気づいていないことがある。この銘柄は大底から上昇を始めているのではない。実は、極めて大きな上昇の最終ステージにあって、急落が間近に迫っているのだ。最初の下げは急で、120ドルから108ドルまで下げた。そのときは狼狽したが、再び上げたら、そこで売ろうと自分に言い聞かせた。しかし、株価は120ドルには戻らない。上昇するだろうという期待もむなしく、下げ続ける。そして、ついにあきらめて、わずかな利益か、もっと悪いことに損を出して手仕舞うはめになるのだ。

　遠慮なく言えば、恐れは人を愚かにすることがある。最初に小さな含み益が生じたとき、それを失うことを恐れて、あまりにも早く売る。そして、利食いを早まって大きな利益を取り損ねることを恐れて、あまりにも長く持ち続ける。こうしたことにこだわるのは、判断を間違えたくないからだ。皮肉にも、そのせいで、間違える可能性が高まるのだ。

ベース（保ち合い）を数える

　買いたい銘柄を特定して、仕掛けるところを的確に見極めるときと同様に、いつ、どこで売るかを知るためには分析が必要だ。売るという判断に影響する重大な要素は、その銘柄がそれ自身の相場サイクルのどこに位置するかだ。これを決める1つの方法はベースが何回、形成されたかを数えることだ。そうすれば、その銘柄が上昇トレンドの初期のステージにあるのか、それとも後期のステージにあるのかを判断する手助けになる。これは非常に大切だ。それによって、現在の動きが継続する可能性があるのか、あるいはもっと具体的な売りシグナルに目を光らせるべきなのかに役立つからだ。

　その銘柄が上昇の初期のステージにあるのならば、大きく上げるかどうかしばらく見守るほうがよい。その銘柄が実は重要な先導株で、極めて大きく上げ始めるところだという可能性もある。その場合には、もっと大きく上げるまで待ったほうがよい。あるいは、市場は強気相場の後期のステージにあり、持ち株も上昇の後期のステージにあるのかもしれない。今、見ている強い値動きは急落前の最後のあえぎ声かもしれない。**後期のステージにある銘柄は、初期のステージにある銘柄とはまったく異なる見方をする必要がある。しかし、チャートを調べて何を探すべきかを学ばないかぎり、何が違うのか、あるいは相場サイクルのどこに位置するのかは分からない。**

　最初の著書の例を借りると、ある銘柄が相場サイクルの各ステージをたどる値動きは、麓から山頂に向かい、さらに麓へと下る山の外形に似ている。山を登ると高原が現れる。そこは、株価の上昇が止まるか、ひと休みするところだ。これが本当の山ならば、登山者はそれらの高原にベースキャンプを設営して、休息をして体力を回復するところだ。それと同じことが値動きでも起きる。

　上昇後にはいくらか利益確定売りが生じて、一時的に押す。この動

きのせいで株価が下げて、ベースが形成される。これは短期的な保ち合いであり、この動きでそれまでの上昇を消化できる。この銘柄が本当に大きく上げる途上で、長期投資家が短期トレーダーよりも多ければ、中長期のトレンドは再開する。

　大幅上昇の90％以上は調整局面から始まる。そこが、初期から中期までのベースから上放れる銘柄に乗る絶好の機会となる。弱気相場で下げたあとの最初の高原を第1ベースと数える。調整後に第1ベースか第2ベースから上放れるときが、たいていは新たなトレンドに乗るのに最もふさわしいときだ。第3ベースと第4ベースでもうまくいくことはあるが、それらは相場サイクルの後半であり、むしろ短期トレードの機会と見るべきだ。第5ベースや第6ベースはダマシに終わる可能性が非常に高い。株価が上にブレイクして上昇に勢いがついたらすぐに売る好機と見るべきだ。時には後期のステージのベースでわくわくすることがある。この時期の「吹き上げ」で、劇的な高騰をすることがよくあるからだ。しかし、株価が高騰していて上げ止まる気配すらないので、この時期に売るのは最も難しい。

　覚えておこう。後期のステージのベースになるほど人目につきやすい。そして、それらが人目につくほど、人々はその銘柄を買おうと殺到する。あとは潜在的な売り手ばかりになる。これが私や一部の人の言う「過密な」トレードだ。株式市場で言われるように、だれの目にも明らかだと思われることは明らかに間違っているのだ。その銘柄が過密になると、すべての目がそこに注がれる。なぜならば、その銘柄はすでに強い動きをしていて、投資家たちはこれまでにベースがトレードで役に立つのを何度も目撃しているからだ。そのため、経験の浅い投資家たちが引き寄せられる。早く仕掛けた「抜け目ないプロ」は、今や個人投資家にその銘柄を渡して利益を確定しようともくろんでいる。この売りや手仕舞いは、その銘柄の株価が上昇していて、ニュースの見出しになり、だれもが興奮して喜んでいるときに行われる。だ

から、ほとんどの投資家はこの状況になかなか気づかないのだ。

デッカーズ・アウトドア

デッカーズは2006年9月12日に第1ステージのベースから上放れた。そして、15カ月で260%以上の上昇をした（**図9.1**）。2008年12月までに、株価は週足チャートで確認できるベースを4つ形成していた。この時点で後期のステージの動きに達していて、第4ベースから上放れた。しかし、ベースを数えていなかったら、後期のステージのベースを初期のベースと間違えたかもしれない。第5ベースで最後となるベースは明らかに値幅が大きくて、ダマシになりやすいものだった。これはこの銘柄が第3ステージで天井を付けつつあるという明確な証拠だった。このときまでには、すでに手仕舞っているべきだった。あるいは、第5ベースがうまく形成されずに、相場が反転し始めたら迷わずに売るべきだ。

PERの上昇を判断する

私は、PER（株価収益率）にはほとんど関心を持たない。私が通常買う成長株は急成長しているため、すでにPERは「高い」からだ。それで、私は高PERを避けるのではなく、急成長している会社の特徴の1つとみなしている。実際、私が悩まされるときは、PERが極端に高いときよりも低いときのほうだ。低いということは、何か深刻な問題を抱えていることを示唆している可能性があるからだ。

しかし、PERが役に立つこともある。ベースを数えることのほかに、PERもその銘柄が相場サイクルのどこに位置するかについて示唆を与えてくれる。具体的には、PERはその上昇が後期のステージから始まっていて、上昇の勢いが衰えそうかどうかを示すことがある。私はべ

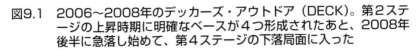

図9.1 2006～2008年のデッカーズ・アウトドア（DECK）。第2ステージの上昇時期に明確なベースが4つ形成されたあと、2008年後半に急落し始めて、第4ステージの下落局面に入った

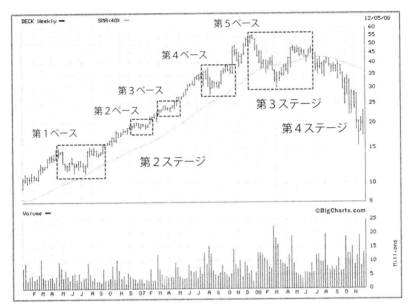

ースを数えることに加えて、PERをこのように使う。

　私は株式を買うときにPERをメモしておく。例えば、来年まで維持するつもりのポジションがあるとする。この期間にその銘柄は2つか3つ、あるいは4つのベースを形成するだろう。すでに述べたように、ベースとは上昇が再開する前に、以前の上昇を消化するために形成される「高原」の時期だ。株価が第4ベースか第5ベースといった後期のステージのベースに達したら、私は再びPERを見て、それを買ったときのPERと比べる。あるいは、私が後期のステージのベースでこの銘柄を買っていたら、現在のPERを、上昇を始めた第1ベースの時期のPERと比べる。PERが20倍から40倍へなど、2倍かそれ以上になっていたら、私は慎重になる必要があると判断する（図9.2～図9.4）。理

図9.2 2006～2008年のデッカーズ・アウトドア（DECK）

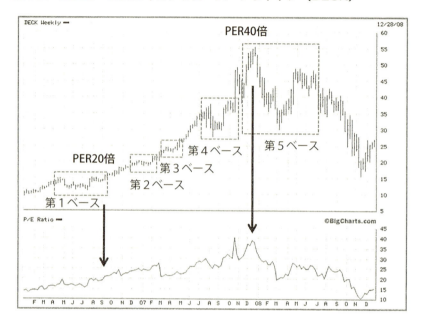

図9.3 2013年9月のランバー・リクイデーターズ（LL）

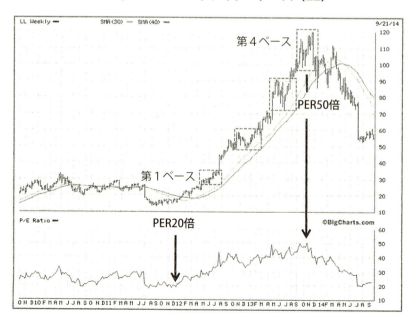

第9章　いつ売って利益を確定するか

図9.4　2012年10月のチポトレ・メキシカン・グリル（CMG）

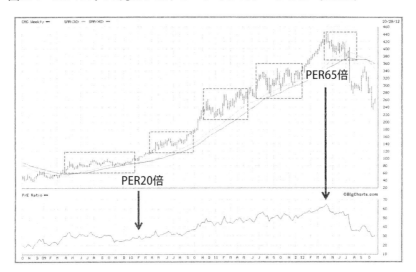

由は次のとおりだ。

　PERの分子はその銘柄の現在の株価で、分母は利益だ。私たちは成長株の株価は利益の何十倍にもなっているだろうと思う。人々は将来の利益成長を期待してその銘柄を買っているからだ。しかし、その銘柄の人気が高まって、みんなが監視するようになれば、株価は会社が実際に稼げる現実的な利益をはるかに超えて上昇することがある。特に初期のステージでは、利益（分母）は株価よりも急成長するため、株価が上昇しても、PERは下がるか変化しないということもあり得る。しかし、株価が実際の利益をはるかに超えて急騰すると、PERも上がっていく。

　PERの値そのものはそれほど重要ではない。最も重要なのはその変化だ。**私は株価が利益をはるかに超えて上昇したために、PERが上昇トレンド初期のころの2倍以上になると心配になる。適切なベースを数えて判断した株価が後期のステージのベースに位置しているときは**

231

特に心配で仕方がない。この場合は、具体的な売りシグナルを目を皿のようにして探し始めるだろう。

この分析はある銘柄を買うべきかどうか決めるときにも非常に役に立つ。その銘柄が例えば2年前の押しから上放れたとして、それ以降のベースを数えると5つあり、PERは2倍か3倍になっていたとする。こんなときには、買うのには非常に慎重になるべきだ。その銘柄が上げる余地はあまりないかもしれないからだ。

クライマックストップ

多くの先導株は一般にクライマックストップやブローオフトップと呼ばれる劇的な高騰後に天井を付ける。大きく上げた銘柄がこのような終わり方をする理由は、大手の機関投資家が大量の保有株を売るためには、それを吸収する買い手が必要になるからだ。そのため、手仕舞いは株価が上げていて買い手がいるときに行われ、その銘柄は強いプロの手から弱い個人投資家の手に移る。やがて、大手の機関投資家による大量の売りは個人投資家の買い意欲を圧倒し、株価は暴落する。そのときまで売り時を待っているとすでに遅く、含み益のすべてとまではいかなくとも、かなりを取り損ねるだろう。最も良いのは、どうすればクライマックストップを見つけて、上昇中に売ることができるかを学ぶことだ。そうすれば、かなり大きな利益を確保して、いったん含み益になっていたものの多くを失うという、よくある失敗を避けることができる。

先導株は何カ月も順調に上げ続けたあと、かつてないほどの速さと上げ幅で急騰し始める。この状況になったら、上げているうちに含み益のすべてではなくとも、一部は利食いすべきだ。株価が1～3週間で25～50%以上の上昇をするときに、クライマックストップが起きる。銘柄によっては、わずか5～10日で70～80%も上昇することがある。

図9.5　1999年のクアルコム（QCOM）。クライマックストップまでに2カ月で260％の上昇をした

　天井圏で史上最も大きく上昇した銘柄の1つは1990年代のクアルコムだ（図9.5）。投資家は上昇中に売り抜ける素晴らしい機会が2回もあった。1回目は1999年11月で、わずか9日で80％という急上昇をした。そして、12月に最後の急騰が6日続いて、そのときは73％上昇した。株価は2カ月で260％の急騰をして天井を付け、その後の2年半で88％も下落した。アマゾンも同様の動きをした（図9.6）。

上昇中の売り――具体的に監視すべき点

　持ち株のベースを数えると、今は後期のステージに達していること

図9.6 1999年のアマゾン・ドット・コム（AMZN）。株価はわずか6日で97％という並外れた上昇をしたあと、天井を付けた。その後、株価は100ドル超から5.51ドルまで95％下げて、元の100ドル水準に戻るまでに10年かかった

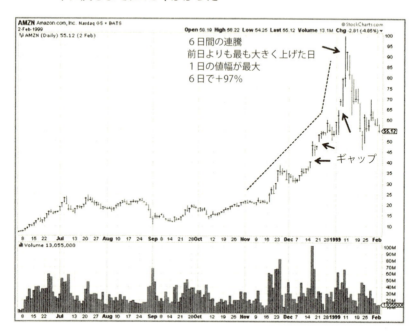

が確認できたとする。利益が成長するよりもかなり早いうちに株価が上昇したため、PERが高くなったことからもそれが分かったとしよう。さらに、株価は直近のベースからかなり離れている（「大きく上昇している」）。こういう状況になったら、より細かく、極めて具体的な売りシグナルを探すべきときだ（**図9.7**と**図9.8**）。

まず、終値を比較して、前日よりも上げた日と下げた日の日数を数える。これが重要なのは、株価が上げている時期は特に感情に左右されやすいからだ。例えば、後期のステージでの上昇では、急騰し始めて、下げる気配がまったくないときにブローオフトップに移行することがある。株価が上げ続けて、含み益が見る見るうちに増えていくと

第9章 いつ売って利益を確定するか

図9.7 2014年テスラ・モーターズ（TSLA）。16カ月で9倍以上も上げたあと、クライマックストップが起きて、わずか30日で2倍になった。最後の14日間でギャップを3回空けて、51％の急騰をした。この14日のうちの10日で上昇した

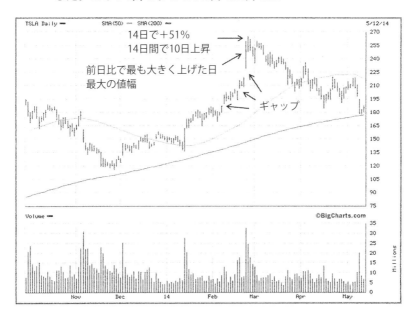

き、売りについてはっきりと考えるのは難しい。

　上げた日と下げた日を数えていると、下げた日よりも上げた日が圧倒的に多くなり始めるときが分かる。8日のうち6日上げたあと、数週間後にまた11日のうち8日上げることもあるかもしれない。**7〜15日間のうちで70％以上、上げた日を探すのだ（10日のうち7日上げるなど）**。一般的な指針として、いったん株価が大きく上げたら、急上昇する日が6〜10日で、下げる日が2〜3日しかないときを探す。この時点で、株価はベースよりもかなり上に位置している。ここで、この上昇が始まって以来、前日と比較して最も大きく上げた日か1日の値幅が最も大きかった日を探すとよい。上昇の勢いが最後に強くなっ

図9.8　2006年のモンスター・ベバレッジ（MNST）。11日のうちの10日間で上げたあと、ギャップを空けて8日で58％以上も上げた

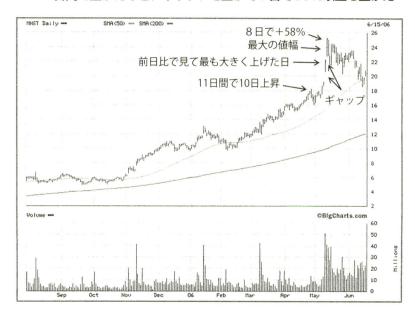

たときが、たいていは上昇の終わりを告げるシグナルだからだ。これは天井に達して2～3日以内に起きることが非常に多い。また、最近に生じたイグゾースチョンギャップを探すべきだ。これはその銘柄がもうすぐ暴落するというもう1つの兆候だ。これらすべてが現れたら、上げているうちに積極的に売り始めるときだ。

次の警告シグナルを探そう。

- 後期の第4ベース、第5ベースからの新高値
- 後期のステージの値動きでPERが初期のステージのときの2～3倍に拡大
- クライマックストップまたはブローオフトップ（1～3週間で25～50％以上の上昇）

●大きく上げた銘柄で、直近7〜15日間のうち前日よりも上げた日が70%以上
●いったんその銘柄が大きく上げたら、下げる日は2〜3日だけで、それ以外の6〜10日は急上昇

これらに加えて、次を探そう。

●急上昇期間のうち、上昇が長く続いた動きが始まって以来、前日と比較して最も大きく上げた日を探す。
●高値から安値までの値幅が最大の日を探す。
●最近のイグゾースチョンギャップを探す。

反転と出来高が急増する兆候を探す

次のような展開を考えてみよう。ベースを数えて後期のステージにあると確認できた銘柄が11日のうちの10日で上げた。前日と比較して最も大きく上げた日に特に注意を払いながら、特定の売りシグナルを探すとき、出来高が最大の日にも目を光らせている。その日にはどういう値動きをしているだろうか。下げた日に出来高が増えていたのだろうか。そうであれば、大口投資家がポジションを手仕舞いしているのだ。この時点で持ち株を売っていなかったら、すぐに売ったほうがよい。忘れないでおこう。大口投資家の手仕舞いは上昇中に行われる。すべてが完璧に見えるとき、大口投資家は上昇中に売り抜ける。しかし、その大きな供給はやがて、個人投資家の需要を圧倒する。大手の機関投資家が手仕舞いたがっているときには、一気に暴落することがある。大きく上げているときの値動きと比べて異常に悪い値動きが見られたら、注意すべきだ！
　常にではないが、株価が下にブレイクする前には警告が現れること

図9.9 2007年のグリーン・マウンテン・コーヒー・ロースターズ（GMCR）。大幅上昇後の典型的な「売りシグナル」

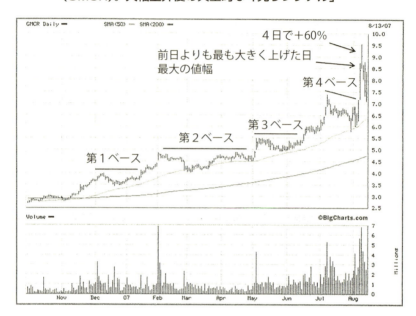

が多い。持ち株が大きく上げていて、そのほとんどの日で上げていれば、あなたはおそらく上機嫌になるだろう。そんなときこそ平静さを保ち、1日か2～3日だけ起きる特定の売りシグナルを注意深く探し始めるべきだ（**図9.9**と**図9.10**）。それらのシグナルには次のことが含まれる。

●大商いを伴って反転
●株価はあまり動かないが、出来高は多いまま――過度な売買
●この動きが始まって以来、最大の出来高で株価が下落

第9章 いつ売って利益を確定するか

図9.10 2011年のバイオジェン（BIIB）。ネガティブな材料が出て、強い上昇トレンド後に売りシグナルが集中して出ている。その後の株価は6カ月にわたり停滞

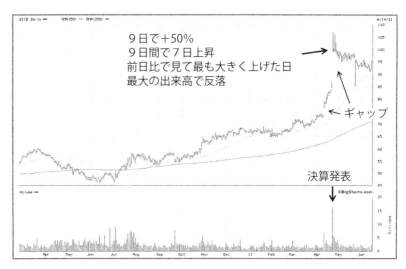

下げ始めてから売る

　持ち株が大きく下げると、自尊心（エゴ）のせいで、もう少し持っていようと思うかもしれない。「戻るまで待とう」と、自分に言い聞かせる。しかし、売りシグナルを無視すべきではない。その銘柄がすでに大きく上げていて、今は下げやすいという警告が現れ始めても手放さなければ、不必要なリスクをとっているだけで、エアポケット（突然の急落）にはまる恐れがある。危険なのは、出来高の急増を伴って、高値から急落する可能性が高いことだ。

　これが起きたら、大きな売りシグナルだ。大口の機関投資家が一斉に売っているため、その大量の売りには対抗できないからだ。時には、決算発表などの「良い」ニュースが出たときにこれが起きることがある。良さそうなニュースなのに急落するという矛盾した反応で、投資

家はよく混乱させられる。彼らの考えでは上げるはずなので、その銘柄がなぜ下げるのか理解できないのだ。私が以前に説明したように、これはおそらく「差別的開示」の一例だ。

その会社のファンダメンタルズの変化が明らかになる前に、出来高の急増を伴って株価が急落することがある。**第2ステージでの上昇が始まって以来、1日か1週での下げ幅が最も大きかったら、それはまず明らかな売りシグナルだ。**たとえ、それが一見すると良い決算発表やニュースが出た直後に起きても、それはおそらく割安ではない。会社やマスコミの言うことに耳を傾けてはならない。株価の発する声を聞くことだ。

ファンダメンタルズの問題が明らかになる前に、値動きに大きな変化があることはよくある。たとえセンチメントが突然変わる理由が分からなくても、そうした変化は常に重視すべきシグナルだ。利益はまだ良さそうに見えるかもしれない。また、筋書きにもまだ狂いはないかもしれない。しかし、ほとんどの場合、理由が分かるまで待つよりも、まず手仕舞ったあとで理由を探すほうがはるかに良い。理由は大きく下げたあとでしか明らかにならないことが多いからだ。

間違っても、株価の急落を買いの好機と思ってはならない。このワナにはまる投資家は多い。彼らの持ち株が突然、急落する。すると、彼らはマーケットが間違っているに違いないと思う。持ち株はまだ順調に上げ続けると思い込んで、さらに買い増すときだと判断するのだ。彼らは株価が下げているのは、大口投資家が何か問題があると知って、あるいは少なくとも疑って、手仕舞っていることに気づかないのだ。これに気づいたら、手仕舞うときだ。この売りシグナルは予告なしに現れることもある。また、多くの場合、売りシグナルが次々に現れ始める。上げているときに売る勇気がなかったのなら、このときに理性を働かせて売ったほうがよい。

株価が天井を付けるパターンはすべてに当てはまるわけではない。例

図9.11　2007年のドライシップス（DRYS）。典型的な売りシグナルがいくつも点灯した。その後、株価は99.8％下げた

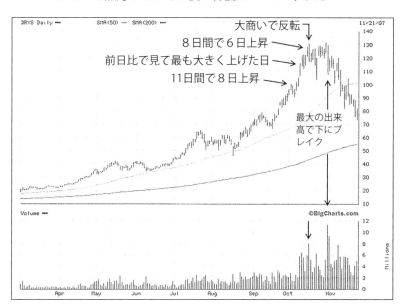

えば、下げが最大の日に出来高が必ずしも最大になるわけではない。最も大きい下げの日の出来高は増えてはいるが、最大ではないときもある。特に、それが後期のステージでの動きなら、微妙な違いに注意する必要がある。ある銘柄は大商いで15～20％までは下げないかもしれない。4～5％しか下げないが、出来高は大幅な上昇が始まって最多かもしれない。だが、ほかにも不適切な動きが起きたら、それは間違いなく強い警告だ。

　ドライシップス（DRYS）は上昇の最終ステージに入ると、警告がいくつかちらりと現れた直後に天井を付けた。そして、株価は99％も下げた（**図9.11**）。株価が11日のうち8日上げたあと、さらに8日のうち6日上げた。また、それらのうちの1日はこの上昇の値動きが始まって以来、最も大きく上げた日だった。それから、この大幅上昇が

図9.12　2013～2014年のランバー・リクイデーターズ（LL）。2013年11月に天井を付けた。そして、後期のステージのダマシのベースから上放れようとした。5日後に、出来高の急増を伴って最大の下落をした

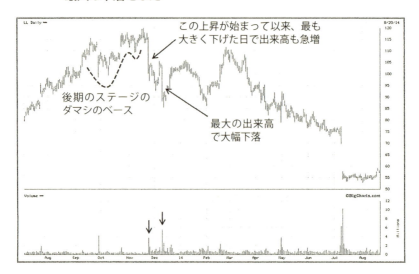

　始まって以来、一番の大商いを伴ってキーリバーサル（陰線の包み足）が現れた。最終的な売りシグナルは2007年10月30日に点灯した。圧倒的な出来高で最大の下落をしたのだ。ランバー・リクイデーターズ（LL）も同様の動きをした（**図9.12**）。

損益ゼロ以上のルール

　売るときの手順では、トレイリングストップを使うことや、特に、「損益ゼロ以上」のルールに従うことを検討すべきだ。このルールは50日移動平均線——多くのカギとなる先導株で重要な役割を果たす中期トレンドライン——に基づく。銘柄XYZがベースから上放れていて、それを50ドルで買っていたとしよう。そして、8％下の46ドルに損切

図9.13　2011～2012年のメディベーション（MDVN）

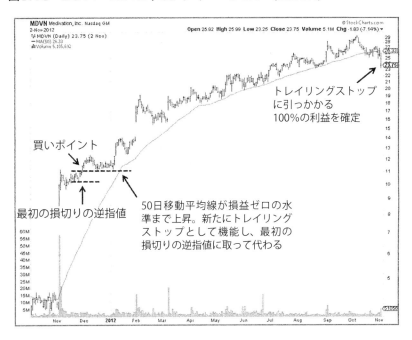

りの逆指値を置いた。株価は逆指値に一度も触れることなく上げて、5％、10％、さらには15％まで上げる。株価の上昇で、50日移動平均線もやがて上がり始める。そして、上昇トレンドが続くと、50日移動平均線はやがて損益ゼロの50ドルに達する。そこが損切りの逆指値を50日移動平均線まで引き上げるときだ（**図9.13**）。私はその後、終値が移動平均線を割るまで持ち続ける。時には、週の終値がどうなるかを見るために金曜日まで待つこともある。50日移動平均線が上昇して、損益ゼロの水準に達したら、逆指値をこの移動平均線のところに置き直す。50日移動平均線は、ここから利益を守るトレイリングストップになる。このルールを「損益ゼロ以上（the Rule Breakeven or Better）」と呼ぶのはこのためだ。

　上昇相場の後期では、上げているときに売って、含み益がある場合

は素早く利食いしたほうがよい。しかし、このルールは新たな上昇相場の初期に特に役に立つ。株価が上昇し始めると、トレイリングストップで大きな上昇のかなりの部分をとらえることができるからだ。先導株のなかには、50日移動平均線を終値で割るまでに驚くほど上げるものがある。

最悪でも損をしない

　持ち株が買値から損切りの逆指値までの値幅の2倍か3倍まで上昇したら、かなり柔軟に動くことができる。ここで、できることは2つある。例えば、買った直後に損切りの逆指値をその7％下に置き、その後の1～2週間でその銘柄が14％上げたとする。そのときの1つ目の選択肢は、半分を売って、残りの半分のポジションの逆指値を損益ゼロの位置まで引き上げる。こうすれば、残り半分のポジションで損をすることはなく、最悪でも損益ゼロにできる。しかも、全体では7％の利益は保証されている。

　2つ目の選択肢は半分を売って、損切りの逆指値は7％下に置いたままにしておくことだ。この場合も、最悪でも損をしない。ポジション全体として見た場合は損益ゼロで、残りのポジションは7％の損切りの逆指値より上で上下動する余地を残している。最初の半分で確保した利益で、残りの半分でとるリスク分の資金を手当てしているからだ。もちろん、常に持ち株すべてを保有し続けて、すべてに対してリスクをとることもできる。だが、私は現金が手に入るのが大好きだ。そして、より大きな利益を得るために、「最悪でも損をしない」ポジションを取ろうと心がける。

244

第9章　いつ売って利益を確定するか

バックストップ

　仕掛けるときは、事前に決めた損失額――10％の損など――に合わせて最初の損切りの逆指値を置く（例えば、ある銘柄を20ドルで買って、損切りの逆指値をその10％下の18ドルに置く）。株価が上昇してかなりの利益が得られたら、次に逆指値を置く妥当な水準は仕掛け値か損益ゼロのポイントだ。そして３番目は利益を守るための逆指値で、私はこれをバックストップ（Back Stop）と呼んでいる。これによって、株価にある程度の上下動をさせる余地を残す一方で、それを下回らないように境界線を引くことができる。

　バックストップはトレイリングストップとは異なり、株価の上昇に合わせて引き上げられていくことはない。バックストップは自分が守りたい利益額に基づいた水準に置いて、株価がその水準よりも上で動くことができるようにするものだ。これで、あまりにも早くから値動きを抑えずに、トレードを続けることができる。株価がもっと上昇したら、バックストップを引き上げて新しい境界線を引き、より増えた利益を守ることができる。

　私はバックストップを、自分の平均利益かそれよりも上の水準に置くことがよくある。私は少なくとも自分の平均利益を維持したうえで、できればその平均値を徐々に向上させていきたいからだ。ここでも、自分のトレードの真実を知り、自分自身のデータを理解しておく必要がある。例えば、自分の平均利益が10％だとする。そして、今の持ち株は20％上げているとする。そこでは、逆指値を10％の水準に引き上げて、より大きな利益を得ようとすることもできるし、半分を売って、残り半分にバックストップを置くこともできる。実験できる組み合わせはいくらでもある。

　別の展開を考えてみよう。持ち株が買値から15％上げているとする。これはかなり満足できる数字だ。さらに20％まで上げたら、おそらく

245

売りたくなるだろう。しかし、翌朝になると予想外にギャップを空けて、さらに上昇した。今では23%の上昇だ。ここで、買値から20%の水準にバックストップを置けば、最初の利益目標は確保できるうえに、ギャップアップ後にも上げ続けるかどうか、様子を見ることができる。こうした状況になったら、私は大幅に上げ続けるままにしておく。この大幅上昇をとらえるには、自分の満足できる水準にバックストップを置いておけばよい。こういうとき、私は5セントか10セント、あるいは1～2ドル下に逆指値を置くことにしているが、バックストップまで一度も株価が下げることがなかったため、非常に大きな利益を得てきた。

いつも売るのが早すぎるか遅すぎる

　株式トレードの目標は投資対象から妥当な利益を得ることであり、常に正しく判断しようと努めることではない。安値や高値をとらえることではないのだ。そのようなことは時たまでさえ起きるのはほぼ不可能だし、一貫して起きるとなるとあり得ないことだ。要するに、売るのが早すぎなければ、遅すぎるだろう。99％は早いか遅いかのどちらかになるものだ。20ドルで買った銘柄を持ち続けていたら、それが40ドルまで上げたのに、そのあとで30ドルまで下げたとする。すると、どうしてもっと早く売らなかったのだと、悔しがる。しかし、最もがっかりするのは、持ち株が急騰したあと急落して、含み益のすべてが消えるか、もっと悪いことに含み損に変わることだ。忘れないでもらいたい。目標は負けトレードでの損よりも大きな利益を勝ちトレードで稼ぎ、大きな含み益が生じたときにはそれを取り損ねないことだ。

　あらかじめ分かっていたほうがよいことがある。最も上げたところで売るのはほぼ不可能だが、並外れたパフォーマンスを達成するためにそうする必要はないということだ。安値で買えるかなとか、高値で

図9.14 2013～2014年のサウスウエスト航空（LUV）。11カ月で478%の上昇

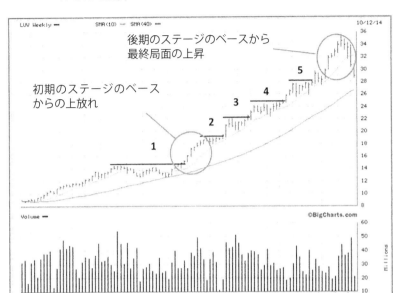

売れるかなと心配するのではなく、かなりの利益を何度も繰り返し得るというトレードの目的に焦点を合わせよう。目標は自分が買ったときの株価よりも高く売ることだ。これはその銘柄の過去の株価と比べて、現在の株価がどの水準にあるかとはほとんど関係ない。

初期のステージでの例外

持ち株がベースから上放れたあとは、通常の押しのあとにテニスボールの値動き（第1章を参照）が生じるかどうかを見て、さらに持ち続けるべきかどうかを判断する。値動きが強くて回復力があれば、その銘柄がさらに上げる余地を残す。何度か押しては新高値圏に上げたあと、特にその銘柄が後期のステージのベースから上げているときは、

図9.15　2004年のWRグレース（GRA）。55日で147％の上昇

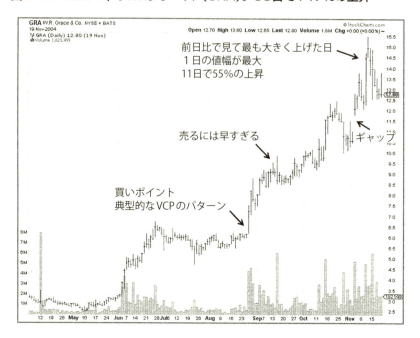

株価があまりにも高くなりすぎている兆候を探し始めるときだ。あなたがスイングトレーダーならば、後期のステージのベースで売ることを考える必要はないかもしれない。

　第1章ではデビッド・ライアンのMVP指標を紹介した。それは、15日のうち12日間で上げて相場が非常に強いとき、もっと大きな上昇を期待して持ち続けたほうがよいことを示唆する、という内容だ。今まで、私は基本的にこれとは正反対のこと——上げた日が70％になったときに売る——を話していたので、紛らわしかったかもしれない。それは私がこれまで初期のステージの上放れの動きではなく、後期のステージの最終局面の値動きについて話していたからだ。

　どんなルールにも例外はある。初期のステージの場合、調整局面から初めて上げたあと、ここで述べたような値動きがベースから生じた

第9章 いつ売って利益を確定するか

図9.16 1990年のアムジェン（AMGN）。26カ月で360％の上昇

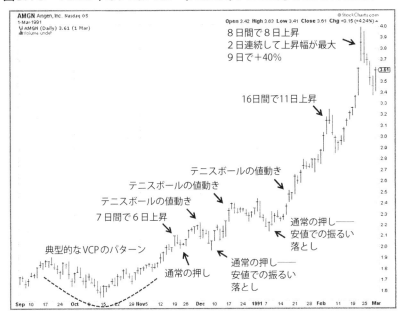

ら要注意だ（**図9.14**）。この状況では、これらの値動きは強気のシグナルになる。だからこそ、持ち株が相場サイクルのどこに位置するかを知っておく必要があるのだ。後期のステージで買いの動きが尽きてきたように見えたら、その銘柄を売る根拠になる。だが、この値動きが初期のステージで現れたら、それは実は強気の兆候であり、持ち続けよというシグナルになる。その銘柄が相場サイクルのどこに位置するかを知って、それに応じて反応する必要があるのだ（**図9.15**と**図9.16**）。

いつ、どういう理由で売るかを知る

トレードを初めて間もないころには特にそうだが、人は買いの基準

を磨くことに目を向ける。だが、いつ、どういう方法で、なぜ売る（手仕舞う）べきかについても注意を払うべきだ。買いのセットアップと同様に、売りにおいても、上げているときに売るか下げ始めてから売るかにかかわらず、ルールが必要だ。いつ、どこで売るべきかを知らせるシグナルについてのルールを作っておけば、感情——特に恐れと後悔——に左右されるのではなく、しっかりした根拠に基づいて判断ができる。

第10章 並外れた成果を上げるための8つのカギ

EIGHT KEYS TO UNLOCKING SUPERPERFORMANCE

「ケーキを食べて、元のまま残しておくことはできない」という古いことわざがある。これは人生で良いとこ取りをしようと考える人々を冷静にさせるための知恵だ。しかし、この態度は私のトレードには当てはまらない。このことわざをトレードに当てはめれば、当然の帰結として、大きなリスクをとらないかぎり大きなリターンは得られない、ということになる。だが、これは正しくない。

この古い固定観念を払いのけるために、私はリスクを抑えつつ並外れた成果を上げるための8つのカギを提案する。「大きな成果を上げるための4つのカギ」では、利益を出すための方法を述べる。一方、「ドローダウンを抑えるための4つのカギ」では、トレーダーとして最も貴重な2つの財産である資金と自信を守る方法を述べる。これらを合わせると、並外れた成果を上げるために必要なことの核となる。**株式市場で大きなリターンを得たければ、2つのことを達成する方法を学ばなければならない。①判断が正しいときに大きな利益を得る。②判断が間違っているときに、大きなドローダウン（資産の最大下落）を避ける**。この章で、私はその方法を教えるつもりだ。ひとつ、注意しておきたい。あなたの思い込みは反論され、あなたの考えはひっくり返されると覚悟しておいてもらいたい。この指針は常識とは異なる。実のところ、いわゆる「専門家」の多くから受けるほとんどのアドバイ

251

スとは矛盾する。

大きな成果を上げるための４つのカギ

第１のカギ──タイミングを計る

ほとんどの「専門家」がトレードですべきでないこととして、最初に挙げるのは、市場で売買タイミングを計ることだ。しかし、タイミングを計ることは可能だ。私は何十年もそれをうまく行ってきた。率直に言えば、人生でもトレードでもタイミングがすべてなのだ。私たちは、良いときに良い場所にいたおかげで幸運に恵まれた人の話をよく耳にする。例えば、ハリソン・フォードは撮影セットの大工として働いていたときに、せりふを読んでほしいと頼まれたあと、「スターウォーズ」のハンス・ソロ役を手にした。これは驚くべき幸運だが、彼はそのために長年、準備をしていたのだ。

永続的な成功を手にするには、いくつかの数字が「運良く」当たればよい宝くじのようなわけにはいかない。「良いときに良い場所」に巡り合ったとき、本当にその機会をつかむ力を持っているためには大変な努力が必要だ。トレードでもそれは変わりない。ある朝起きて、ボードにダーツを投げて銘柄を選べば、着実にお金を儲けられるという期待はできない。高水準のトレードとは、きちんと準備していた市場で「良いときに良い場所」を見つけることだ。

「市場で売買タイミングを計ることはできない」と言う人々はたいてい、自分で売買タイミングを計ることができないので、それができるとは想像できないと言いたいのだ。覚えておいてほしいのだが、タイミングが常に正しいということはない。実は、それが正しいのはおそらくトレード数の半分ぐらいだろう。自分のタイミングで成果を上げられるようになるかどうかは、勝ちトレードと負けトレードをどう管

理するかで決まる。**人生で優れたことを成し遂げたいと思うならば、できないと言う人々の話を信じるのをやめなければならない。この否定的発言は常に、自分では一度もやったことがない人々の口から出る**。彼らの言うことを聞く代わりに、できると言う人々、すでに山頂に登って、そこから見渡した経験がある成功者の話を信じるところから始めるべきだ。

　並外れたパフォーマンスを達成するときに、リターンが大きくなるか平凡で終わるかはタイミングで決まる。大きなリターンを生み出すには、資金を素早く複利で増やしていかなければならない。より速く利益を生み出せるほど、結果は良くなる（年に20％ではなく、1カ月に10％など）。最も適切なポイントで仕掛けと手仕舞いをするために必要な精度を得るには、売買タイミングを計る必要がある。

　個別銘柄、特にあまりフォローされていない中小型株をトレードしているときにタイミングを計るのは、市場全体の日々の方向性を判断するよりもはるかに簡単だ。「最少抵抗線」に合わせて、買う銘柄のタイミングを計ればよいからだ。前に説明したように、最少抵抗線とは、株価が素早く動き出して短期間に大きく上昇する可能性がある水準だ。私はこれを「速いトレード」と呼んでいる。

　並外れたパフォーマンスを追求するトレーダーは、常に速いトレードができるかどうかに目を光らせるべきだ。このトレードによって、数週間か数カ月で20％、30％、あるいは50％ほどの利益を得ることができる。こうしたトレードでは、資金を非常に素早く複利で増やせる。数週間か、数カ月で20％か30％のリターンでも、ある程度の期間に同様のトレードを数回繰り返すことができれば、資金を複利で増やして、総リターンをかなり大きくすることができる。

　市場、あるいは単に1銘柄のタイミングを計るためでも、市場平均を上回るリターンを得るためのルールに加えて、何らかの決まった手法を利用する必要がある。チャートは重要だ。私の手法ではVCP（ボ

ラティリティの収縮パターン）というチャートのパターンを利用する。これは私のセミナー参加者や最初の著書の読者にとても人気があった（このパターンや、私が株式を買うときにタイミングを計るためにどのようにチャートを使っているかについては、第6章、第7章を読んでほしい）。

第2のカギ──分散しない

あなたにかなりのエッジ（優位性）があるのなら、分散をしても役に立たない。自分の力を弱めるだけだ。要するに、幅広く分散しても、着実に大きなリターンを達成することにはならない。着実に大きなリターンを生み出すためには、トレード資金とリスク許容度に合わせて、4〜12銘柄の範囲で最も良い銘柄に集中的に投資する必要がある。実際、順調に行っているときには、私は詳しく追跡している上位4〜5銘柄に大部分の資金を投入したい。あなたが何を聞き、何を読んでいようと、個人投資家が幅広く分散する必要はない。

集中投資という私の主張はまったく常識に反する。常識では、リスクを抑えつつ、妥当なリターンを得る最も良い方法は分散だとされる。まず、私は「妥当な」リターンには興味がない。私は並外れたリターンを望んでいる。第二に、私はリスク管理ができるようにしておきたい。分散を支持する人々は、1銘柄（あるいはセクター）が下げても、ほかのものが上げて、リスクが平準化され、ボラティリティが小さくなると主張する。しかし、さまざまなセクターや多くの異なる銘柄に分散して買えば、結果は平均的にしかならない。運が良ければ、リターンは最もパフォーマンスが良い株価指数を反映したものになるだろう（この場合には、幅広く分散するためにS&P500 ETF［上場投資信託］を買うのがおそらく望ましい結果になる）。もちろん、驚くほどの強気相場の時期に分散すれば、市場全体が上昇しているので幸運にも

大きなリターンが得られるかもしれない。しかし、分散をしても毎年毎年、そのようなリターンを着実に得ることはできない。そういう結果を出したければ、適切なときに最高の銘柄に集中投資する必要がある。

40～100％以上の年間リターンを定期的に生み出すほどの並外れたパフォーマンスを追求したければ、市場平均を大幅に上回る必要がある。言い換えると、あなたは「アルファ」を生み出さなければならない。誤解しないでもらいたいが、集中させるということは、１銘柄に資金のすべてをつぎ込むことではない。そんなことをすれば、ある朝に目が覚めたら、資金の半分かすべてが消えてしまっていることもある！　少数の銘柄に資金を集中させることで並外れたパフォーマンスが達成できるのだ。キャピタル・グロース・マネジメントのケン・ヒーブナーの例を考えてみよう。彼は比較的に集中させたポートフォリオで数十億ドルを運用していて、資金の80％はめったに15～20銘柄を超えることがない。彼が20銘柄で数十億ドルを運用できるのなら、あなたは間違いなく５～10銘柄で運用できるはずだ。

私は多額の資金を株式につぎ込み、常に積極的にトレードするようにと勧めているのではない。その正反対だ！　**株式投資で大きな利益を得る方法は、適切なとき —— 相場が期待どおりの方向に動いているとき —— に集中的に投資して、トレードが難しくなったときには投資額を減らすことだ。**そのためには、自分の保有銘柄を完全に把握していなければならない。何十銘柄も保有していれば、そんなことは不可能だ。ポートフォリオの銘柄数を絞り込んでいれば、すべての銘柄を細かく監視し続けて、仕掛けと手仕舞いを素早く行うことができる。投資額を増やすことも、現金化することもすぐにできる。素早く動けることがあなたの大きな利点になる。

私が分散を嫌うもうひとつの理由は、多くの銘柄を買えば放っておいてもよいかのように、間違った安心感を抱くことになるからだ。こ

れは並外れたパフォーマンスを達成するために採り入れるべき考えとは正反対だ。入念に選んだ少数の銘柄に絞り込んで注意を払っていれば、着実にかなりのリターンを生み出せる。判断が正しいときには大きな利益を得ることができる。

　少数の銘柄に資金を集中させるのはリスクが高いと思うのならば、今日までほとんどドローダウンがなかった私自身のパフォーマンスを例に取り上げよう。2003年に、大手の資金運用会社が私に彼らの投資顧問を任せるか検討するために、私に連絡をしてきた。彼らが私の口座の監査をさせてほしいと頼んだとき、私はもちろん構わないと言った。小人数の会計士チームは私の取引報告書と売買確認書を調べ、私がトレードをした証券会社と話までした。結果が出ると、その会社の社長が私に電話をしてきた。「どうやって、こんなことができるのか分からない。だが、あなたのアルファ（市場を上回るリターン部分）は212％で、ベータ（ボラティリティ）は0.43だ」と言った。この期間中、私がトレードをした月の88％はリターンがプラスで、マイナスになったのは１四半期だけだった。それは彼らがそれまでに見たなかで最も驚異的なパフォーマンスで、ほとんどドローダウンまたはリスクがなく達成されていた。

　私は彼らに話した。このリターンは、大部分の機関投資家の認識ではリスクが高すぎると言う理由で、絶対に許可しないことをして生み出したのだ、と。しかし、すでに説明したように、それは高リスクとはまさに正反対だった。資金を集中させることで、私は最良の銘柄に焦点を合わせて、リスクを極めて厳しく管理し続けることができたのだ。

第３のカギ──銘柄の入れ替えはタブーではない！

　大部分のマネーマネジャーや投資信託が課しているもうひとつのル

第10章　並外れた成果を上げるための8つのカギ

ールは、手数料や税金を減らすためにポートフォリオの入れ替えを抑えることだ。たびたび売買するのは嫌われる。しかし、あなたにエッジ（優位性）があり、銘柄数を絞り込んだポートフォリオで運用をしているのならば、入れ替えは良いことである。エッジがあれば、それによって資金を複利で増やすという目標を早めることができる。どのトレードでも、次に利益を出せそうなトレードに移って、複利効果を最大限に生かすことができるように、できるかぎり多くの利益をできるだけ短期間に得ようと心がけるべきだ。これは持ち株が順調に上げていても銘柄を入れ替えるべきだと言いたいのではなく、できるだけ時間を無駄にしないほうがよい、と言いたいのだ。

　次に簡単な例を取り上げよう。コイン投げをしていて、表が出るたびに2ドル手に入り、裏が出ると1ドル損をするとしよう。表と裏が出る確率が半々で、損益レシオ（ペイオフレシオ）が2対1であれば、数学的エッジがあるのでコインを投げるほど利益が増える。株式市場でのエッジもほぼ同じような働きをする。私はたびたび銘柄の入れ替えをするのが心配だとか、利益を出すと税金を払わなければならないといった理由で、ある銘柄を売ってほかの銘柄を買うのをためらうことはない。私の目標は税金を払えるような利益を出すことだ。私はリスクに比べてリターンを得る確率が高いときにその銘柄を買い、持ち続けるリスクが高すぎるときに売る。私がポートフォリオの回転率や税金を理由に、売るかどうかを決めることは断じてない。

　30年以上前にトレードをやり始めたころは手数料が非常に高かったため（往復で約350ドル）、回転率を抑える必要があった。特に私の資金は限られていたので、利益を出す前に、手数料分を稼ぐのに時間がかかった。今日では、たとえ資金が非常に少なくても、回転率を抑える理由はない。手数料は安く、トレードの執行はパソコンのボタンをクリックするだけで簡単にできるし、携帯電話やタブレットからでさえ可能だ。株価は自由に上げ下げするので、売買する機会はたくさん

257

ある。

　重要なことは、売りシグナルが点灯したら手仕舞うことだ。あるいは、ほかの銘柄のほうが魅力があると思ったら、魅力に欠ける銘柄からそちらに乗り換えることだ。トレーダーは持ち株と結婚しているのではなく、「デート」をしているだけだ。**資金は常に最も良いパフォーマンスが得られそうなところに移して、リスクにさらしている資金は問題がある状況からほかに移すべきだ。**納得のいく銘柄がほとんどないときには、現金で置いておくほうがよい場合さえあるかもしれない。すると、入れ替えの多くは損切りとリスク管理をした結果ということになる。重要な先導株は、適切なときには大幅上昇を期待して保有し続けたほうがよいが、もっと小さな利益を複利で増やす力を過小評価すべきではない。エッジがあるのなら、銘柄の入れ替えは良いことだ。

第４のカギ──リスクとリターンの比率を常に維持する

　これで並外れたパフォーマンスを達成するためのカギがすべてそろった。タイミング、銘柄数を絞り込んだポートフォリオ、必要に応じてポジションを取ったり手仕舞ったりする意欲、そしてリターンに合わせたリスクの管理だ。相場が逆行したときには、素早くポジションを手仕舞えるように守りを固めていれば、極めて大きな上昇に乗る用意はできている。ポートフォリオを数銘柄に集中させることで生じる不利な面は、絶えずリターンに合わせてリスクを調整することで解消されるか弱められる。**損失に対しては短期的な手法を用いて、一方、利益に対してはある程度、長期の手法を用いるべきだ。**それは損切りは早く、利は伸ばすということを意味する。時間枠に関係なく、私は常にリスクとリターンの比率を一定に保っている。例えば、ある銘柄が15％上げる可能性がかなりあると考えたとしたら、私は損切りの逆指値を７～８％よりも近くに置く。私の判断が正しい可能性が半々であ

図10.1　ボディ・セントラル（BODY）

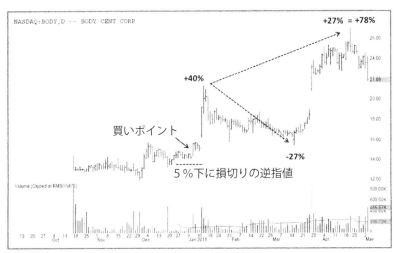

出所＝チャートはインタラクティブ・データの厚意による

っても、15％の利益を得るためにとっているリスクは7％だけなので、リスクとリターンの比率はこれで良い。

　ポジションはリスクとリターンの比率に基づいて毎日、評価しなければならない。次の単純な例を考えてみよう。2010年10月に、ボディ・セントラル（BODY）が上場して以降、VCPのパターンから初めて上放れたので、私は12月にこの株を買った（**図10.1**）。私は5％のリスクでトレードを始めた。株価はわずか6日で40％も急上昇した。私は上げているうちに売って、短期で大きな利益を得た。

　さて、私が損切りの逆指値を損益ゼロの水準まで引き上げて、もっと大きな利益を狙って持ち続けたとしよう。そして、3カ月後にこの銘柄で78％の含み益が生じたときに、高値近くで手仕舞えたとする。これは良いトレードだっただろうか。良くない。どうしてか。目標はリスクとリターンの関係を常に維持することだからだ。78％の利益を得るためには、株価がさらに27％上昇するために、私は27％の下落を放

259

っておかなければならない。それでは、リターンとリスクの比率が1対1に下がってしまうからだ。

ドローダウンを抑えるための4つのカギ

利益について考えたので、次は損失について考える番だ。タイミングがぴったり合っていて、注意深く監視している少数の銘柄から構成されるポートフォリオを持っていても、苦労して得た利益を大きなドローダウンで失えば、並外れたパフォーマンスは達成できない。2年続けて50%のリターンを達成しても、3年目に50%のドローダウンを被れば、結局はほとんど進歩しない。計算してみよう。

$$100 + （50\%の利益）= 150 + （50\%の利益）=$$
$$225 - （50\%の損失）= 112.50（年率4\%）$$

大きなドローダウンを避けるためには、考え方を変える必要がある。「大きなリスクをとらずに、大きな利益は達成できない」という常識を受け入れてはならない。このような考え方をしていると、実際には最低限に抑えることができるドローダウンが大きくなっても、それを受け入れるようになる。

テクニカル派のトレーダーはみんな、リスクを事前に設定した水準に抑えるために損切りの逆指値を置くという話をする。**逆指値を置くのは素晴らしい規律だが、意味のある水準に置いて、リターンに見合ったリスクをとる必要がある。適切なバランスを保っていないと、気づいたときには小さな利益のために大きなリスクをとっているかもしれない。**ここでの目標はそれとは正反対に、大きなリターンを得るために小さいリスクをとることだ。

あなたは大規模な投資信託のマネジャーとは異なり、市場を動かせ

第10章　並外れた成果を上げるための８つのカギ

るほど巨額のポートフォリオを運用しているわけではない。自分がいかに「ビッグ」だと思っていても、個人投資家の売買では、非常に流動性が低く薄商いの銘柄を動かすことさえできない。これは素晴らしい利点であり、このおかげでリスクとリターンの比率を非常に効果的に管理できるのだ。流動性が高ければ、素早く自由に銘柄を入れ替えることができるようになる。次の４つのカギは、ポートフォリオのボラティリティを下げてドローダウンを抑えるのに役立つ。

第１のカギ──上昇相場で売り抜ける

　売るのが遅いよりも早いほうがたいていは良い、ということを常に意識しておこう。買った銘柄が着実に上げて、ポジションの含み益が20％、30％、あるいは40％になっている。そこで、あなたはどうするだろうか。これにどう答えるかがプロとアマチュアとの分かれ目となる。

　プロのトレーダーは上昇しているうちに売り抜ける。彼らは熱心な買い手がいるときに売りたいと考える。一方、アマチュアは持ち株が上昇しているのを見ると、絶対に下げないと思い込んではしゃぐ。そして、欲深くなり、売らないでいる。30％の含み益が40％か50％になったときでさえ、含み益が大きいうちは売るのを嫌がる。

　たしかに、売ったあともその銘柄は上げ続けるかもしれない。40％の利益で手仕舞ったが、もっと長く持ち続けていたら２倍か３倍になったために、儲け損なったと愚痴をこぼすときも出てくるだろう。そうしたことは起きるものだ。

　しかし、上昇しているうちに売り抜けられなかったら、利益を取り損ねるよりもはるかに大きな問題を抱える。売るのを先延ばしにすると、上昇トレンドが終わって反落する。最初の下落では、上昇でも下落でも一方向だけに動き続けることはめったにない、と自分を納得さ

261

せて売らないかもしれない。だが、5％の下落はやがて15％の下落に
なる。今となっては、もっと高いときに売らなかったのが悔しくて、本
当に売りたくないと思っている。しかし、長く待ちすぎると、さらに
大きく下げて、すべてか大部分の含み益が消えてしまうこともある。最
終的に売ったときには、利益は大幅に減っているか完全になくなって
いる。そうなったのは、売ったあとも上げ続けて儲け損なうのを恐れ
たからだ。

　長く待ちすぎて、せっかくあった含み益のすべてか大部分を失うよ
りも、上げているうちに売り抜けるほうがはるかにましだ。**上げてい
るうちに売れば、資産価値は最も高くなっている。着実に資産曲線を
引き上げていきたければ、株価が上げていて、まずまずの含み益が生
じたときに売る方法を学ばなければならない。**

　また、売るのをあまりにも先延ばしにすると、時間価値を失うリス
クもある。かなり下げても持ち続けていると、再び上げ始めるまでに
何週間、何カ月、あるいはそれ以上かかるかもしれない。その間は資
金を動かせないために、利食いをして次の良い機会に移ることができ
ない。

　時間価値の教訓を思い出そう。複利効果を利用して、小さくても着
実に利益を出してそれを何度も繰り返すことができれば、大きな利益
を数カ月か数年かけて1回出すよりもはるかに効果的であり得る。

時間価値と複利効果
40％のリターン×2回＝96％のリターン
20％のリターン×4回＝107％のリターン
10％のリターン×12回＝214％のリターン

　並外れたパフォーマンスを達成するには「大化け株」を見つけるし
かないと思っている多くの初心者トレーダーにとって、これらの数字

は驚きだろう。だが、10％の利益を生むトレードを8回行えば、資金は2倍以上になる。そして、12回行えば（平均で1カ月に1回）、3倍以上になる。そこで考えてほしい。40％のリターンを生む3〜4銘柄を見つけるか、2倍か3倍になる1銘柄を見つけるのに比べると、10％上がる12銘柄を見つけるほうがいかに簡単かを。これらのうちのどの選択肢を選ぶかで、機会費用が発生する。

第2のカギ──大きくトレードをする前に、小さくトレードをする

　判断が「正しい」とき、つまり、分析がうまくできていて、タイミングも狙いどおりのときには、トレードサイズを大きくして、リスクにさらす金額を増やすことができる。自分のしていることが市場で効果があると分かり、損を埋め合わせる余裕もできているので、もっと積極的にトレードができる。ここでのカギは、成功を足場にしているということだ。

　しかし、それほど順調ではないとき、分析はおそらく正しいのだが、タイミングがずれているときには、積極的にトレードをし続けるわけにはいかない。そんなときこそ、どうして相場と波長が合わないのかを分析しながら、トレードのペースを緩めるか一休みすべきだ。これが、相場観や直感に従うのではなく、マーケットの指示に従うということの意味だ。こうした自制心を養えば、自分の直感ではなく、マーケットの声に耳を傾けて、それを信頼することができるようになる。トレードでは直感に用はない。個人的な感情はめったに事実に優ることはない。

　実際のトレードでうまくいく方法は次のとおりだ。監視している銘柄リストのうち、買いシグナルが点灯した数銘柄を買う。いったん、多少の利益を出すか、取っているポジション全体である程度の含み益が

263

生じていれば、それらでもっと大きなトレードでとるリスク額を「まかなう」ことができる。例えば、あるトレードで1000ドル、次のトレードでさらに1000ドルの利益を出して、合計で2000ドルの利益を得たとする。そこで、少し大きなトレードをする余裕ができる。4000ドルを稼ぐために、2000ドルのリスクをとることができる。なぜなら、このリスクは積み上げた2000ドルの利益ですでに「手当てされている」からだ。さらに、あるトレードで含み益が生じたら、それに続くトレードでもっと積極的にトレードができる。損を取り戻して手仕舞うのではなく、増し玉をしてより大きなポジションを取るのだ。

　損が増えると、資金面でも感情面でも被害を被る。すると、自信が揺らぐ。しかし、自分の戦略やタイミングが合っているかずれているかをマーケットが「告げる」ときに、その指示に従っていれば、大きく外すことはない。その結果、資金も自信も傷つくことはない。

　損はうまくいっていないことを伝えてくれる貴重な情報だ。タイミングがずれているか、ひょっとすると、市場が株式全般の足を引っ張っているのかもしれない。何かがうまくいっていないのに、繰り返し損をする必要があるだろうか。そうしてしまうのならば、実際の相場よりも自分の相場観にこだわっているからだ。ここで示したルールはドローダウンを抑えておくための最も重要な規律の１つだ。それにもかかわらず、ほとんどの投資家はこのようには動かない。難しい状況になって損が増えると、ほとんどの投資家は「トレードで雪辱を果たし」て、素早く損を取り戻そうとする。これはもっと大金を投じてトレードをするか、含み損になっているトレードでナンピン倍賭けをして損を取り戻すことを意味する。短期的にはそれがときどきうまくいって、連敗から脱出できることもある。だが、長い目で見ればドローダウンが大きくなり、災難を招くだけだ。

264

第10章　並外れた成果を上げるための8つのカギ

トレーダーが陥りやすい致命的な3つのワナ

1. **感情**　感情に左右されると、不合理なことをしてしまう
2. **相場観**　特定の考えを持つと、視野が狭くなる
3. **自尊心（エゴ）**　自尊心のせいで、自分の間違いを認めて正すことができない

第3のカギ──常にトレンドに沿ってトレードをする

　買値の比較的近くに損切りの逆指値を置いてリスク管理をしている人は、これが特に重要だ。トレンドに沿ってトレードをしなければならない。トレンドに逆らってトレードを試みても、その判断が正しいことはめったにない。例えば、自分の好む銘柄が売り圧力を受けて下降トレンドが形成されたら、どこかでまた上げると考えて買うのは非常にリスクが高い。通常、その銘柄のトレンドが反転して、ぴったり予想した方向に動き続ける可能性は低い。買値の比較的近くに損切りの逆指値を置くトレーダーの場合、少し下げただけで振るい落とされて損が出る。これらの損は積み重なることがあるので、損をするリスクがまさに最小限のときに買うことが目標になる。

　繰り返すが、これが自分の相場観ではなく、マーケットにすべきことを任せる例だ。買うときには上昇相場で買うことだ。好みの銘柄が下げたら、苦労して得た資金を投入する前に、再び上げ始めるまで待たなければならない。

　私は下げている銘柄は絶対に買わない。私は常に相場方向にトレードをする。これはすべての時間枠に当てはまる。長期投資にもスイングトレードにも、デイトレードにさえ言えることだ。相場の指示に任せれば、それに波長が合う。そうすれば、利益を出して損を抑える確率が高まる。控えめに言っても、ドローダウンはやがて小さくなるだろう。

第４のカギ──いったん、かなりの含み益が生じたら、損益ゼロ以下にしない

このカギは典型的で明確なルールよりは多少の手腕を必要とする。これは、できるだけ早く元本を守るという前提を理解するところから始まる。これをいつ、どうやって使うかは、相場の状況や自分のトレードがどの程度向上しているかによって大きく変わる。相場の先行きが不透明になってきたら、私はそれまでよりも素早く損切りの逆指値を引き上げて、相場の逆行をあまり許さないようにして、損失を限定する。私の戦略とタイミングが相場と波長が合っていれば、株価が上下動する余地をもう少し広げる。**トレードでかなりの含み益が生じたら、損益ゼロの水準を守るか、少なくとも損切りの逆指値を引き上げて、リスクを小さくしたほうがよい。**

仕掛けるときには、事前に決めた買値よりも下に損切りの逆指値を置く。しかし、含み益が増えてきたら、損切りの逆指値をそのままにしておきたくはないだろう。損益ゼロの水準を守るためには、買値まで引き上げる必要がある。大切なことは、株価がかなり上昇するまで逆指値を引き上げないことだ。さもないと、株価に通常の上下動をする余地がなくなり、無駄に損切りに引っかかるだろう。

あなたが使える８つのカギ

「並外れた成果を上げるための８つのカギ」、それに本書で取り上げたすべてのルールは、私が学んだ教訓をまとめたものだ。これによって、私のパフォーマンスは平凡なものから並外れたものに変わった。私は大きなリターンを得るために、必ずしも大幅に上昇する銘柄を株式市場で見つける必要はないことに気づいた（もっとも、それは依然として私の究極の目標だ）。大きく上げる銘柄を探す一方で、私はそれほ

ど大きくない利益を着実に出して資金を複利で増やすことでも、並外れたパフォーマンスを追求することができる。今年に現れるかどうか分からない大幅上昇する1銘柄を待つよりも、この「プランB」を使えば、15〜20％の利益をもたらす銘柄で3桁の年間リターンが得られる。

　私が生活費を稼ぐためにトレードを始めたとき、市場で着実な利益を得る方法を見つけなければならなかった。注意深く売買タイミングを計ること、ポートフォリオの絞り込み、ある程度の銘柄入れ替えを行うことができれば、ある程度小さな値動きからでも複利効果でかなりの利益を生み出せることを私は知った。そうすれば、上昇しているうちに売り抜けて、次のトレード機会に移っていくことができるからだ。このようなトレードをすれば利益を出すことができて、リターンは着実に積み上がる。また、損を抑えることや含み益を使ってリスクをとることで、利益を守ることができる。

　小さなリスクで大きなリターンを得ることは可能だ。これは良いとこ取りで、まさに「ケーキを食べて、元のまま残しておく」ようなものだ。だれにも、そんなことは不可能だと言わせてはならない。それには規律が必要だが、あなたにはできる。なぜなら、私がそれを実践してきたし、今もしているからだ。

第11章 トップトレーダーの思考法
THE CHAMPION TRADER MINDSET

パフォーマンスコーチのジャレク・ロビンズとマーク・ミネルヴィニとの対談

　ジャレク・ロビンズはとても尊敬している私の友人だ。彼には熱心な支持者がいて、自己啓発の講演で成功し、世界的にも知られている。だが、私は彼を比較的埋もれた逸材だと思っている。彼はパフォーマンスコーチとして、個人や組織の結果を向上させることや、もっと生きがいを持てて、より効率的な人生を送る手助けをすることを専門にしている。また、彼は人間行動の研究者でもあり、自滅的な行為につながりパフォーマンスを妨げるマイナス感情を理解している。彼はベストセラー『Live It（リブ・イット）』の著者である。また、NLP（神経言語学的プログラミング）の専門家でもある。これは私のトレードだけでなく、全人生をも大きく変えた非常に強力な技術だ。
　2016年のマスター・トレーダー・プログラムのワークショップの準備をするために、私は彼と話し合っていた。それは、ほとんどの人にとって並外れたパフォーマンスを達成する妨げとなっている感情面の落とし穴や心理的引き金についてや、それらを克服するためにトレーダーに何ができるかについての話だった。私たちは特に個人がパフォーマンスを向上させて、ストレスを減らし、株式トレーダーとして生

活の質を上げることができる条件づけやNLPのテクニックについて話し合った。私たちの会話はとても説得力があるので、本書にぜひとも含めたいと思った。

ミネルヴィニ 長年のうちに悟ったのですが、トレーダーに規律を失わせる一番の感情は恐れだと思います。機会を逃すのではないかと恐れて、買うべきだと分かっているポイントを過ぎたところまで追いかけて、飛びつき買いをしてしまう。損をするのではないかと恐れて、実際には心配する理由など何も見当たらない銘柄をあまりにも早く売って、小さな利益で手仕舞ってしまう。また、間違えるのを恐れて、売買をなかなか決められない、といった具合です。恐れにどのように対処すれば、より効果的にトレードができるでしょうか。

ロビンズ その人の最善の状態で動くことができる、平常心と呼ばれる精神状態があります。結果に動じなければ、確信を持って戦略を用いることができます。そういうトレーダーは勝つことも負けることもあると分かっています。いったん仕掛けたら、これから起きることに動じないのです。東洋哲学に基づく平常心を保つことができれば、恐れのようなマイナス感情に影響を受けません。その状態に達するためには、私が「感情の力場」と呼ぶものを生み出さなければなりません。そのためには、「毎日、補給していっぱいに満たす」必要があります。

　比喩を出しましょう。バカげていると思うかもしれませんが、我慢して聞いてください。自分は炭酸飲料の缶だと想像します。自分が半分しか満たされていなければ、子供でもこの缶を握りつぶせます。しかし、中身がいっぱいで、プラスの圧力で外側に押されて密封されていれば、力の強い大人でもへこませることはできません。炭酸飲料がいっぱいに入っていて、密封された缶をへこませることは不可能です。トレーダーは毎日、自分でこれをする必要があるのです。それには、トレードを始める前のルーティンを作る必要があります。トレードを行う部屋に入る前に、自分自身をいっぱいに満たして、内側から圧力を

かけるのです。

　一例はあなたも毎日実践している「メンタルリハーサル」です。これはボクサーのモハメッド・アリがいつも試合前に行っていたことで、ほかの一流アスリートたちも頼りにしています。説明を続ける前に、重要な違いをひとつ指摘させてください。メンタルリハーサルはビジュアリゼーションではありません。この点は多くの人が誤解しています。ポジティブビジュアリゼーションとは、可能なかぎり最も良い結果を頭に思い浮かべることです。ですが、それは現実とは違います！　トレーダーにとって、それは自分の思惑どおりに進むトレードをすべて思い浮かべることを意味しますが、それは不可能です。あらゆる良いことを思い浮かべたのに損をすれば、パニックになって、恐れていることがみんな現実になります。

　そうした恐れを克服するためにはメンタルリハーサルが必要です。まず、トレードが素晴らしいものになるために、そうなってほしいことを頭に思い浮かべます。一歩一歩、自分のプランに従うことで、仕掛けと手仕舞いをたやすく行っている場面をイメージするのです。一方で、まったく同じことをしているところ——懸命にプランに従い、完璧なセットアップを見つけるところ——を思い浮かべますが、今度はトレードがうまくいかない場面をイメージします。株価は期待していたような動きをしません。そのトレードは小さな損で損切りの逆指値に引っかかります。そして、その損を受け入れている自分を想像します。一息ついて、それを頭から振り払い、再び腰を落ち着けて次のトレード機会を探します。メンタルリハーサルでは、自分がトレードで良い結果を達成しているところと、障害に遭って損をしているところの両方を想像します。これを繰り返し練習して、トレードの結果に関係なく自分の規律とプランを守っているところをしっかり想像できるようになるほど、不安を抑えることができます。自分が株価を追いかけたいという誘惑に耐えているところを想像します。たとえ株価が再

び上げて利益を取り損なうことになっても、損切りの逆指値を置いておき、小さな損で手仕舞うところを思い浮かべます。ご存じのように、これらのことはどのトレーダーにも起きることで、例外はありません。

　トレードをする前に毎日、これらの展開を頭に思い浮かべることができるようになれば、何が起きようと覚悟はできています。ちょうどモハメド・アリがパンチを受ける覚悟ができていて、痛みを感じながら闘い続けるようなものです。彼は精神的に優位に立っていたので、本当にリングでパンチを食らったときに、闘い続けて最善を尽くせたのです。

ミネルヴィニ　素晴らしい説明で、非常に実践的なアドバイスでもありますね。私は次のような説明を好んでします。トレーダーは結果よりもプロセスに関心の焦点を移す必要があります。野球の比喩を使えば、打席に立ったときにスコアボードを気にしていたら、ホームランは打てません。目標は点を取ることです。目の前のやるべきことに集中すれば、うまく打てるようになり、それが点数に反映します。私自身のパフォーマンスが平凡なものから並外れたものに変わったのは、「お金なんか気にするもんか」と思えるようになってからです。私はスコアボードを気にしないようにしています。私はトレードで自分の力を最大限に発揮することに焦点を合わせて、すべての判断において最も良い選択をすることに集中しました。すると、結果も良くなってきました。利益は練り上げたプランを効果的に実行すれば、おのずと得られるものです。結果やお金のことばかり気にしていると、望む結果を達成するためにすべき作業に集中できなくなるだけです。お金はプランを実行したあとにしか手に入りません。だから、私はそこに焦点を合わせたのです。

　そこで、次の質問です。トレード日に心身両面で備えるために、何をするのが最も効果的でしょうか。

ロビンズ　毎日の準備のひとつとして、体を動かして、精神面も感情

面も最適な状態にしたほうがいいですね。メンタルリハーサルに加えて、体を活性化させる必要があります。それにはリバウンダーという小さなトランポリンが非常に役立ちます。これは体の感覚を研ぎ澄ます最も効果的な方法のひとつです。腹式呼吸（浅い呼吸ではなく、横隔膜を使った深い呼吸）をすると、活気が出ます。この種の深呼吸をすると、リンパ液が通常の呼吸をしているときよりも3～4倍よく動きます。

　これは海軍の特殊部隊にいた人から学んだテクニックで、「ボックス呼吸」と呼ばれています。4秒間鼻から息を吸い、4秒間息を止めます。そして、4秒間口から息を吐いたあと、4秒間息を止めるのです。これを5分続けます。呼吸だけを意識することで、精神を集中させることができます。ボックス呼吸を5分続けると、ほかのことを何も考えなくなります。自分の呼吸だけに意識を集中させていれば、恐れや不安や否定的な考えは生じません。また、このような呼吸をすると、脳に酸素が送られます（恐ろしくなると、多くの人は呼吸を止めます）。酸素が行き渡ると、気持ちが新たになります！

ミネルヴィニ　本当ですね。私はかつて私の下で働いていたトレーダーたちに、彼らの息づかいを聞くだけで、そのときのトレードがどういう状態か目を閉じていても分かると言ったものです。苦しそうに呼吸しているのが聞こえ始めると、プレッシャーを感じているなと分かりました。私は適切な呼吸の大切さを分かっています。私の妻はレイキ（霊気）を習っていて、毎日、その呼吸法を実践しています。意識的に呼吸をすると集中力が高まり、不安のコントロールやストレス下での行動を改善することができます。

　ところで、私は初めてリバウンダーを買ったばかりですが、とても気に入ってます！　私はやる気を維持するために、日中にはテニスボールを打ち、オフィスのすぐ外で腹筋運動をします。相場が動かないときにこれを行うのです。リバウンダーは血の巡りを良くするもうひ

とつの方法で、オフィスのすぐ近くに置いています。

　あなたは感情と体の両面で準備する必要について話されましたが、ほかにトレードをする前に精神面の準備に役立つこと、特に、恐れを抑えるのに役立つことはありますか。私は長年にわたってトレーダーたちに教えたりコーチをしたりして、今ではセミナーを開催しています。その結果、ルールを教えるだけでは不十分だということが分かりました。まず、彼らは必ずルールに従うわけではありません。トレードは確実に勝てるゲームではなく、確率のゲームです。そして、勝つ確率を高めるのはルールなのです。私は彼らに自分の戦略やトレードの仕組みを教えることはできますが、その人に固有の性質は変わりません。そのため、彼らは自信を失い、場合によっては近視眼的になってしまい、ごく最近のトレードばかりを気にして、大局、つまり全体を見ることを忘れてしまうのです。

ロビンズ　規律を維持してルールをしっかり守るために役立つ準備がほかにあります。トレードをする前に毎日、前日に起きたことを見直すのです。まず、前日のトレードで何が素晴らしいことだったかを確認します。これは勝ったことだけではなく、小さな損で損切りできたなど、規律を守ったことも含みます。次に、良い結果に結びついた教訓か、苦痛を伴う結果から新たに気づいた教訓を２つか３つ確認します。毎日、学んだ教訓を書き留めるのです。前日のトレードで得た教訓を書き出していると、同じことを繰り返していることに気づく人もいるでしょう。それが何であれ、学ぶ必要があることを習得するまで同じことを繰り返すでしょう。その次に、「今日は、どうやって改善しようか」と自問自答します。これも、改善が必要と考えたところを記録に残しておけるように書き留めておきます。

　これら３つの問い──①何が素晴らしかったのか、②学んだ教訓は何だったのか、③どうやって改善するつもりなのか──で、１日のトレードを始めれば、自分の結果から学んで向上することができます。メ

ンタルリハーサル、ボックス呼吸、体の活性化、３つの問いをすべて行えば、１日のトレードの準備をうまくできるようになります。また、準備をしておけば、豊かなところから出発できます。これはお金のことではなく、自分の人生のなかでお金で買えない人間関係や健康や視力や聴力などすべてのことです。これらのすべてによって、トレードに向かうときに豊かでいられます。精神的、感情的に豊かな状態でトレードを始められるようになれば、トレードはもっとうまくいくでしょう。

ミネルヴィニ　そのとおりですね！　自分をもっとうまくコントロールできるようになることが大切です。そのためには、自分を理解する必要があります。トレーダーは一人一人違います。買うときに適切な判断がうまくできない人もいれば、売るときに苦労している人もいます。私はいつも、自分がトレードをしたチャートを印刷して、どこで買い、どこで売ったかをペンで書き留めておくように勧めています。それらを調べていれば、繰り返し行っている問題点がたいていは見つかるものです。

　あなたはNLP、つまり言語が脳でどう処理されるかの専門家です。私は25年前に初めてNLPについて知り、それをトレードと実生活に取り入れています。私はNLPに関する本を数多く読み、今日までそれを実践し続けています。個人的には、それは私にとって非常に効果的なツールでした。トレーダーが実生活とトレードの管理方法を改善しようと考えたとき、NLPのどのテクニックを勧めますか。

ロビンズ　NLPは認知行動に基づくコーチングで使われています。これは行動と思考と感情を合わせたものと考えることができます。目標は適切なパターンに合うように自分を訓練することです。例えば、デューク大学の調査では、私たちの毎日の行動パターンの40％以上は習慣やルーティン以外の何物でもないことが明らかになっています！　これをトレードに当てはめると、していることの40％は認知──自分で

意図して、それに従って行動しようと決めた考え——に基づくものではないということになります。むしろ、それはあらかじめ決まっていて、習慣として神経系に組み込まれていることに基づいているのです。

　自分はすでにどんな習慣をトレードに組み込んでいるのか、と自問してみましょう。どれが自分の役に立ち、どれが自分の妨げになっているのか、と。チャールズ・デュヒッグの著書『習慣の力』（講談社）では、どんな習慣も「きっかけ」「ルーティン」「報酬」の３つの要素しかないと書かれています。まずは自分のトレードの悪いパターン——トレードの能力を低下させることで、繰り返しやっていること——を見つけるところから始めます。もしかすると、トレードの展開によって恐れを引き起こすパターンがあり、そのせいで決まった行動を取ってしまうのかもしれません。その人は恐れを経験しているのではなく、自分で作り出しているのです！

ミネルヴィニ　彼の本は私も大好きです。トレードでは判断を誤ったときに起きることがほかのこととは異なります。私はトレードをその点で独自の挑戦だと人々に説明しています。仕事に応募しても採用されないときや、原稿を書いたのに出版社に、「興味ないですね」と言われたときには、がっかりするかもしれません。でも、また挑戦することはできます。トレードでは、悪い結果を出すたびに、経済的な代償を支払うことになります。トレードで判断を誤ると、取引口座から５万ドルが消える可能性もあるのです！　ある時点でトレーダーは試みるのを怖がるだけでなく、試みることすらできなくなるのです！　お金を損すると恐れは強まり、自信を失ってしまいます。

ロビンズ　認知行動に基づくコーチングでは、どういう考えや展開が恐怖心を刺激し生み出して、恐ろしさを感じるのかを意識させるようにします。意識が高まれば、相場から受けること以外に、パニックに陥る展開やパターンをいかに自分で生み出しているかが分かります。そして、ここが大事なのですが、それによってトレーダーは何らかの報

酬を得ているのです。それが何かは、自分で見つけなければなりません。ひょっとすると、それは胸の高鳴りかもしれません。あるいは、失敗したときに自分を感情的に責めるのを楽しんでいるのかもしれません。または、家に帰って、起きたことを大変な「苦労話」として語ることができるため、ひどい日だったことが自分に対する「ごほうび」になるのかもしれません。何があったかを語るときに、配偶者かパートナーかほかの愛する人からの愛情や、彼らとの結びつきを強く感じるのです。そこで、そうした愛情や関心が注がれ続けるように自ら損をするのです。

　自分のパターンや行動を検討していて、こうしたことを見つけたら、ルーティンを変えることができます。損をきっかけにパニックに陥り、大変な「苦労話」を繰り返す代わりに、体で別の反応をするように訓練するのです。まず、損切りの逆指値を使う、損を小さくしておくなどの損にかかわるルールについて考えます。それらのルールに従って小さな損で損切りができたら、自分を褒めてあげるのです！　椅子からパッと飛び上がる、楽しく踊る、大好きな人に話すなどです。小さな損をするのは素晴らしい勝利だと感じるように、体で感情を表現すべきです。

　損をする恐ろしさや不安が高まって混乱に陥るという古いパターンを、これらと入れ替えるのです。古いルーティンを特定して新しいルーティンと入れ替えることで、深くしみ込んだパターンを避けることができれば、異なる結果が得られます。最悪の展開を思い浮かべるのではなく、すぐに古いルーティンを断ち切って、小さな損を素晴らしい勝利だと感じるまで訓練するのです。

ミネルヴィニ　ええ、大変な日を過ごしたときには、「自分にごほうびを」と広告でも言ってますからね。家に帰って、缶ビールを開ける理由になります。「ミラーを飲む時間だ！」と広告も言ってます。私はいつも話しているのですが、トレードでは武器を持たずにジャングルに

入ったらトラが飛びかかってきた、というときと同じ衝動が引き起こされるのです！　どちらの場合でも、アドレナリンが急に増えて、プレッシャーを感じ、心臓がドキドキして、的確に考えられなくなるといったことが生じます。そのために、さらに慌てふためきます。しかも、間違ったその瞬間にそうなることが多いのです。そうした状況をうまく管理して、ストレスを強く感じる展開のときに、できるだけ感情に支配されないようにするために、トレーダーは何をすべきでしょうか。

ロビンズ　それは再び、「補給していっぱいに満たして、内側から圧力をかける」ことに戻ります。トレーダーはトレードで最善を尽くしたいでしょう。1〜10のスケールで、感情面、身体面、精神面で9か10でいたいでしょう。今、8以下ならば、睡眠不足か、きちんと食事を取っていないか、平常心を保っていないせいで、能力が十分に発揮されていないのです！　トレードのプレッシャーに耐えられるように、感情面、身体面、精神面で9か10に戻すことです。

ミネルヴィニ　そうですね。どうやって私が30年以上もトレードで受けるストレスに耐えたのかと尋ねる人がいます。栄養と運動と連想訓練のおかげで、私はトレードであまりストレスを感じずにすんでいます。カギは長く生き残ることです。トレードで生き残りたければ、心身を管理して最高の能力を発揮できるようにしておくことがとても大切です。

　私が発見したように、重要なカギは自分が経験したことにどういう意味を持たせるかです。損は避けることができません。優れたトレーダーですら、トレードをしたうちの半分では損をしています。損をするたびに動揺していれば、自分に負けてしまいます。自分に対して、「どんな損でも、たとえ小さな損でさえ失敗だ」という意味づけをしていたら、たとえルールを守って小さな損で手仕舞えたときでも、ひどく気分が落ち込みます。損に対する意味づけを変えないかぎり、彼ら

はおそらくトレードをやめることになるでしょう。問題は、自尊心（エゴ）のせいで含み損を抱え続けることです。彼らは判断を誤ったことを認めたくないので、「自分の殻に閉じこもる」のです。そのため、小さな含み損が大きくなるまでそのポジションにしがみつくのです。そして、苦痛に耐えきれなくなったときに売るのです。これを変えるために、どうすればトレーダーはいわゆる「苦痛・快楽のサイクル」に反するのではなく、それを生かすことができるでしょうか。

ロビンズ　「苦痛・快楽のサイクル」は古典的条件づけと、だれもが知っているパブロフと犬の例に起源があります。イワン・パブロフは犬の唾液分泌と胃の働きの関係を調べる研究を行い、心理学の世界で有名になったロシアの生理学者です。パブロフの有名な実験では、毎回犬に食物を与えるたびにメトロノームで外から刺激を与えて、音だけで唾液が出るようにしました。ここで用いる原則も同じです。NLPと認知行動に基づくコーチングの説明で述べたように、ルールに従って小さな損で手仕舞えたときは自分を褒めるように訓練します。ここで行うことは、損を小さく保ったのでその瞬間に気分が良くなるという快楽のサイクルを作り上げて、損を苦痛と結びつけるサイクルを断つことです。

　カギは本当に自分を褒めることです。踊り回る。大好きな音楽を演奏する。お気に入りのYouTubeのビデオを5分間見る。喜びを感じられてその場で気分が良くなることをする、などです。1回だけではダメです。反応が変わって、苦痛・快楽のサイクルが作り直されるまで訓練しなければなりません。ルールに従い、損が小さいうちに損切りできたら自分を褒めてあげます。それを毎回繰り返すのです。すると、素早く手仕舞って損失を小さく抑えられたときに体が反応するようになり、とてもいい気分になるでしょう。

ミネルヴィニ　ええ、小さな損で手仕舞ったときは、私もとても気分が良いですね。私が避けよう、苦痛と結びつけないようにしよう、と

努力するのは大損です。ですが、初めてトレードをし始めたころは、大損を避けるために株を持ち続けようとしていました。持ち続けていれば株価はやがてまた上がると思っていたのです。そして、まさに避けようとしていた大損をしたのです！ だから、ルールを持ち、それらをしっかり守ることがとても重要なのです。それでも、ルールを作った人たちのうちで、それらをしっかり守り続ける人はほんのわずかです。同じ現象はダイエットや運動やトレードでも起きます。ほとんどの人が長く規律を維持できない理由は何でしょうか。規律がない状態から、どうすれば規律を守れるようになれるでしょうか。

ロビンズ これは心理学で本当に興味深い領域です。行動心理学では、私たちはマシン以外の何物でもなく、この「マシンをプログラムして」、一定の行動を取るようにできると言われています。認知心理学では、私たちは感情で動く存在であり、どういう行動を取るかは適切な感情を生み出す力によって決まると言われています。認知行動心理学はこれら2つの手法を合わせたものです。そして、人間性心理学は幸福、特にその人にとって最も幸福で最も健康な状態になるにはどうすればよいかに焦点を合わせます。では、どの心理学に従うべきでしょうか。実は、どれも時によって正しいのです。

　認知心理学では、ルールに従うなど、トレードで適切なことをしたときには非常に気持ち良い感情になり、不適切なことをしたときには悪い結果になるようにするのが目標です。1つの方法は、ルールに従って規律を守っているときに実生活で得られる報酬や利点をすべて考え出すことです。これらの報酬と利点のリストを作り、毎日、プラスの結果を5つ書き加えます。また、ルールに従わなかったときに生じた苦痛を伴う悪い結果についてもリストを作ります。そして、悪い結果も毎日、5つリストに書き加えていきます。それから、両方のリストを毎日、声に出して読み上げて、ルールに従ったときの良い結果と、従わなかったときの悪い結果を本当に感じるようにします。

人間性心理学での目標は、最も健康で幸せで満足した状態になることです（これはマズローの欲求段階で、基本的な欲求が確実に満たされるようにするところから始まります）。自己を認識して、自分にとって何が最も楽しくて最も健康的な状態かをまず確かめます。それがルールを守る力の支えになるのです。きちんと食事をしているか。感情面でバランスが取れているか。好ましい環境にいるか。オリンピック選手が決まった食事の半分しか食べずに、睡眠時間は１日に４時間で、カビだらけで暖房がない地下室に住んでいたら、良い成績を出せるとは思わないでしょう。それは当然です。オリンピック選手が実力を最大限に発揮するためには、自己管理と支えとなる環境が明らかに必要です。特に、感情面や心理面のストレスに関して、トレードはオリンピック選手が耐えていることに比べればそこまで大変ではないとどうして思うのでしょうか。トレードでルールに従ってうまくやるためには、体、感情、心理のすべてを最も良い状態に保つ必要があるのです。

ミネルヴィニ　インターネットやソーシャルメディア、24時間流れるニュースといったあふれる情報に、私たちは振り回される可能性があります。私には大成功をもたらした戦略があります。そのおかげで、私は自分がしていることを驚くほど信頼できています。自分を信頼できていたので、外部からの影響や「声」を無視して、戦略に従い続けることができました。どうすればトレード初心者が外部からの影響を受けずに、自分のルールを信頼してそれに従えるようになるでしょうか。

ロビンズ　個人的には、私はテレビを見ませんし、ニュースも限られたものしか読みません。理由はマーケティング心理学のせいです。テレビ番組の目的は精神的・感情的にそれらに夢中にさせることです。視聴者が見続けると、番組の広告収入が増えます。広告は購買欲を高めることを意図しています。この過程全体は、視聴者を感情的・精神的に依存させることを目的にしています。

　もちろん、トレードをするためには情報が必要です。しかし、すべ

てに目を通すよりも良い選択肢があると思います。情報過多に陥らないようにするには、まず必要な情報だけを集めるように自分のフィルターを持つところから始めます。それによって、情報源と情報を得るタイミングに責任を持つことになります（YouTubeとストリーミングメディアを使えば、何を視聴するか自由に選べます）。自分が望むものを選んで、ほかは無視すべきです。事前に何を探すかを決めて、それらの情報を集めたら、先に進みます。役に立たない情報や、もっと悪いことに、自分の判断をくつがえす他人の意見が押し寄せてきて、心変わりすることにならないようにすべきです。自分の欲しいものだけを買いにショッピングセンターに行く買い物客のようであるべきです。新しい靴を買う必要があれば、本屋や家具売り場にはいかないでしょう。店内を歩き回って、すべてを見ないと気がすまない買い物客のような行動をしていれば、自分の判断が他人の「意見」（つまり、売り込み）に影響されて心変わりする可能性がとても高くなります。情報を見極める目を持ち、無意味で気が散る情報が入らないフィルターを作ることです。

ミネルヴィニ　大部分のトレーダーは戦略やトレードスタイルを長く維持することができません。どの戦略でも起きることですが、彼らは自分の戦略がうまくいかなくなると、すぐにそれを捨ててほかの戦略に乗り変えます。業界では、これを「運用スタイルの逸脱」と呼んでいます。そのため、彼らは何にでも手を出して、どれにも熟達しません。戦略や規律を信頼してそれらを長く維持し、つらい時期でも使い続けて、最終的に身につけるにはどうすればよいでしょうか。

ロビンズ　ロバート・グリーンは著書『マスタリー』（新潮社）で、「熟達」と「中途半端」の違いを検討しています。彼の発見にはとても興味をそそられます。何か新しいことをやり始めていると、あるときに進歩が突然止まり、それ以上はまったく上達しない停滞期にぶつかるとします。次に何が起きるでしょうか。中途半端な人は最初のうちは

楽しんでいても、難しくなるとすぐにがっかりします。すると、彼らはやり方を変えるか、まったく違うことに手を出します。しばらくは学ぶのが楽しいのですが、うまくいかなくなると、中途半端な人はまた何か違うことをします。

しかし、熟達者の行動は違います。最初の停滞期にぶつかると、熟達を目指している人はいったん立ち止まって振り返り、停滞は学習で通常たどる過程だと理解します。そして、さらに学び、もっと練習に打ち込むのです。停滞期を、経験を積み重ねる機会と考えて利用すれば熟達することができます。進歩が見られない時期には、パフォーマンスが落ちるかもしれません。ですが、この時期に学んだ教訓や得た自覚と規律があれば、停滞期を乗り越えて大きく進歩するでしょう。そういう取り組み方をする人々は、進歩するときと経験を積むときを繰り返しながら、やがて熟達者になるのです。行き詰まりそうになるとすぐに投げ出して、何十もの戦略に手を出すようでは、望むリターンを生み出せるほど長くひとつの戦略にこだわることはできないでしょう。

ミネルヴィニ　それは私の最大の長所のひとつでしょうね。私は何事も遊び半分ではやりません。完全に没頭します。私はそれを「言い訳になる要素を取り除く」と言っています。全力で打ち込むときは、遊び半分のときとはまったく考え方が違います。遊び半分で何かをするときには、いざとなれば言い訳ができます。実は、本気じゃないんだ。本気を出せば、もっとうまくやれるはずだ、といったようにです。並外れたトレーダーになるためには、それに打ち込む必要があります。自分の「相反する信念」を見つけて、それを目的に合うように作り直すか再調整するにはどうすればいいでしょうか。

ロビンズ　相反する信念とは、「私は並外れたパフォーマンスを達成して何百万ドルも儲けたい。でも、学習や下準備に時間を費やしたくはない」といったようなことでしょう。それは、「NBAの選手にはなり

たいが、バスケットボールの練習は絶対にしたくない」と言うような
ものです。努力をしないで結果を求めるのは、よくある相反する信念
です。人は自分が何を考えて、どのように行動しているか注意してお
く必要があります。目標を達成しようと懸命に努力している人は、そ
れが予定表という形になって現れます。それが自分にも当てはまるで
しょうか。目標を達成するために時間をかけているでしょうか。時間
をかけて、110%の努力をしているでしょうか。本気で熟達しようと努
力している人は、それだけの時間を使っています。相反する信念を持
つ人——結果は欲しいが、懸命に努力するのはいやだという人——は
すぐに分かります。すごく健康だと主張しているのに、体つきがその
言葉と一致しない人を見分けるのが簡単なのと同じようなものです。

　トレードでは自分の現実と向き合う必要があります。自分の取引履
歴を見て、どれくらい「健全か」を確かめることです。とっているリ
スク（損失）よりも高いリターンを出して、着実に利益を増やしてい
るでしょうか。それとも、大きく変動しているでしょうか。おそらく、
自分の望むことと、それを達成しようという意欲とは相反しているの
ではないでしょうか。

　もうひとつの相反する信念は、自分が望んでいると言っていること
と、できると信じていることとの間に生じます。成功したいと言いな
がら、心の奥底ではできるとは信じていない人がいます。この信念が
あると、自分が成し遂げたいことを実現できないのです。著作家のバ
イロン・ケイティは人々を苦しめる恐れや不安などから彼らを解放し
ようと努力しています。彼女のテクニックのひとつは、一連の質問を
することです。例えば、成功したいと思っているのに、それが達成で
きるとは信じていないことに気づいたとします。そのときに、最初に
自分に問うことは、「それは本当だろうか」です。自分の目標なのに本
当に達成できないのかと問うのです。それに対する答えは、「できる」
かもしれないし、「あまりできない」か「分からない」かもしれません。

いずれにしろ、自分に問わないかぎり、相反する信念は表に現れません。ここで、あなたの答えが「できない」だとしましょう。すると、次には、「いつでも、どこでも、何があろうとできないのか」と問うことになります。あなたが正直であれば、この問いに「そうだ」とは答えられないはずです。いつでも、どこでも、何があろうと当てはまることなど何もありません。重力の法則でさえです！　そこで、あなたは別の可能性もあることを受け入れます。

　3番目に問うことは、あなたは人には限界があると思うタイプの人かどうかです。今は最も弱く最も不安な状態で行動しているのでしょうか。それとも、最も強く自信に満ちていて、最も力強く熱意にあふれた状態でしょうか。通常、目標は後者です！

　4番目に問うことは、妨げとなる信念を持っていなければ、自分はどういう状態かを問うことです。通常、これに対する答えは、ストレスや恐れは感じていない、です。あなたはリラックスしていて、自信に満ちているでしょう。これら4つの問いで、信念を変えることができます。目標を実現することは可能だと気づきます。自分が相反するか妨げとなる信念を持っていると気づいたときは必ず、この一連の問いをすることです。

ミネルヴィニ　前向きな精神状態や態度は何によって維持されるでしょうか。

ロビンズ　それは、自分の頭にどういう考えを入れるか、何に焦点を合わせようと決めるか、自分に何を言い聞かせるのか、どれくらい決意が固いかに基づいて毎日、作り上げられるのです。例を出しましょう。何かが起きて、あなたはトレードで判断を誤ったとします。そこで、自分に問うこと（その瞬間に焦点を合わせること）は、「自分のどこがおかしいのだろうか」です。脳は自分のどこが「おかしい」かを伝えるために、あらゆるデータや入力を分析し始めます。すぐに、あなたは気分が悪くなり、自己嫌悪に陥るでしょう。同様に、「自分はど

うしてこんなに愚かなんだ」といった問いかけをすれば、脳は自分が愚かだと感じる答えを出します。そうではなく、判断を誤ったかルールに従わなかったときに別の問いをしたらどうでしょう。「どうして、私はいつもうまくいく方法を見つけだすのだろう」と問えば、どうなるでしょう。それで、事態はまったく変わるでしょう。自分が創造的で回復力があると分かるでしょう。自分が感情に支配されているのに気づいたら、自分を元に戻す問いを発します。「どうして、あんなことをしてしまったんだ」ではなく、「どうすれば、もっと良くなるだろうか」と問うのです。そうすれば、最初の問いでふさぎ込んで時間を無駄にしなくてすむだけでなく、2番目の問いで、学んで向上し始めることができます。

ミネルヴィニ　ええ、力強い問いをすれば、力強い答えが得られます。くだらない問いをすれば、くだらない答えしか返ってきません。私はよく尋ねられるのですが、トレードで大きなポジションを取る自信と確信はどうすれば得られるでしょう。

ロビンズ　小さなポジションでうまくやれるようになることです。今、少額でしかリスクをとれないとしましょう。自分のルールを完全に作り上げて、規律を高めたら、少額から平均的な金額（あるいはもっと多額）でトレードをしても、変わることは何もないはずです。それは金額の問題ではなく、規律の問題だからです。トレードの金額を増やしても、金額以外は何も変わらないのです。自分のトレード法から外れなければ、少額でトレードをしても多額でトレードをしても勝つことができます。金額を増やしてトレードをした途端に、「勝率」が落ちる（勝ちトレードが減って、負けトレードが増える）のならば、理由はお金ではなく、自分のトレード法に従わなかったからです。

ミネルヴィニ　売買シグナルを見たときに、恐れることも固まってしまうこともなく、すぐに執行できるようになるには、どうすればいいでしょう。

ロビンズ　まず、恐れがトレードで果たす役割を理解しておく必要があります。恐れというのは、自分に準備ができているかどうかを神経系が尋ねているだけのことです。固まってしまうのは、特にメンタルリハーサルで準備ができていないために、圧倒されているときに起きることです。

　説明のために、あなたが洞穴に住む原始人だとしましょう。洞穴を出るときに槍が目に入りますが、「遠出しないので、槍はいらない」と考えます。ジャングルに入っていくと、隣の木が揺れ始めて、「ガオー！」という声が聞こえます。身を守る用意ができていないので、あなたはおびえます。では、次の展開を考えましょう。信頼できる槍を持って洞穴を出ます。今度は、隣の木が揺れ始めて、「ガオー！」という声を聞いても、怖くありません。それどころか、家にごちそうを持って帰れそうなので、わくわくするのです！

　自由な動きの妨げとなる恐れや気迷いに対する最も良い防御策は準備をしておくことです。ツールを持ち、その使い方を把握しておくことです。トレードを始めようと席に着いた途端に、恐れを感じるのであれば、準備ができていません。身体、感情、精神のすべての面でトレードをする準備ができていると感じられるように、トレード前に毎日しておく下準備をすべて書き出したチェックリストを作っておくべきです。メンタルリハーサルや、すでに説明した訓練を行っているでしょうか。自分のトレード法を理解してそれを受け入れていて、ルールに従う規律があり、長期トレンドや買いたい銘柄について下準備をしているでしょうか。これらすべてが適切に行われていれば、固まってしまう理由がありません。2番目の展開での原始人のように、あなたは家にごちそうを持ち帰ろうとしているのですから！

ミネルヴィニ　どうすれば、続けて損を出したあとでも自信を保っていられるでしょうか。そういったことはスランプに陥ったゴルファーや、3ポイントショットを決められないバスケットボール選手でも起

きることがあります。彼らが元の状態を取り戻すために、何ができるでしょうか。

ロビンズ ひたすら自分のトレード法に従い続けることです。自分のトレード法が正しくて、本当に自分のルールに従っているのならば、そのうちに元の状態に戻るでしょう。そのときまでは、トレードサイズを調節したほうがいいでしょう。ですが、確実なトレード法があり、ルールから外れていなければ、また利益を出せるようになるはずです。自分に正直である必要があります。本当に自分のトレード法に従っているのでしょうか。その一部に反することをしているか、ルールの一部しか実行していなければ、自分のトレード法に従っているとは言えません。それを使っていないのならば、役に立つはずがありません。

ミネルヴィニ まずまずの結果をまだ生み出せない学習段階にあるとき、どうすれば前向きでいられますか。自分のトレード手法ではなく、自分に問題があるのだと分かるにはどうすればよいでしょうか。

ロビンズ 私のこれまでの経験では、その人がアスリートであれ、他人を指導している心理療法士であれ、売り上げ目標を達成しなければならない営業マンであれ、いわゆる「監視下の学習曲線」と向き合っています。つまり、肩越しに見ているか、誤りを見つけて徐々にうまくなるようにときどき、助言をしてくれる人がいるのです。自分では気づかないことを教えてくれる外部の視点が必要なのです。一緒に働いている人がいなければ、自分の結果をフィードバックの仕組みとして利用すればいいのです。そこには白か黒しかなく、中間はありません。自分のトレード結果を印刷して、勝ち負けの現実と向き合うべきです。

ミネルヴィニ どうすれば、自分に適切な指導者かコーチがいると分かるのでしょうか。

ロビンズ それは簡単です。結果と精神状態が良くなりますから。コーチを雇って、一貫してそのアドバイスに従っていれば、おのずと結

果に現れます。コーチのアドバイスと指導に百パーセント従って動いているのに、かなりの期間がたって結果が悪くなっていれば、指導者かトレーナーはその人に合っていません。コーチの理念がその人には合わないのかもしれません。あるいは、コーチの指示するやり方がピンとこないのです。理由がどうであれ、自分の成功にぴったり合う人を見つける必要があります。

ミネルヴィニ 熟達するために、どれくらいの時間をかけるべきだと思いますか。あきらめるべき時点があるでしょうか。私個人としては、人々は「無条件にやり続ける」べきだと思っています。つまり、絶対にあきらめないと誓い、いつも変わらず頑張り続ける自信を持っておくべきだと思います。あなたはどういう意見ですか。

ロビンズ まず、自分が何を達成したいのか、どこまで上手になりたいのかを決めなければなりません。熟達について話し合ったように、私たちは途中で障害や停滞があることを知っています。熟達するまでこだわりを持ち続け、自分について学び、自分のテクニックを磨かなければなりません。それはひとつの過程です。人はしばしば、それほど時間をかけなくても熟達すると甘く見ています。トレードでは、いかに多くのことが必要か、正確な知識と心理学が同時に必要かを過小評価して、あまりにも早くやめてしまうかもしれません。それは彼らが学習にどれくらいの時間がかかるか、覚悟ができていないからです。

　医者になるまでに、どれくらいの教育を受けて、いかに懸命に準備しなければならないか考えてください。わずか半年でいいと思うでしょうか。半年しか勉強をしていない医者にかかりたいと、患者が思うでしょうか。1年しか学校で学んでいない弁護士のアドバイスを信じられますか。どんな分野でも、証明書をもらうか博士号を授与されるか、それらと似た水準のことを達成するには8年から10年はかかるものです。それだけの時間を投資する気がなくて、博士レベルのパフォーマンスが達成できるとどうして思えるのでしょう。調査によれば、達

人になるには１万時間の実践が必要です。準備ではなく、実際に行う
のが１万時間です。ですから、それが出発点だとすると、どれくらい
の時間を実際のトレードにつぎ込む気があるかです。並外れたパフォ
ーマンスを達成するためには、何年もかけて熱心に努力する必要があ
ります。

ミネルヴィニ　大変、ありがとうございました。私は著書にこの会話
を加えれば、単なるトレードの仕組みを超える要素を読者に届けられ
ると思っていました。素晴らしい内容でした！　本当にありがとうご
ざいました。

謝辞

まず、私にとって世界で最も重要な二人である妻のエレナと娘のアンジェリアに感謝したい。二人のおかげで、私は毎日、最も良い自分であろうと気持ちを新たにできている。

貴重な助言と編集をしてくれたパトリシア・クリサファリ、本のレイアウトで再び素晴らしい仕事をしてくれたパトリシア・ウォーレンバーグに感謝する。トレードに関することで熱心に働き、私たちのクライアントが最高水準のサービスを受けられるように毎日、最善を尽くしているボブ・ワイスマンに。ありがとう。

マスター・トレーダー・ワークショップに出席するために世界中から集まってくれる人々や、ミネルヴィニ・プライベート・アクセスの会員たち、ツイッター上の私のすべての友人たちに特に感謝する。本書の内容があなたにとって、私の人生とキャリアで意味するものと同じほど大きな意味を持つことを願っている。

長年にわたって私を支えてくれた私のすべての友人と家族に。特に、亡き母のリーと父のネイトに。二人がいなければ、何も成し得なかっただろう。

みんな、ありがとう。

著者について

　ミネルヴィニはベストセラーになった『ミネルヴィニの成長株投資法 ── 高い先導株を買い、より高値で売り抜けろ』（パンローリング）の著者である。彼はほんの数千ドルを元手にトレードを始めて、取引口座の資金を数百万ドルまで増やした。5年連続で220％の年平均リターンを達成し、四半期ごとの損益がマイナスになったのは1回だけだった。そして、3万3500％という信じがたいほどの総リターンをたたき出した。分かりやすく言うと、口座に10万ドルがあったとすると、わずか5年で3000万ドル以上にまで増やしたということだ。

　彼は自分のSEPAトレード法がどれだけ通用するかを試すために、1997年に25万ドルの自己資金でUSインベスティング・チャンピオンシップに出場した。極めて高レバレッジの先物やオプションを使うトレーダーに対して、彼は株式を買うだけで、実際に資金を運用する競技で155％の年間リターンを達成した。それは2位のマネーマネジャーの2倍近い成績だった。

　彼は『成長株投資の神』とジャック・シュワッガー著『マーケットの魔術師　株式編 ── 米トップ株式トレーダーが語る儲ける秘訣』（いずれもパンローリング）で取り上げられている。シュワッガーは彼について次のように書いている。「ミネルヴィニのパフォーマンスは驚異的と言うほかない。ほとんどのトレーダーやマネーマネジャーはミネルヴィニの最悪の年 ──128％のリターン ── が最高の年であっても、大喜びするだろう」。

　彼はミネルヴィニ・プライベート・アクセスというサービスを通してSEPAトレード法をトレーダーに教えている。会員はそこで、ストリーミング形式でミネルヴィニと一緒に、リアルタイムにトレードを経験できる。また、マスター・トレーダー・プログラムというワーク

293

ショップをライブで行い、週末の総合的なイベントで彼のトレード法について教えている。彼については、http://www.minervini.com/でさらに詳しい情報が得られる。

■著者紹介
マーク・ミネルヴィニ（Mark Minervini）
成長株投資のマネーマネジャー。ジャック・シュワッガーのベストセラー『マーケットの魔術師【株式編】増補版』で取り上げられ、一躍有名になる。数千ドルを元手に5年間で資金を数百万ドルまで増やした。著書には『ミネルヴィニの成長株投資法』『成長株投資の神』（いずれもパンローリング）がある。http://www.minervini.com/。

■監修者紹介
長尾慎太郎（ながお・しんたろう）
東京大学工学部原子力工学科卒。北陸先端科学技術大学院大学・修士（知識科学）。日米の銀行、投資顧問会社、ヘッジファンドなどを経て、現在は大手運用会社勤務。訳書に『魔術師リンダ・ラリーの短期売買入門』『新マーケットの魔術師』など（いずれもパンローリング、共訳）、監修に『高勝率トレード学のススメ』『ラリー・ウィリアムズの短期売買法【第2版】』『コナーズの短期売買戦略』『続マーケットの魔術師』『続高勝率トレード学のススメ』『ウォール街のモメンタムウォーカー』『投資哲学を作り上げる　保守的な投資家ほどよく眠る』『システマティックトレード』『株式投資で普通でない利益を得る』『成長株投資の神』『ブラックスワン回避法』『市場ベースの経営』『金融版 悪魔の辞典』『世界一簡単なアルゴリズムトレードの構築方法』『新装版 私は株で200万ドル儲けた』『リバモアの株式投資術』『ハーバード流ケースメソッドで学ぶバリュー投資』『システムトレード 検証と実践』『バフェットの重要投資案件20 1957-2014』『堕天使バンカー』『ゾーン【最終章】』『ウォール街のモメンタムウォーカー【個別銘柄編】』『マーケットのテクニカル分析』『ブラックエッジ』『逆張り投資家サム・ゼル』『とびきり良い会社をほどよい価格で買う方法』『マーケットのテクニカル分析 練習帳』『プライスアクション短期売買法』『インデックス投資は勝者のゲーム』『新訳 バブルの歴史』など、多数。

■訳者紹介
山口雅裕（やまぐち・まさひろ）
早稲田大学政治経済学部卒業。外資系企業などを経て、現在は翻訳業。訳書に『フィボナッチトレーディング』『規律とトレンドフォロー売買法』『逆張りトレーダー』『システムトレード　基本と原則』『一芸を極めた裁量トレーダーの売買譜』『裁量トレーダーの心得　初心者編』『裁量トレーダーの心得　スイングトレード編』『コナーズの短期売買戦略』『続マーケットの魔術師』『アノマリー投資』『シュワッガーのマーケット教室』『ミネルヴィニの成長株投資法』『高勝率システムの考え方と作り方と検証』『コナーズRSI入門』『3％シグナル投資法』『成長株投資の神』『ゾーン【最終章】』『とびきり良い会社をほどよい価格で買う方法』（パンローリング）など。

本書の感想をお寄せください。

お読みになった感想を下記サイトまでお送りください。
書評として採用させていただいた方には、
弊社通販サイトで使えるポイントを進呈いたします。

https://www.panrolling.com/execs/review.cgi?c=wb

```
2018年8月4日    初版第1刷発行
2020年9月1日        第2刷発行
2021年6月1日        第3刷発行
2022年1月2日        第4刷発行
2024年1月1日        第5刷発行
```

ウィザードブックシリーズ ㉖㊄

株式トレード 基本と原則

著　者　　マーク・ミネルヴィニ
監修者　　長尾慎太郎
訳　者　　山口雅裕
発行者　　後藤康徳
発行所　　パンローリング株式会社
　　　　　〒160-0023　東京都新宿区西新宿7-9-18　6階
　　　　　TEL 03-5386-7391　FAX 03-5386-7393
　　　　　http://www.panrolling.com/
　　　　　E-mail　info@panrolling.com
編　集　　エフ・ジー・アイ（Factory of Gnomic Three Monkeys Investment）合資会社
装　丁　　パンローリング装丁室
組　版　　パンローリング制作室
印刷・製本　株式会社シナノ

ISBN978-4-7759-7234-2

落丁・乱丁本はお取り替えします。
また、本書の全部、または一部を複写・複製・転訳載、および磁気・光記録媒体に
入力することなどは、著作権法上の例外を除き禁じられています。

本文　©Masahiro Yamaguchi／図表　©Pan Rolling　2018 Printed in Japan

マーク・ミネルヴィニ

ウォール街で30年の経験を持つ伝説的トレーダー。数千ドルから投資を始め、口座残高を数百万ドルにした。1997年、25万ドルの自己資金でUSインベスティング・チャンピオンシップに参加、155%のリターンを上げて優勝。自らはSEPAトレード戦略を使って、5年間で年平均220%のリターンを上げ、その間に損失を出したのはわずか1四半期だけだった。

ミネルヴィニの勝者になるための思考法

定価 本体2,800円+税　ISBN:9784775973011

自分を変えて、内なる力を最大限に引き出す

マーク・ミネルヴィニは本書で、自身の体験から得たどんな場合にも自分の力を最大限に発揮する手法を紹介している。ビジネスであれ、株式トレードであれ、スポーツであれ、オリンピックに向けたトレーニング法であれ、最高のパフォーマンスを発揮して、自分の夢を実現するために必要なことのすべてが書かれている。

ミネルヴィニの成長株投資法

定価 本体2,800円+税　ISBN:9784775971802

USインベスティングチャンピオンシップの優勝者!

ミネルヴィニのトレード法の驚くべき効果を証明する160以上のチャートや数多くのケーススタディと共に、世界で最も高パフォーマンスを達成した株式投資システムが本書で初めて明らかになる。

成長株投資の神

定価 本体2,800円+税　ISBN:9784775972090

4人のマーケットの魔術師たちが明かす戦略と資金管理と心理

実際にトレードを行っているあらゆるレベルの人たちから寄せられた、あらゆる角度からの130の質問に、アメリカ最高のモメンタム投資家4人が隠すことなく赤裸々に四者四様に答える!

ジャック・D・シュワッガー

現在、マサチューセッツ州にあるマーケット・ウィザーズ・ファンドとLLCの代表を務める。著書にはベストセラーとなった『マーケットの魔術師』『新マーケットの魔術師』『マーケットの魔術師［株式編］』（パンローリング）がある。
また、セミナーでの講演も精力的にこなしている。

ウィザードブックシリーズ 19
マーケットの魔術師
米トップトレーダーが語る成功の秘訣

定価 本体2,800円＋税　ISBN:9784939103407

トレード界の「ドリームチーム」が勢ぞろい
世界中から絶賛されたあの名著が新装版で復刻！
投資を極めたウィザードたちの珠玉のインタビュー集！
今や伝説となった、リチャード・デニス、トム・ボールドウィン、マイケル・マーカス、ブルース・コフナー、ウィリアム・オニール、ポール・チューダー・ジョーンズ、エド・スィコータ、ジム・ロジャーズ、マーティン・シュワルツなど。

ウィザードブックシリーズ 201
続マーケットの魔術師
トップヘッジファンドマネジャーが明かす成功の極意

定価 本体2,800円＋税　ISBN:9784775971680

『マーケットの魔術師』シリーズ
10年ぶりの第4弾！
先端トレーディング技術と箴言が満載。「驚異の一貫性を誇る」これから伝説になる人、伝説になっている人のインタビュー集。マーケットの先達から学ぶべき重要な教訓を40にまとめ上げた。

ウィザードブックシリーズ13
新マーケットの魔術師

定価 本体2,800円+税　ISBN:9784939103346

**知られざる"ソロス級トレーダー"たちが、
率直に公開する成功へのノウハウとその秘訣**

投資で成功するにはどうすればいいのかを中心に構成されている世界のトップ・トレーダーたちのインタビュー集。17人のスーパー・トレーダーたちが洞察に富んだ示唆で、あなたの投資の手助けをしてくれることであろう。

ウィザードブックシリーズ66
シュワッガーのテクニカル分析
初心者にも分かる実践チャート入門

定価 本体2,900円+税　ISBN:9784775970270

シュワッガーが、これから投資を始める人や投資手法を立て直したい人のために書き下ろした実践チャート入門。
チャート・パターンの見方、テクニカル指数の計算法から読み方、自分だけのトレーディング・システムの構築方法、ソフトウェアの購入基準、さらに投資家の心理まで、投資に必要なすべてを網羅した1冊。

ウィザードブックシリーズ208
シュワッガーのマーケット教室
なぜ人はダーツを投げるサルに投資の成績で勝てないのか

定価 本体2,800円+税　ISBN:9784775971758

**一般投資家は「マーケットの常識」を信じて
多くの間違いを犯す**

シュワッガーは単に幻想を打ち砕くだけでなく、非常に多くの仕事をしている。伝統的投資から代替投資まで、現実の投資における洞察や手引きについて、彼は再考を迫る。本書はあらゆるレベルの投資家やトレーダーにとって、現実の市場で欠かせない知恵や投資手法の貴重な情報源となるであろう。

フィリップ・A・フィッシャー

1928年から証券分析の仕事を始め、1931年にコンサルティングを主としたフィッシャー・アンド・カンパニーを創業。現代投資理論を確立した1人として知られている。本書を執筆後、大学などでも教鞭を執った。著書に『株式投資で普通でない利益を得る』『投資哲学を作り上げる／保守的な投資家ほどよく眠る』（いずれもパンローリング）などがある。なお、息子であるケネス・L・フィッシャーは、運用総資産300億ドル以上の独立系資産運用会社フィッシャー・インベストメンツ社の創業者・会長兼CEO、フォーブス誌の名物コラム「ポートフォリオ・ストラテジー」執筆者、ベストセラー『ケン・フィッシャーのPSR株分析』『チャートで見る株式市場200年の歴史』『投資家が大切にしたいたった3つの疑問』（いずれもパンローリング）などの著者である。

ウィザードブックシリーズ 238

株式投資で普通でない利益を得る

定価 本体2,000円+税　ISBN:9784775972076

成長株投資の父が教えるバフェットを覚醒させた20世紀最高の書

バフェットが莫大な資産を築くのに大きな影響を与えたのが、成長株投資の祖を築いたフィリップ・フィッシャーの投資哲学だ。10倍にも値上がりする株の発掘法、成長企業でみるべき15のポイントなど、1958年初版から半世紀を経ても、現代に受け継がれる英知がつまった投資バイブル。

本書の内容

- 会社訪問をしたときにする質問（「まだ同業他社がしていないことで、御社がしていることは何ですか」）
- 周辺情報利用法
- 株を買うときに調べるべき15のポイント
- 投資界の常識に挑戦（「安いときに買って、高いときに売れ」には同意できない）
- 成功の核
- 株の売り時（正しい魅力的な株を買っておけば、そんなときは来ないかもしれない）
- 投資家が避けるべき5つのポイント
- 大切なのは未来を見ること（最も重視すべきは、これからの数年間に起こることは何かということ）

ウィザードブックシリーズ 235
株式投資が富への道を導く

定価 本体2,000円+税　ISBN:9784775972045

バフェットの投資観を変えた本！

本書はフィリップ・フィッシャーが1958年に書いた『株式投資で普通でない利益を得る』（パンローリング）の続編である。上の最初の高名な著書は、スタンフォード大学経営大学院で基本書として使われ、ウォーレン・バフェットをはじめ多くの読者の投資観を一変させた。まさしく、バフェットがベンジャミン・グレアムの手法と決別するきっかけとなった本である。

ウィザードブックシリーズ 236
投資哲学を作り上げる／
保守的な投資家ほどよく眠る

定価 本体1,800円+税　ISBN:9784775972052

ウォーレン・バフェットにブレイクスルーをもたらした大事な教えが詰まっている！

フィッシャーは全部で4冊の本を執筆したが、本書はそのうち3冊目と4冊目を収録している。1冊目の『株式投資で普通でない利益を得る』（パンローリング）は20世紀に発売された投資本のなかでベスト3に入る名著であり、フィッシャーの最高傑作であることに間違いはない。

ケン・フィッシャー

フィッシャー・インベストメンツ社の創業者兼CEO。同社は1979年設立の独立系資金運用会社として、世界中の年金、基金、大学基金、保険会社、政府、個人富裕層などを顧客に持ち、運用総資産額は400億ドル（約4兆円）を超える。株価売上倍率（PSR）による株式分析、また小型株運用の先駆者として知られる。

ウィザードブックシリーズ 182
投資家が大切にしたいたった3つの疑問
行動ファイナンスで市場と心理を科学する方法

定価 本体3,800円+税　ISBN:9784775971499

投資の"神話"に挑戦し、それを逆手にとって自らの優位性にする考え方を徹底解説！

深い洞察力、アドバイス、投資秘話が満載で、あなたの心をひきつけて話さないだろう。

ウィリアム・J・オニール

証券投資で得た利益によって30歳でニューヨーク証券取引所の会員権を取得し、投資調査会社ウィリアム・オニール・アンド・カンパニーを設立。顧客には世界の大手機関投資家で資金運用を担当する600人が名を連ねる。保有資産が2億ドルを超えるニューUSAミューチュアルファンドを創設したほか、『インベスターズ・ビジネス・デイリー』の創立者でもある。

ウィザードブックシリーズ179
オニールの成長株発掘法【第4版】
定価 本体3,800円+税　ISBN:9784775971468

大暴落をいち早く見分ける方法
アメリカ屈指の投資家がやさしく解説した大化け銘柄発掘法！投資する銘柄を決定する場合、大きく分けて2種類のタイプがある。世界一の投資家、資産家であるウォーレン・バフェットが実践する「バリュー投資」と、このオニールの「成長株投資」だ。

ウィザードブックシリーズ93
オニールの空売り練習帖
定価 本体2,800円+税　ISBN:9784775970577

正しい側にいなければ、儲けることはできない
空売りのポジションをとるには本当の知識、市場でのノウハウ、そして大きな勇気が必要である。指値の設定方法から空売りのタイミング決定までの単純明快で時代を超えた永遠普遍なアドバイス。大切なことに集中し、最大の自信を持って空売りのトレードができるようになる。

ウィザードブックシリーズ198
株式売買スクール
オニールの生徒だからできた1万8000％の投資法
ギル・モラレス　クリス・キャッチャー【著】
定価 本体3,800円+税　ISBN:9784775971659

株式市場の参加者の90％は事前の準備を怠っている
オニールのシステムをより完璧に近づけるために、何年も大化け株の特徴を探し出し、分析し、分類し、その有効性を確認するという作業を行った著者たちが研究と常識に基づいたルールを公開！